타인보다
민감한 사람의
사랑

더 아프고 더 사랑하는 당신을 위한 단단한 심리 상담

타인보다
민감한 사람의
사랑

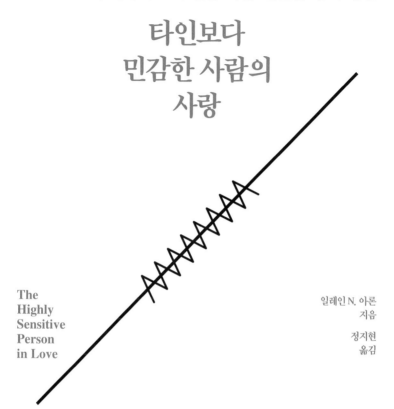

The
Highly
Sensitive
Person
in Love

일레인 N. 아론
지음

정지현
옮김

웅진 지식하우스

편집자 트레이시 베하르(Tracy Behar)와 에이전트 벳시 앰스터(Betsy Amster)
에게 감사를 전합니다. 두 사람은 내가 사랑과 기질이라는 심오한 주제에 대
해 혼란스러운 머리로 글을 쓰고 정리해나가던 긴 시간 동안 친절과 지성으
로 나를 도와주었습니다. 편집자 세라 휘트마이어(Sarah Whitmire)와 나의 남
편 아트(Art)도 글을 쓰는 데 큰 도움을 주었습니다. 같은 이유로 아들 일라
이자(Elijah)에게도 고맙습니다.

　몇 시간이고 커플 관계에 대해 캐물으며 귀찮게 하는 나를 기꺼이 받아준
민감한 사람들, 설문 조사에 응답해준 많은 이들에게도 감사를 전합니다. 나
에게 상담을 받으러 오는 분들에게도 감사합니다. 본문에서 언급한 내담자
들의 사례는 핵심적인 통찰만 그대로 담고 나머지는 수정과 각색을 거쳤습
니다. 이 책에 필요한 깊이를 더하려면 그분들의 이야기가 꼭 필요했어요. 함
께할 수 있어 영광이었습니다.

3장

사랑, 두려움
괜찮아요, 안심해도 좋습니다

4장

전쟁의 시작
드디어 사랑에 빠졌습니다

5장
서로 다른 두 사람
정반대의 사람과 사랑을 이어가는 법

6장
비슷한 사람끼리의 문제
하나의 콩깍지 안에서, 평화롭게

7장
계속 사랑할 수 있을까
민감한 사람을 위한 몇 가지 조언들

●

먼저 이 책을 집어 든 독자 여러분에게 감사의 인사를 전한다. 『타인보다 민감한 사람의 사랑』이 처음 세상에 나온 것은 2000년이었다. 그 후로 민감함에 관한 새로운 연구들이 속속 이어졌고, 이 책에 대한 독자들의 뜨거운 반응 또한 무수히 쏟아졌다. 이 과정에서 내가 느낀 두 가지 생각을, 본 개정판을 기회 삼아 독자들에게 전하고 싶다. 이는 책을 읽어나가는 데 중요한 지표가 되어줄 것이다.

◆

서두르지 말고, 천천히

당신은 민감한 사람이다. 당신은 당신의 민감함을, 당신이 그런 기질을 가진 사람이라는 것을, 민감한 기질 때문에 당신이 당신을 둘러싼 인간관계에서 발견한 의미들을 이야기하고 싶어 한다. 그러나 잠시 주위를 둘러보자. 과연 주변 사람들의 반응은 어떠한가.

나는 첫 번째 경고음을 당신에게 울리고 싶다. 적극적인 관심을 기대하지 말라. 당신의 말은 상대방에게 위협적으로 들릴 수 있고, 당신의 말은 내일의 변화를 암시할 수도 있다. 또한 그 변화가 그다지 유쾌하지 않을지도 모른다는 두려움을 낳기도 하며, 우리는 서로 다르니 친밀해지기 어렵다는 뜻으로 오해를 살 수도 있다. 상대방은 불안해할지도 모른다. 당신의 입에서 전에 없이 기상천외한 요구가 튀어나올지도 모르니까. 갑자기 말하지 말고 조용히 있자거나, 시끄러운 식당은 더 이상 가기 싫다고 선언하는 것 말이다. 심지어 당신이 매우 민감한 사람(highly sensitive person, HSP)이라는 사실을, 당신의 약점이나 마음의 병처럼 받아들일 수도 있다. 상대방의 이런 반응은 관계의 균형에 큰 파고를 일으킬 우려가 있다. 앞으로 계속 강조하겠지만 민감하다는 것은 지극히 정상이며 남들보다 특별한 재능을 발휘하게 만드는 기질이지, 상대방과 나의 동등한 위치를 해치는 성격의 것이 아니다.

그러니 서두르지 말고 천천히 가라. 이 책에서 당신의 민감함에 관해 새로운 통찰을 얻는다면, 그것이 상대방에게는 어떤 의미일지 당신의 뛰어난 감정 이입 능력을 활용해 상대방을 이해해보길 바란다. 서로의 욕구는 존중받아야 마땅하다. 그로 인해 갈등도 생길 테고 타협도 필요할 것이다. 이때에도 자신의 민감한 기질을 무기처럼 휘둘러서는 안 된다. "난 민감하니까 그 말은 안 들을래"라는 말은 반칙이다. 갈등이 발생하여 한 사람이 화가 났다면 적어도 20분 이상 시간을 두고 다시 대화하자고 미리 합의를 해둘 필요도 있다.

새로이 알게 된 서로의 차이점에 너무 집착할 필요도 없다. 당신이 '타인보다 민감하다'는 사실이 당신에게만큼은 계속해서 중요한 문제겠지만, 이 새로운 차이점은 그동안 당신이 보여온 다양한 모습들이나 여태까지 사람들과 교감해온 방식들과 자연스럽게 어우러질 것이다.

만일 당신이 타인보다 민감한 사람이라는 사실을 스스로 받아들이기 어렵다면 어떻게 해야 할까? 이런 회의적인 사람들에게는 두 번째 경고음을 울린다. 성급하게 받아들이거나 거부하지 마라. 나 역시 어려웠다. 내가 남보다 민감한 사람이라니! 하지만 앞으로 소개할 다양한 연구 결과를 따라가다 보면 어느새 당신은 당신 자신을 받아들이고 있을 것이다.

타인보다 민감한 사람의 존재는 최근에 와서야 발견되고 주목받기 시작했지만, 민감함이라는 기질은 다른 이름으로 불리었을 뿐 예전부터 존재했다. 수줍음을 잘 탄다거나 내향적이라는 낯익은 행동묘사들은 모두 민감함의 선조들이다. 민감함은 머리카락 색깔이나 키, 성별처럼 눈에 보이는 특징이 아니라 가려지기 쉽다. 그러나 이 기질은 생각, 감정, 선호, 직업, 관계를 비롯해 삶의 모든 측면에 영향을 끼친다는 점에서 성별만큼이나 영향력이 막대하다.

대개 민감한 사람들은 주어진 환경에 잘 적응하고 다른 사람들과도 잘 지내므로 가까운 사이가 아니고서는 그들의 특징을 알아차리기가 어렵다. 적응력은 바로 민감성의 본질이다.

사람들이 민감함을 진지하게 받아들이지 않는 또 다른 이유는 전체 인구의 약 20퍼센트만이 가지고 태어나는 특징이기 때문이다. 다시 말해, 민감하지 않은 나머지 80퍼센트가 인간 본성의 '일반'으로 다뤄졌다는 뜻이다. 남과 내가 비슷하다는 동질감은 서로를 이해하고 서로에게 감정을 이입하도록 돕는다. 하지만 민감한 사람이 있듯이 민감하지 않은 사람도 있는 법이다. 한 지붕 아래 가족들도 서로의 욕구가 천지 차이며 누가 민감한 사람인지 아닌지는 쉽게 알아차리기 어렵다. 게다가 민감하지 않은 사람이 대다수이니 민감한 사람이 받아들여지기는 더욱 힘들다. 게다가 민감한 사람들은 스스로의 기질을 감추기 위해 노력하기 때문에 우리의 존재는 더욱 베일에 싸여 있다. (단, 보살핌의 측면에서는 종종 민감한 사람이 더 둔감한 모습을 보이기도 한다. 특히 과도한 자극을 받거나 특정 콤플렉스가 작동하면 그렇다.)

차이는 실재한다. '학습이나 개인의 가치 판단에 따라 달라질 뿐 사람은 모두 똑같이 태어난다'는 가정은 관계를 심각하게 악화하는 요인이 되기도 한다. 우리는 상대방이 나를 정말 사랑한다면 그 사람이 변하리라 기대한다. 바뀔 수도 있고 아닐 수도 있다. 예를 들어 무던한 사람이라면 북적이는 레스토랑을 좋아하고 시시껄렁한 잡담을 즐기며, 이를 불편해하는 사람을 유난스럽고 까다롭다고 여길 것이다. 하지만 시끄러운 레스토랑과 잡담을 견디기 힘들어 하는 사람들은 분명히 있다. 다시 말하지만 민감함이라는 기질은 실재하는 것이다.

민감함에 대한 연구의 역사

내가 처음으로 '민감하다'는 단어를 성인에게 적용하기 시작한 것은 1991년의 일이었다. 그러곤 1997년 이 주제에 관한 연구논문을 처음으로 발표했다. 아동의 민감함에 관한 연구는 있었지만, 성인을 대상으로 한 연구는 이때가 처음이었다. 나는 인터뷰와 통계를 활용했고, 아동을 개입시키기 어려운 뇌에 관한 연구도 시작했다. 생리학과 유전학 분야에서도 민감성에 관한 연구가 뒤따랐다. 이제는 많은 연구자들이 민감함에 주목하고 있고, 다양한 연구가 진행되고 있으며, 이에 따라 민감함은 여러 이름으로 불리고 있다. 나는 '감각 처리 민감성(sensory processing sensitivity)'이라는 용어를 사용하지만 환경 민감성 혹은 반응성, 환경에 대한 생물학적 민감성, 감수성 편차, 우세 민감성 등으로 불리기도 한다. 특정한 유전변이의 이름처럼 칭해지기도 하며, 동물에게는 행동 가소성 또는 유연성이라는 용어도 사용된다.

_____ **기억해두어야 할 포인트**

새로운 연구 결과가 계속해서 나오겠지만, 일반적으로 대부분의 학자들이 민감성에 대해 동의하는 바는 다음과 같다.

- 민감함은 선천적이거나 유전적이거나 체질적이다(물론 다르게

생각하는 연구자들도 있다.)

- 약 20퍼센트의 소수에게서 발견된다.
- 환경의 미묘한 변화를 즉시 알아차리며, 새로운 환경에서는 잠시 멈추어 관찰하고 기존 지식과 비교해보기를 선호한다(기존 지식 덕분에 더 빨리, 확신에 차서 행동하기도 하지만).
- 생존에서 우위를 점하게 하는 기질이므로, 백 가지가 넘는 종에게서 진화했다.
- 민감함은 장애나 취약함이 아니다. 특히 민감한 아동은 힘든 환경에 놓여 있을수록 문제에 노출될 가능성이 크지만, 자신을 든든하게 뒷받침해주는 풍요로운 환경에서는 여러 측면에서 다른 사람들보다 나은 역량을 발휘한다. 이를 '감수성 편차(differential susceptibility)'라고 한다.

_____ 이 책과 관련된 가장 중요한 최신 연구

2014년《뇌와 행동(Brain and Behavior)》에 실린 비앙카 아세베도(Bianca Acevedo)와 동료들(우리 부부도 포함되어 있다)의 논문은 매우 중요한 점을 시사한다. 모르는 사람 혹은 사랑하는 사람이 행복한 표정이나 괴로운 표정을 짓고 있는 사진을 볼 때, 각각 뇌의 어느 영역이 활성화되는지 뇌 스캐너를 이용해 알아본 연구였다. 그 결과 민감성 기질을 가진 사람의 거울 뉴런 시스템이 더 활발하게 작동하는 것으로 나타났다. 거울 뉴런은 감정 이입과 밀접한 연관이 있다. 사람은 남도 나와 비슷하리라고 생각함으로써 혹은 어떤 이유를 따져봄으로써 타인에게 감정을 이입한다. 하지만 거울 뉴런을 통한 공감은 타인이 느끼는 강도를 그대로 느끼도록 해준다. 이 연구에서 민감한 사람들은 전반적으로 타인의 감정에 더 반응했고, 모르는 사람보다는 사랑하는 사람의 감정에, 특히 긍정적인 감정에 유독 더 큰 반응을 보였다. 파트너가 괴로워하는 얼굴을 볼 때도 뇌의 '행동' 영역이 남들보다 더 활성화되었다. 민감한 사람들의 뇌는 한마디로 주어진 과제를 실시하는 동안 전반적인 의식이 더 강했다는 뜻이다. 이는 민감하다는 기질이 인간관계에 긍정적으로 작용할 수 있음을 방증한다.

◆

민감함의 신호들

나는 2012년부터 매우 민감한 성향을 DOES의 측면에서 생각하기 시작했다. D는 정보 처리의 깊이(depth)를 뜻한다. 민감한 사람은 정보 처리 이후에 과도한 자극을 받기가 쉽다. 모든 정보를 너무 깊이 처리하는 데다 너무 많은 양을 처리하고 나면 과도한 자극 상태를 의미하는 O(overstimulated)라는 결과가 나올 수밖에 없다. E(emotionally responsive and empathy)는 점점 더 많은 연구가 이루어지고 있는 정서적 반응성과 공감을 가리키며 마지막으로 S(sensitive to subtle stimuli)는 미묘한 자극에 예민하다는 점을 뜻한다.

DOES가 인간관계는 물론 삶의 모든 측면에 영향을 끼친다는 사실은 쉽게 알 수 있다. 파트너, 친구, 친척 등 당신이 아는 민감한 사람들에게서 네 가지 신호가 각각 어떻게 드러나는지 생각해보면 된다. 이들 신호가 나타나지 않는다면 민감한 사람이 아닐지도 모른다.

근래에 나는 민감함의 특징에 '편차 감수성(differential susceptibility)'이라는 개념을 추가하게 되었다. 제이 벨스키(Jay Belsky)와 마이클 플뤼스(Michael Pluess)의 연구에 따르면, 환경에 민감한 자녀를 낳은 부모일수록 진화의 목표나 다름없는 DNA 생존 가능성에서 우세하다. 민감한 자녀들은 태어날 때부터 위험을 감지하는 데 뛰어나고 유용한 정보를 더 잘 활용한다. 벨스키와 플뤼스 이전에 민감함은 오로지 취약성을 높이고 회복성을 낮추는 기질로만 여겨졌으나, 이제는 환경에 대한 감수성이라 부르는 게 더 적절할 것이다. 마이클 플뤼스는 무시되던 긍정적 측면만을 연구했고, 이를 우세 민감성이라고 불렀다.

똑같이 힘든 어린 시절을 보낸 사람들을 비교한다면 민감한 쪽이 어른이 되어 우울증과 불안증에 시달릴 확률이 더 크다. 심지어 친밀한 관계에서조차 심리 불안을 겪을 가능성이 높다. 하지만 괜찮은 어린 시절을 보냈다면 오히려 남들보다 나은 능력을 보이기도 한다. 불안과 우울이 관계 실패를 예측하는 가장 대표적인 지표임을 부인할 수 없다. 그러나 민감한 사람들은 파트너나 자신의 기질을 이해해주는 전문가의 도움에 더 긍정적으로 반응한다.

작가의 말

정보 처리의 깊이는 민감함의 핵심이지만, 실제로 측정하거나 판단하기는 매우 어렵다. 이 요인이 드러나는 순간은 바로 의사결정을 해야 할 때다. 민감한 사람들은 무슨 맛 아이스크림을 먹을지부터 삶이란 어떤 의미인지까지, 어느 주제든 그와 연관된 모든 측면을 고려하는 것처럼 보인다. 느리게 결정하는 듯해 보이기도 하지만, 신중하게 숙고해서 더 나은 결정을 내릴 때가 많으며 그래서 리더가 될 가능성도 높다.

이 주장의 과학적인 근거는 무엇일까? 2011년에 《사회적 인지 및 정서 신경과학(Social Cognitive and Affective Neuroscience)》에 실린 야자 야길로비치(Jadzia Jagiellowicz) 연구팀의 논문에서는 미묘하게 다른 두 그림과 완전히 다른 두 그림을 볼 때 뇌 활동이 어떻게 다른지를 비교했다. 그 결과 민감한 사람이 미묘하게 다른 그림을 볼 때는 인위적인 측면과 아울러 복잡하고 상세한 부분까지 고려하는 뇌 영역이 더 활발하게 움직였다. 즉 민감한 사람은 '깊은' 혹은 정교한 정보 처리에 관여하는 뇌 영역을 더 많이 사용했다.

2010년 《사회적 인지 및 정서 신경과학》에 실린 다른 연구에서는 아시아처럼 집단적인 문화권에서 태어나 자랐는지, 미국처럼 개인적인 문화권에서 태어나 자랐는지에 따라 받아들이는 난이도가 달라지는 인지 과제들을 주고 어떻게 처리하는지 비교했다. 즉 필요한 수준의 뇌 활성화나 노력의 정도가 다른 과제들이었다. 민감하지 않은 사람들의 뇌는 자기 문화권의 사람들에게 더 어렵게 느껴지는 과제를 수행할 때 더 큰 노력을 쏟는 것으로 나타났지만, 민감한 사람들의 경우 아시아에서 태어났건 미국에서 태어났건 두 가지 과제에 투입하는 노력이 같았다. 마치 문화 인지적 편견을 초월해 더욱 심오한 '실재' 수준까지 바라보는 듯했다.

앞에서 말한 비앙카 아세베도 연구팀의 '공감에 관한 뇌 연구'에서도 민감한 사람들은 정교한 인지 처리 영역이 더욱 활성화되는 모습을 보여 이전의 연구 결과를 또 한 번 뒷받침해주었다.

_____ 과도한 자극을 받기 쉽다는 점에 대해

자신에게 일어나는 일들을 더 잘 간파하고 철저하게 처리하는 사람들은 몸도 마음도 금세 지친다. 이는 민감한 사람들이 공통적으로 경험하는 바이자 주변 사람들도 쉽게 알아차리는 특징이다.

민감한 사람이 과도한 자극을 받기 쉽다는 사실을 뒷받침하는 실험적 증거를 살펴보자. 2012년에 《성격과 개인차(Personality and Individual Differences)》에 실린 프리데리케 게르스텐베르크(Friederike Gerstenberg)의 연구에서는 민감한 사람과 그렇지 않은 사람을 대상으로, 컴퓨터 화면상에서 다양한 각도로 돌려놓은 수많은 L자 사이에서 역시 다양한 각도로 돌려놓은 숨겨진 T자를 최대한 빨리 찾아내는 까다로운 인지 과제를 수행했다. 그 결과 민감한 사람들은 더 빠르고 정확하게 T자를 찾아냈지만, 스트레스는 더 크게 받은 것으로 나타났다.

그러나 소음이나 지저분한 방, 끝없는 변화 같은 심한 자극에 괴로

작가의 말

위하는 점이 민감성의 주요 특징은 아니다. 민감성의 다른 측면을 보이지 않는다면 감각의 불편함 자체는 감각 처리가 제대로 분류되지 못해서 생기는 장애 신호일지도 모른다. 이는 정교하거나 심오한 감각 처리가 이루어지는 민감한 기질의 특징과는 사뭇 다르다. 예를 들어 자폐 스펙트럼 장애가 있는 사람들은 감각의 과부하를 보이기도 하지만 특히 사회적 신호에는 자극의 중요성을 평가하지 못하는 것처럼 미온한 반응을 보인다. (민감한 사람이 자폐 또는 감각 장애일 수는 있지만, 그런 장애가 곧 민감한 기질과 같음을 의미하지는 않는다.)

＿＿＿＿＿ 정서적 반응성과 공감에 관한 연구

민감한 사람들이 긍정적인 경험과 부정적인 경험 모두에서 더 큰 반응을 보인다는 사실은 설문 조사와 실험을 통해 이미 알려져 있었다. 연구자들은 정서적 동기가 있어야만 정보를 깊이 처리한다는 사실을, 탄탄한 증거를 들어가며 주장했다. 감정은 정보 처리의 깊이를 좌우하며 더 깊이 처리하기 위해서는 더 강한 정서적 반응을 필요로 했다. 민감한 사람들은 어떤 경험의 결과에 따라 기쁨과 속상함, 호기심 등을 더 많이 느끼고 경험 자체도 더 많이 곱씹는다. 따라서 그 반대의 작용도 당연하다. 정보를 더 깊이 처리할수록 더 강한 감정을 느낄 수도 있는 것이다.

민감한 사람은 개인적인 측면이나 업무 성과 등에 부정적인 피드백을 받았을 때 강한 반응을 보여서 특히 가까운 사람들에게 비판에 '과민반응'한다는 말을 자주 듣는다. 실수했을 때 행동을 바로잡는 것은 그들의 생존 전략으로, 일을 제대로 처리하는 데에 많은 신경을 쓰는 이유도 바로 그 때문이다. 물론 누구나 어느 정도는 신경을 쓴다. 그러니 시험이 효과적인 것이다. 학생들은 좋은 성적에 만족하고 나쁜 성적에는 속상해한다. 민감한 사람은 이러한 방식에 더욱 최적화되어 있다.

민감한 사람의 정서적 반응성에 관한 연구는 어떨까? 2005년 크리스틴 데이비스(Kristin Davies)와 함께 《성격과 사회심리학 회보(Personality and Social Psychology Bulletin)》에 발표한 논문에서, 우리는 피험자인 학생들이 '응용 추론 능력' 테스트를 치르고 나서 대단히 못했거나 대단히 잘했다고 생각하게 만드는 실험을 했다. 한 명 걸러 한 학생에게는 절대로 답을 맞힐 수 없는 테스트를, 나머지 학생들에게는 1분 안에 답할 수 있는 테스트를 주었고, 결과적으로 모든 학생의 주변에는 테스트가 대단히 쉬웠다고 말하는 사람과 대단히 어려웠다고 말하는 사람이 다 있었다. 민감한 사람들은 테스트를 잘 치렀다는 인상이나 잘하지 못했다는 확신에 훨씬 더 큰 영향을 받는 모습을 보였다.

2016년에 《사회적 행동과 성격(Social Behavior and Personality)》에 실린 야자 야길로비치의 뇌 활성화 훈련에서는 민감한 사람이 유쾌한 사진(강아지, 고양이, 생일 케이크 등)과 불쾌한 사진(뱀, 거미 등)에 모두 강한 반응을 보였지만, 특히 행복한 유년기를 보낸 사람일수록 유쾌한 사진에 더 강한 반응을 보였다는 사실을 확인했다. 이것은 편차 감수성의 긍정적인 측면을 설명하는지도 모른다.

작가의 말

물론 뇌 활성화에 관한 연구 결과도 있다. 앞서 살펴보았듯이 그림의 미묘한 차이와 명백한 차이를 찾는 실험에서는 미묘한 차이를 찾을 때 민감한 사람의 뇌가 그렇지 않은 사람의 뇌보다 훨씬 더 활동적이었다. 또 민감한 사람이 미묘한 차이를 쉽게 알아차리는 능력은 문화의 영향을 받지 않으며, 그렇지 않은 사람의 경우에는 문화의 영향을 받는다는 것이 다른 연구 결과를 통해 밝혀진 바 있다.

◆

유전과 진화

백 개가 넘는 종에서 민감한 기질을 가진 개체가 약 20퍼센트라는 비슷한 백분율로 발견되는 이유는 무엇일까? 생존 전략은 상황에 따라 두 가지다. 민감한 쪽의 전략은 행동하기 전에 주의 깊게 관찰하는 것이다. 과거의 행동으로 말미암아 이번에도 신속한 행동이 유리하리라는 사실을 배우지 않았다면 말이다. 다른 하나는 상황에 신중한 주의를 기울이지 않은 채 신속하고 '대담하게' 행동하는 전략이다.

2008년에 《미국립과학원 회보(Proceedings of the National Academy of Sciences)》에 실린 맥스 울프(Max Wolf) 팀의 연구는 컴퓨터 시뮬레이션 등을 토대로 민감함을 진화적인 측면에서 설명했다. 풀을 뜯어 먹는 동물은 영양가가 눈에 띄게 다른 풀밭의 미묘한 차이를 알아차림으로써 같은 종의 다른 개체보다 생존할 가능성이 커질 것이다. 하지만 변수가 크지 않다면 풀의 미묘한 차이를 알아차리려고 애쓰는 것은 시간과 에너지 낭비일 뿐이다.

왜 민감한 기질을 가진 개체는 다수가 되지 못했을까? 적어도 같은 비율로 나타나지 않는 이유는 무엇일까? 컴퓨터 시뮬레이션과 실제 상황을 관찰한 결과, 민감한 개체가 소수가 아니라면 민감해져서 얻을 게 없었으리라는 것을 알 수 있었다. 풀이 금방 동나버려 모두가 혜택을 볼 수는 없을 테고, 교통체증으로 도로에 갇힌 운전자 중 절반이 우회로를 안다면 그 길 또한 붐빌 테니 말이다. (나는 길이 심하게 막힐 때 사람들이 잘 모르는 다른 길을 찾기를 즐긴다.)

그렇다면 어느 유전자가 강한 민감성과 상관있을까? 우선 민감한 사람이 물려받은 유전자에 변이가 있을 것이다. 눈동자 색깔이나 키를 결정하는 유전자 변이처럼 유전자의 발현을 좌우하는 변이 말이다. 뇌에서의 세로토닌의 움직임을 결정하는 유전자를 세로토닌 수송체(serotonin transporter) 유전자라고 하는데 이 유전자에는 짧은 것-짧은 것, 짧은 것-긴 것, 긴 것-긴 것의 세 가지 변이가 존재한다. 2012년에 코펜하겐 통합분자뇌이미징센터(Center for Integrated Molecular Brain Imaging)의 세실리에 리히트(Cecilie Licht) 연구팀은 민감한 사람의 대부분이 짧은 것이 포함된 두 가지 조합 중 한 가지를 가진다고 밝혔다.

세로토닌 수송체 유전자가 짧으면 우울증을 비롯한 여러 정서적 문제를 겪기 쉽다는 사실은 이미 알려져 있었다. 하지만 일관성은 없

작가의 말

었다. 우울증을 겪는 사람들은 대부분 이 유전자가 짧지만 이 유전자가 짧다고 전부 우울증은 아니기 때문이다. 실제로 행복하고 감정 조절을 잘하는 사람들도 있었다. 이제는 이 유전자의 짧은 변이가 편차 감수성을 일으킨다는 사실이 밝혀졌다. 즉 의사결정이 뛰어나며 사회적 지지를 잘 활용하는 능력 같은, 파트너로 꽤 바람직한 특징들과 관련이 있는 것이다.

붉은털원숭이(rhesus monkey)에게서도 같은 유전자 변이가 나타난다. 처음에 이 변이를 가진 개체들은 스트레스에 취약해 '긴장 상태'로 분류되었지만(과도한 자극과 정서적 반응) 능숙한 어미가 양육했을 때는 그중 다수가 무리의 최고 계층까지 올라갔다. 흥미롭게도 인간과 붉은털원숭이는 모두 매우 사회적인 존재이고 다른 어느 영장류보다도 다양한 환경에 잘 적응한다. 붉은털원숭이 집단과 인간 집단의 민감한 구성원들이 안전한 먹이나 피해야 할 위험 등을 예리하게 알아차리는 덕분에 적응력을 갖추게 되었고 그리하여 새로운 장소에서 더 잘 생존할 수 있게 된 것이 아닐까 하는 견해도 있다.

쇼어비(Schoebi) 연구팀은 2011년 《감정(Emotion)》에서 짧은 대립유전자를 가진 사람이 커플 사이에서 상대방의 감정에 더 영향을 받는다고 발표했다. 하세(Haase) 연구팀은 2013년에 같은 학술지에 둘 사이에서 갈등이 발생했을 때 상대방이 긍정적인 감정을 보일수록(실험실에서 관찰) 세월이 많이 흐르고 나서도 결혼생활에 만족도가 높다고 발표했다. 다만 짧은 대립유전자를 가지고 있는 사람들만이 그러했다.

2011년에 중국의 춘후이 천(Chunhui Chen) 연구팀은 민감함과 관련한 또 다른 유전 연구를 발표했다. 해당 연구에서는 도파민 유전자 일곱 개의 변이가 민감성 척도의 높은 점수와 연관 있다는 사실이 밝혀졌다. 또한 그들은 2015년에 뇌 스캔으로 민감한 사람과 그렇지 않은 사람을 비교한 결과, 이 유전자들이 뇌의 특정 영역에 강한 영향을 끼치지만 HSP의 경우에는 그 부분들의 활동이 더 적어지는 쪽으로 영향받는다는 사실을 확인했다.

◆

관계의 지루함

2010년, 나는 학회에서 두 차례 발표했던 일련의 연구를 남편과 함께 수행하고 있었다. 우리는 관계에서 느끼는 지루함이 파트너들의 만족도에 얼마나 영향을 끼치는지, 특히 HSP의 경우를 궁금해했다. 그들은 친밀한 관계에서 얼마나 지루해할까?

우리는 민감한 사람들을 대상으로 지루함을 느끼는지, 언제 느끼는지, 밖으로 나가서 새롭거나 흥미로운 일을 하고 싶은지, 개인적으로 의미 있는 일에 대해 파트너와 깊이 대화를 나누고 싶은지 물었다. 그들은 대부분 존재의 의미에 대해 고찰하기를 좋아하며, 지루함을 깨뜨리기 위해서는 깊은 대화가 필요하다고 답했다.

민감한 사람들은 깊은 대화를 나누지 않으면 관계를 지루하게 느

끼는 경향이 있는데, 상대방이 민감한 사람이 아니면 더욱 문제가 된
다. 다행인 것은, 이로 인해 전반적인 관계 만족도가 떨어지는 것 같
지는 않다는 점이다. 어쩌면 이미 익숙해져 있는지도 모른다.

◆

명상에 대한 생각

이 책은 관계의 영적인 측면도 살펴본다. 민감한 사람은 다른 사람들
보다 영적인 편인 것으로 관찰되며 파트너를 영적인 방향으로 이끌
기도 한다. 이에 관해 도움이 될 만한 책이 두 권 있다. 하나는 구겐
불-크레이그(Guggenbuhl-Craig)가 쓴 『결혼: 죽거나 살거나(Marriage:
Dead or Alive)』로 저자는 결혼에서 무조건 행복을 기대하는 사람들은
실망할 수밖에 없다고 말한다. 그러나 영혼을 풍요롭게 하는 수단으
로써 결혼을 바라본다면 다를 것이다. 일반적으로 민감한 사람은 파
트너와 나누는 대화의 깊이에 실망하지만 그럼에도 받아들이고 만족
감을 느낀다.

마르틴 부버(Martin Buber)의 저작도 참고할 만하다. 이제는 고전으
로 자리 잡은 그의 저서 『나와 너(I and Thou)』가 너무 어렵다면, 『인
간의 지식(The Knowledge of Man)』이나 『인간과 인간 사이(Between
Man and Man)』가 좀 더 읽기 수월하리라 생각한다. 부버는 설령 오래
되지 않은 사이라 하더라도 깊은 관계에 도달할 수 있으며, 이는 나무

나 동물 같은 자연의 일부 그리고 신과의 관계에서도 가능하다고 주장했다. 실제로 부버는 타인과 충분히 '나와 너'의 관계를 맺고 있다면, 무신론자라도 신과 '나와 너'의 관계로 마주칠 수 있게 된다고 생각했다.

근래에 나는 특히 민감한 사람들에게 영적인 수행이 필요하다는 생각을 했다. 샤먼들은 세계를 천상과 우리가 사는 현실 그리고 지하의 세 가지 영역으로 나눈다. 나는 지하 세계의 길이 꿈의 역할과 정신이라는 무의식적인 그림자 세계를 의미한다고 생각한다. 현실의 길은 가까운 관계를 깊어지게 하는 것이다(그리고 다른 두 세계에서 발견한 바를 창의적으로 표현하는 것). 이 책에서 가장 다각도로 들여다본 '세계'는 이 두 가지 세계일 것이다.

그렇다면 나머지 천상 세계의 길은, 나에게는 명상이다. 기도나 자연에서 보내는 시간이 될 수도 있다. 나는 명상이 관계를 비롯한 삶의 모든 측면에 이롭다고 확신하지만, 그보다 궁극적으로는 천상 세계로 이어주는 길이라고 생각한다. 세 갈래 길은 서로 모순되지 않으며, 현실의 일부분으로서 서로를 보완한다.

사람은 영적인 방식으로도 나이를 먹으며, 늙고 죽어가는 몸뚱이가 노화의 유일한 결과는 아니다. 적어도 당신이 민감한 사람이라면, 최종적이며 가장 충만한 깊이의 사랑까지 도달할 수 있는 제일 좋은 방법을 찾기 바란다.

●

민감함이 사랑에 끼치는 영향, 이는 나에게 과학적인 연구 영역 그 이상이었다. 나는 내 의지와 상관없이 부딪쳐 경험해가며 깨달았다. 물론 내 개인적인 경험 사례는 민감함이 관계에 끼치는 영향의 단면만을 보여줄 뿐이다. 하지만 지금까지 간과되었던, '민감함이 사랑에 끼치는 깊은 영향'을 보여주기도 한다.

◆

차이를 통해 배우다

사회심리학자인 내 남편 아트는 좀처럼 가만히 있지 못하는 성격이다. 특히 나와 함께 산책 나가기를 좋아하며, 혼자 산책하러 갈 때는 이어폰을 꼭 챙긴다.

반면 나는 혼자 산책하는 게 더 좋다. 라디오를 켜지 않고도 혼자서 다섯 시간 동안 운전할 수 있다. 그냥 생각에 잠긴다.

아트는 압박감에 잘 대처한다. 위기 상황이 발생하더라도 남편과 함께 있다면 안심이 될 정도다. 나서서 확실하게 처리하기 때문이다. 하지만 그는 똑같은 방에 백번을 들락거려도 불을 끄거나 러그를 똑바로 깔아놓을 생각을 하지 못한다. 반면 나는 사소할지라도 상황을 개선할 방법들이 자연스럽게 떠오른다.

아트는 학회에 참석하면 아침 식사 때부터 다음 날 새벽 두 시까지 이 무리 저 무리로 옮겨 다니면서 사람들과 어울린다. 나도 저녁 식사나 파티를 함께하기도 하지만 보통은 방에 있거나 밖에서 산책을 하거나 나와 비슷한 외톨이와 긴 대화를 나누는 편이다.

그에게는 모든 행동이 영적이다. 일상생활이 성스럽다. 나는 안으로 향해야만 발견할 수 있는 풍요롭고 감질나는 세계와 외적인 요구 사이에서 괴로워하며 혼자만의 시간을 가지고 싶어 한다.

나는 언젠가 남편이 '못 보던 그림이 걸려 있던데 어디에서 샀냐'고 물었던 일을 종종 들먹이며 남편을 놀린다. 무려 1년 하고도 6개월이나 그 자리에 걸려 있던 그림이었다. 남편은 나를 거의 놀리지 않는다. 내가 너무 진지하게 받아들이기 때문이다.

우리 부부는 바쁠 때는 둘 다 열여섯 시간 내리 일하기도 한다. 나는 싫지만 남편은 아무렇지도 않아 한다. 그렇게 일하고 나서 잠을 자려고 하면 나는 과도한 자극으로 지나친 각성 상태가 되어 잠들기 어렵다. 남편은 그런 내 옆에서 30초 만에 곯아떨어져 겨울잠 자는 곰처럼 푹 잠든다. 그는 나와 달리 꿈을 자주 꾸지 않는다. 꾼다 해도 행복한 꿈이거나 뭔가를 정리하는 내용이다. 내 꿈은 강렬하며 가끔 나를 불안하게 만들기도 한다.

이렇다 보니 오랫동안 우리 부부 사이에서 나는 이상하리만치 심각한 성격이고 그는 '별로 예민하지 않은' 성격이라는 인식이 자리를 잡았다. 물론 나는 더 심한 쪽으로 생각했다. 나는 정신적으로 아픈 사람이고 남편은 기적처럼 건강한 정신을 가진 사람이라는 생각과 나라는 천재가 답답할 정도로 얄팍하고 무의식적인 남편에게 속박당하고 있다는 생각 사이를 왔다 갔다 했다. 그중에서도 나에게 문제가 있다는 쪽으로 더 많이 생각했다. 나는 진심으로 남편을 사랑하고 싶었다. 하지만 때로는 깊이 있는 파트너를 갈망했다. 어쩌면 나를 신에게 이어줄지도 모르는 사람 말이다. 반면 남편은 좀 더 즉흥적이고 외향적인 배우자를 원했을지도 모른다. 말도 많고 인생을 좀 즐길 줄 아는 사람과 함께였다면 더 즐거웠을지도 모른다. 하지만 그는 우리의 차이점 때문에 괴로워하지 않았다. 나는 괴로웠다.

나 자신 때문에도 괴로웠다. 정말로 나에게 문제가 있다고 생각했다. 그러나 남편은 전혀 그렇게 생각하지 않았다. 그는 내 예민함과 창의성, 직관, 신중하게 생각하는 점, 깊이 있는 대화 나누기를 선호하는 점, 미묘함을 알아차리는 점, 강렬한 감정을 좋아했다. 하지만 이러한 성향은 내 결함이 표면적으로나마 받아들여질 수 있는 수준으로 드러난 것일 뿐이다. 평생 동안 나는 감춰진 끔찍한 결함과 함께였다. 그럼에도 그가 나를 사랑한다는 사실은 내가 보기엔 기적이었다.

물론 우리 부부가 다른 측면에서도 완전히 다르기만 하지는 않다. 그는 사람이 바글거리는 곳과 폭력적인 영화를 싫어하고 예술을 사랑한다. 매우 성실하고 양심적이며 타인과 원활하게 소통하고 자신의 내면에 귀 기울이려 노력한다. 뒤에 나올 민감성 테스트에서 아홉 개 문항에 해당한다. 또한 아트는 사랑과 친밀감을 사랑한다. 실제로 우리의 주요 연구 분야는 예나 지금이나 항상 사랑 그리고 친밀한 관계다.

하지만 얼마 전까지만 해도 나는 누군가와 가까워지고 싶은지 혹은 가까워질 수 있을지 확신하지 못할 때가 많았다. 그저 또 다른 결함인 부정적인 태도를 통제하려 애쓰는 데 급급했다. 그러다 중년의 위기가 닥쳤다. 불만을 노골적으로 드러내는 나로 인해, 아트에게는 매우 가혹한 기간이었다. 하지만 덕분에 우리는 문제를 해결할 방법을 찾아낼 수 있었고, 또한 이 책의 물꼬가 트이게 되었다.

◆

민감한 사람이라는 첫 깨달음

상담 치료를 받기 시작한 어느 날, 치료사가 지나가는 듯이 내가 '매우 민감'하다고 말했다. 돌파구라도 찾은 양 눈이 번쩍 뜨였다. 민감함이 내 명백한 결함일까? 아예 결함이 아닐 수도 있을까? 그리하여 나는 민감한 사람들을 연구하기 시작했다.

이 개념을 처음 접하는 사람들도 있을 테니 짚고 넘어가겠다. HSP는 전체 인구의 약 15~20퍼센트에 해당하는 사람들로서 미묘한 것들을 감지하고 내적인 경험에 심오하게 고찰을 하게 만드는 신경계를 타고나 외부 사건에 쉽게 압도당한다. 여기서 알아야 할 핵심은 민감함이 별난 버릇 같은 것이 아니라 삶의 모든 측면에 영향을 끼치는, 전체 신경계의 기능에 나타나는 중요하고 정상적이며 유전적인 차이라는 점이다. 전체 인구의 약 5분의 1에게서 나타나며, 사람들을 임의로 한 쌍씩 묶어볼 때 그 비율은 더 높아져, 민감함에 영향을 받는 관계는 최소 36퍼센트에 이른다.

물론 지금 당신에게 중요한 것은 당신이나 파트너가 민감한 사람인지 아닌지 여부일 테다. 뒤에 등장할 민감도 셀프 테스트 및 또 다른 유전적 기질인 감각 추구 성향에 관한 테스트까지, 두 가지 테스트를 모두 해보자. 일반적으로 여성이 민감하고 남성은 섬세하지 못하다는 고정관념이 있지만 남성과 여성의 HSP 비율은 비슷하다. 남성과 여성, 민감성에 대한 고정관념은 2장에서 다루기로 한다.

수많은 사람을 대상으로 인터뷰와 설문 조사를 하고, 그들에게 조언을 구하고 질문지를 돌리면서 내 삶과 결혼생활도 더 잘 이해하게 되었다. 나 자신은 물론 나와 다른 남편을 있는 그대로 점점 사랑하고 존중하게 되었다. 서로의 뿌리 깊은 기질 차이를 마주한 덕분에 가르침을 얻었으며 인격적으로 성숙해지고 열정과 기쁨이 커졌다. 다른 방법으로는 도저히 불가능했으리라 생각한다.

이 책에서 풀어내는 이야기의 바탕에는 내 개인적인 경험이 있다. 나는 우리 민감한 사람들과 (민감하든 민감하지 않든) 우리의 파트너들에게 누군가의 도움이 필요하다는 점을 뼈저리게 느꼈다. 우리가 남들과 민감함의 정도가 다르다는 것에 대해 그리고 거기에 담긴 의미에 대해 생각해보도록 말이다. 그런 도움 없이는 사랑과 친밀한 관계가 민감한 사람들에게 쓰디쓴 실망감을 안겨줄지도 모르며 그 과정에서 의도와 달리 파트너에게 고통을 줄 수도 있다. 하지만 도움을 받을 수 있다면, 우리 민감한 사람들은 가족과 세상에 넘치는 사랑을 쏟을 수 있도록 이상적으로 고안된 존재다.

◆

그렇다면 모든 것이 유전자에 달려 있을까?

민감하다는 사실, 혹은 그렇지 않다는 사실이 관계의 행복과 성공을 좌우한다고 주장하는 일은 절대 없으리라고 장담한다. 남편과 나만 해도 민감함의 차이 외에 해결해야 할 문제가 많았다. 하지만 개인의 민감함 정도나 전반적인 유전적 기질이 성공적인 관계를 이해하려고 할 때 가장 등한시된 요인이라고는 자신 있게 말할 수 있다.

하지만 곧 판이 뒤집힐 듯하다. 비록 주목받지는 못했지만 미네소타 대학교의 심리학자 맷 맥규(Matt McGue)와 데이비드 리켄(David Lykken)은 1992년에 전체 이혼율의 약 50퍼센트가 유전적으로 결정된다는 사실을 발견했다![1] 관계의 성공 여부를 정말로 유전자가 결정지을까? 당신은 당연히 아니라고 답할 것이다. 사람은 성장하면서 태도와 가치를 배우고 이런 책을 따라 변화를 시도하기도 한다. 하지만

'이혼의 유전학'에 관한 연구는 직업이나 가정생활 만족도를 포함한 현재의 심리적 상황이 경험이나 자라온 환경이 아니라 유전자에 따른 결과라고 주장할 뿐이다.

즉 유전적 영향을 지나치게 강조하는 데에는 조심스러울 필요가 있다. 첫째, 결혼과 이혼의 본질은 명백하게 사회적이다. (미네소타주보다 캘리포니아주의 이혼율이 높은 이유는 당연히 유전자 때문이 아니다.) 둘째, 유전자가 행동을 통제한다고 보는 시류는 미묘하지만 시나브로 퍼질지도 모른다. 가엾게도 '그렇게 태어났으니까' 인생이 바뀌도록 도와줘야 한다거나 행동에 책임을 지게 하지 말자거나 하는 생각에 이를 수도 있다. 그렇게 되면 신경증적이게, 무섭게, 비관적이게, 지능이 낮게, 폭력적이게, 주의력 결핍 장애가 있게 등등 온갖 데에 '그렇게' 라는 꼬리표가 붙을지도 모른다. 물론 유전자가 이런 특성들을 일으키는 한 요인임을 보여주는 연구들은 있다. 하지만 요인으로써 어떻게 작용하며 그 사실에서 우리는 무엇을 배울 수 있는가? 같은 유전자를 가지고 태어난 일란성 쌍둥이 중 한 명이 가지고 있는 '유전적' 문제가 다른 한 명에게는 없는 이유는 무엇인가?

'인간의 거의 모든 것이 유전자로 결정된다'고 보는 기질 연구자들과 똑같은 숲에서 버섯을 찾아 나설지라도, 나는 분명히 그들과 다른 수확물을 가지고 돌아올 것이다. 첫째, 나는 관계의 문제는 유전적인 것이 아니라 여전히 사회적인 것이라고 생각한다. 이혼이 유전될 가능성이라는 것은 유전자의 무언가가 이혼에 영향을 미친다는 뜻일 뿐이다. 유전적 기질이 문제를 일으키는 것이 아니라 우리가 어떤 기질을 제대로 다루지 못하기 때문에 문제가 발생하는 것이다. 둘째, 기질에 대해 알아갈수록 기질을 배우는 것이 사람들을 변화시킬 핵심이라는 생각이 굳어진다. 자신과 타인에게서 받는 스트레스를 줄이고 내성을 키워야 한다. 기질은 사람이 변하지 않거나 변할 수 없다고 판단할 근거가 아니다. 그럼에도 불구하고 이혼율의 50퍼센트는 유전자와 관련 있다. 유전적 기질은 조화로운 관계에 매우 중요하지만 등한시되는 요소인 것이다.

◆

이 책을 활용하는 방법

_____ 인간이 복잡한 존재임을 기억하라

인간 심리에 관한 글을 쓰는 사람이면 누구나 그렇듯 나도 일반화를 해야 한다. 민감한 사람들은 일반화와 꼬리표 그리고 정형화된 이미지를 의심한다. 그에 따른 영향과 다른 가능성을 언제나 심사숙고하기 때문이다. 어쩌면 당신은 '내가 민감한 줄 알았는데 아닌 것 같아. 잠도 잘 자고 외향적이고 가만히 못 있고 긍정적이니까'라고 생각할지도 모른다.

　이런 특징을 전부 갖춘 민감한 사람들이 정말로 있다. 한 예로 민감한 사람의 30퍼센트가 사회적으로 내향적이다. 서로 다른 경험과 유전의 복잡성 그리고 어쩌면 약간의 운명에도 힘입어 사람은 모두가 고유한 존재며 모든 관계 또한 고유하다. 따라서 이 책의 내용 가운데 자신에게 유익한 부분만 가감하여 받아들이기 바란다.

'선입견의 토대만 하나 더 늘겠네'라고 생각할지도 모른다. 잘된 일이다. 이것이 일반화의 불가피한 단점인 '그림자'다. 그림자는 고정관념이 되고 선입견이 된다. 민감한 사람은 이래서 좋고 아닌 사람은 이래서 나쁘다고 생각하기 시작하는 것이다.

우리 민감한 사람은 선입견을 잘 안다. 단순히 무시당하기만 한 게 아니라 동정을 받거나 내성적이고 소심하고 신경증적이라고 비하당했기 때문이다(이런 것들은 타고나는 특징이 아니라고 나는 믿는다). 우리는 스스로에게 우수한 측면이 있다는 의식, 즉 보상적인 자부심을 가질 필요가 있다. 하지만 차이를 존중하는 법 그리고 우리가 가진 특징을 자랑스럽게 여기는 법을 배우는 이 책에서만큼은 스스로를 소중히 여기면서도 타인을 깎아내리지 않도록 신중해야 한다.

_____ **사랑과 우정 관계에 모두 적용하라**

이 책은 주로 커플 관계를 다루지만 우리가 사랑하는 사람 중에는 물론 친구와 친척 들도 있다. 책의 내용은 대부분 그런 관계에도 똑같이 적용된다. 친구를 만나고 친척과 가깝게 지내고 동료와 관계를 돈독하게 하고 좋아하는 사람들과 소통하는 모든 관계가 마찬가지다. 커플이라는 관계를 더욱 단단하게 하고 오래 유지하게 하기 위해서는 다른 유형의 친밀한 관계들이 필수적이다. 그 어떤 파트너도 내 전부가 될 수 없고 하나부터 열까지 상대방의 모든 점이 마음에 들 리도 없다. 특히 민감한 사람은 성격과 관심사가 다채롭고 풍부해서 그런 점에 대해 이야기를 나누고 싶어 하며 진중하게 진가를 들여다보고 싶어 한다. 당신의 파트너가 민감한 사람이 아니라면 당신에게는 같은 기질을 갖고 있는 친구가 필요하며, 파트너에게도 역시 같은 기질을 갖고 있는 친구가 필요하다. 둘 다 민감한 기질이라면, 각각 민감하지 않은 친구를 사귀는 게 좋다.

_____ 사랑의 어느 지점에 머물러 있는지에 따라 활용하라

사랑은 매우 광범위한 주제다. 막 사랑에 빠지고 있거나, 누군가와 행복하게 살고 있거나, 오래된 관계에서 문제를 겪고 있을 수도 있다. 지금 혼자라면 누군가를 만나고 싶을 수도 있고 만나고 싶지 않을 수도 있다. 당신이 처한 상황에 따라 이 책에서 필요로 하는 부분이 크게 달라질 것이다.

• 둘이 함께 책을 읽는 경우

두 사람 모두에게 가장 좋은 방법이다. 내용 일부나 전체를 서로 소리 내어 읽어줄 수도 있다. 당신의 기질에 관해 이야기하는 것만으로 관계가 한층 부드러워지기도 한다는 사실에 놀랄 것이다.

• 상대방이 이 책을 읽지 않을 경우

이것도 괜찮다. 당신이 읽고 배운 것, 가장 핵심적인 부분을 읽어줄 수도 있지만 파트너에게 책을 다 읽으라고 강요하면 안 된다. 파트너가 전혀 관심을 보이지 않아도 너무 문제 삼지 마라. 대개 사람들이 어떤 아이디어에 저항하는 이유는 어떤 식으로든 위협을 느끼기 때문이므로 파트너가 이 책을 읽기를 왜 두려워하는지 생각해봐야 한다. 그런 다음 천천히 시간을 두고 신뢰를 쌓아 털어놓게 만드는 방법도 있다. 당신이 화를 내거나 상처를 받는다면 파트너는 신뢰를 보여주기 어려워진다.

흥미가 있다가도 사라지듯이 두려움도 마찬가지다. 사람들은 압박감이 없고 상대방이 있는 그대로 받아들여준다는 믿음이 있을 때 새로운 아이디어에 마음을 연다. 큰 그림을 보면서 기다려보자.

• 현재 사랑하는 사람이 없을 때

책을 쓰면서 여기에 해당하는 사람들을 많이 떠올렸다. 자의건 아니건 타인들과 친밀한 관계를 맺고 있지 않은 민감한 사람이 많기 때문이다. 하지만 현재 연애 상태가 어떻건 민감한 사람은 상대방의 사랑보다 자신의 사랑으로 스스로를 만들어나가는 경향이 강하다. 우리는 남들보다 사랑에 쉽게 빠지지 않는다. 따라서 과거의 사랑을 돌이켜보면 도움이 될 수 있다. '나는 너를 사랑하지만 내 사랑은 너와 아무런 관계가 없다'는 것이 내가 좋아하는 감성인데, 그런 이유로 이 책의 제목에도 '관계'가 아닌 '사랑'을 넣었다. 사랑이 관계보다 훨씬 다채롭고 개인적이고 주관적인, 딱 '우리를 위한 주제'처럼 보이기 때문이다. 나나 이 책을 읽는 독자들 다수처럼 내향적이고 고독을 즐기는 사람이 관계에 관한 책을 쓰는 일은 흔치 않을 테다. 나는 우리를 위한 책이 필요하며 특히 같은 민감한 사람들이 나의 의도에 깊이 공감하고 알아봐주리라고 생각했다. 이 책이 당신의 마음에서 자신과 타인을 향한 사랑을 더욱 이끌어내기를 희망한다.

• 민감하지 않은 사람이 읽는다면

민감한 연인 혹은 친구에 대해 더 알고 싶어 하다니, 두 손 들어 반길 일이다. 민감한 사람들만을 대상으로 이야기해서 미안하다. 여러분을 배제하려는 의도는 아니지만, 이해해주리라 믿는다.

◆

연구 그 이상을 토대로

성인의 기질 및 친밀한 관계에 대한 연구는 지난 10년 동안 눈부시게 성장했으나, 일반 대중에게까지는 제대로 닿지 못하는 것이 현실이다. 성격과 성별, '사랑의 유지 비결'에 대한 단편적 견해들만이 쏟아질 뿐이다. 이 책에서는 연구 환경에서 수집한 여러 사실을 다양한 관계를 맺고 있는 민감한 사람들과 연결해서 풀어낼 예정이다.

_____ 다양한 출처의 자료

이 책을 쓰려고 자료 조사를 시작하면서 가장 먼저 민감한 사람들에게 그들의 인간관계가 어떠한지 묻는 심층 인터뷰를 진행했다. 이어서 고안해낸 구체적인 질문지 중 하나는 HSP와 비HSP를 포함한 1,000명이 작성했다. 또 다른 질문지는 HSP를 위한 뉴스레터《컴퍼트 존(Comfort Zone)》구독자들에게 전송되었는데, 민감한 사람들뿐만 아니라 그 주변 사람들에게도 정보를 요청해 비교 집단을 마련할 수 있었다. 다른 연구자들이 부부를 대상으로 수행한 장기 연구에 민감성의 기준을 포함해 결과를 분석하기도 했다.

나는 다음과 같은 질문들에 내 견해뿐 아니라 진정한 답을 제공하고 싶었다. 민감한 사람들은 자기와 비슷한 사람을 짝으로 만날 가능성이 큰가? 그러면 더 행복한가? 두 사람 모두가 민감한 커플과 어느 한쪽만 민감한 커플의 전형적인 문제점은 무엇인가? 관계 속에서 민감한 사람이 가지는 강점과 약점은 무엇인가? 민감함이 개인의 성생활이나 관계의 종말에 어떤 영향을 끼치는가?

하지만 사랑은 그 비밀을 통계 숫자로 쉬이 내어주지 않는 법이다. 그렇기 때문에 나는 시작 부분에서 밝혔듯이 내 개인적인 경험과 심리치료사로서의 경험 모두를 이 책의 토대로 삼았다. 마지막으로 심층 심리학 정보도 참고했다.

_____ 무의식의 자료

심층 심리학은 그동안 간과되고 억압되고 심지어 경멸당하기까지 했던 일상적인 측면을 연구하는 심리학의 한 영역이다. 연구 심리학자들은 뱃사람들이 바다 날씨를 주시하듯이 의식적인 생각과 행동의 일반적인 원칙을 눈여겨보는 방법을 사용한다. 심층 심리학자들은 스쿠버 다이버처럼 수면 아래로, 무의식적인 '이야기의 나머지 부분'에 닿으려 한다. 두 접근법 모두 중요하지만 수면에 드러난 것만 보면 바다의 한쪽만 알게 된다. 언뜻 보기에 혹은 목적에 따라서는 충분해 보이더라도 말이다.

나는 연구 심리학과 심층 심리학 두 가지 접근법을 모두 활용하고 있다. 민감함을 연구하기 위해서는 반드시 이렇게 해야 하는데 민감한 사람들은 무의식과 매우 긴밀하게 연결되어 있고 때로는 무의식에 압도당하기도 하기 때문이다. 민감한 사람들이 더 생생한 꿈을 꾼다는 연구 결과만 봐도 그러하다.

심층 심리학은 사랑의 해저를 파헤치기 위해서도 필요하다. 그곳은 무섭고, 기이하고, 금지되어 있고, 잊히고, 때로는 강압적으로 억눌린 것들이 자리한 어두운 장소다. 실제로 심층 심리학자들은 갑작스럽고 심오한 사랑은 거의 대부분 깊은 무의식에서 분출된다고 믿는다. 이 이야기는 4장에서 다시 다룰 예정이다.

이 책은 숫자와 자료를 통해 사랑을 표면에서 살펴보고, 이어서 심층적으로, 그리고 무의식에서도 들여다보면서 좀처럼 이야기되지 않는 것들을 다룰 것이다. 이것이 민감한 사람들에게 가장 적합한 접근법이라고 생각한다. 민감한 사람들은 특히 사랑에 관해서는 쉬운 답을 받아들이지 않는다. 오래 고찰할수록 대상이 되는 주제는 더 풍성하고 미묘하고 복잡해진다.

예를 들어 민감한 사람은 일부 생리학자들이 뭐라고 하건 사랑이,

심지어 연인 사이의 사랑까지도 단순히 섹스에 좌우되지 않음을 잘 안다. 유치원생부터 노년에 이르기까지, 민감한 사람들은 나이에 상관없이 사랑에 빠질 확률이 똑같다는 사실만으로 분명히 알 수 있다.

나아가 대부분의 민감한 사람은 평소 깊은 고찰을 하기에 지속적인 관계 혹은 결혼이 사랑의 전부이며 그래야만 한다는 손쉬운 답변에 고개를 끄덕이지 않는다. 깊은 사랑은 비밀로 남거나 영영 화답을 받지 못하거나 짧게 반짝이다 소멸하는 경우가 많기 때문이다.

또한 우리 민감한 사람은 사랑이 사람을 변화시킨다는 말에 동의하나 항상 그렇지는 않다는 것을 안다. 낙관주의자들은 사랑하는 관계 속에서 오래 머물러보면 자신에 관한 중요한 사실을 배울 수 있다고 말한다. 우리도 그 말에 동의하고 싶지만 그것만큼 슬픈 농담은 없다. 관계 속에 오래 머무르고도 둘 사이에서 발생하는 문제에 자신이 어떤 역할을 하는지 갈수록 판단력을 잃어가고 파트너를 원망의 대상으로 삼는 일이 흔하기 때문이다.

나는 오랜 고찰 끝에 사랑이란 자기 자신의 내면으로 들어가 진정성과 통찰력을 성장시킬 기회라는 점을 확신하게 되었다. 활용하지 못할 수도 있지만 어쨌든 기회는 항상 주어진다. 오래전에 끝난 관계조차도 들여다볼 기회는 남아 있다. 이 책을 통해 함께 깊이 생각해보고자 한다면 말이다.

나는 민감한 사람인가?

**각 문항을 읽고 느끼는 대로 답한다. 조금이라도 해당한다면 '그렇다'
에 표시하고 매우 다르거나 전혀 그렇지 않다면 '아니다'에 표시한다.**

Ⓣ 그렇다 Ⓕ 아니다

1. 주변 환경의 미묘한 부분을 잘 알아차리는 편이다.　　　　　Ⓣ Ⓕ

2. 타인의 기분에 영향을 받는다.　　　　　　　　　　　　　Ⓣ Ⓕ

3. 통증에 매우 민감하다.　　　　　　　　　　　　　　　　Ⓣ Ⓕ

4. 바쁜 날이면 침대나 어두운 방, 프라이버시가 보장되고 자극을
   피할 수 있는 장소에서 혼자 있고 싶다.　　　　　　　　　Ⓣ Ⓕ

5. 카페인에 민감하게 반응한다.　　　　　　　　　　　　　Ⓣ Ⓕ

6. 밝은 빛, 강한 냄새, 까칠한 원단, 사이렌 소리 등에 쉽게 피곤해진다.　Ⓣ Ⓕ

7. 생각이 많고 복잡하다.　　　　　　　　　　　　　　　　Ⓣ Ⓕ

8. 시끄러운 소리가 불편하다.　　　　　　　　　　　　　　Ⓣ Ⓕ

9. 미술 작품이나 음악에 깊은 감동을 받는다.　　　　　　　Ⓣ Ⓕ

10. 성실하다.　　　　　　　　　　　　　　　　　　　　　Ⓣ Ⓕ

11. 흠칫 잘 놀란다.　　　　　　　　　　　　　　　　　　　Ⓣ Ⓕ

12. 짧은 시간에 많은 일을 처리해야 할 때 당황한다.　　　　Ⓣ Ⓕ

13. 사람들이 물리적 환경 때문에 불편해할 때 어떻게 하면 편하게
    해줄 수 있는지 바로 알아차린다(조명이나 자리 배치 바꾸기 등).　Ⓣ Ⓕ

14. 사람들이 한 번에 너무 많은 것을 요구하면 짜증이 난다.　Ⓣ Ⓕ

15. 실수하거나 뭔가를 잊어버리지 않도록 무척 애쓴다.　　　Ⓣ Ⓕ

16. 폭력적인 영화나 TV 프로그램은 되도록 보지 않는다.　　Ⓣ Ⓕ

17. 주변에서 한꺼번에 많은 일이 일어나면 불편해진다.   Ⓣ Ⓕ

18. 삶에 변화가 생기면 두렵고 혼란스럽다.   Ⓣ Ⓕ

19. 섬세한 냄새나 맛, 소리, 예술 작품을 잘 알아차리고 선호한다.   Ⓣ Ⓕ

20. 불편하거나 압도적인 상황을 피하는 것이 항상 중요한 우선순위다.   Ⓣ Ⓕ

21. 경쟁해야 하는 상황이거나 누가 지켜보고 있으면 긴장되고 떨려서
     평소보다 실력을 발휘하지 못한다.   Ⓣ Ⓕ

22. 어렸을 때 부모나 교사들로부터 민감하다거나 내성적이라는 말을
     들었다.   Ⓣ Ⓕ

● **테스트 결과 진단 방법**

'그렇다'가 12개 이상이면 매우 민감한 사람일 수 있다. 하지만 그 어느 심리 테스트
도 삶의 토대로 삼을 만큼 정확하지는 못하다. '그렇다'에 표시한 문항이 한두 개뿐이
더라도 해당 항목이 한 치의 어긋남이 없이 정확하게 당신을 설명한다면 민감하다고
할 수 있을 것이다.

1장

나는 민감한 사람일까

기질이 사랑에 미치는 영향

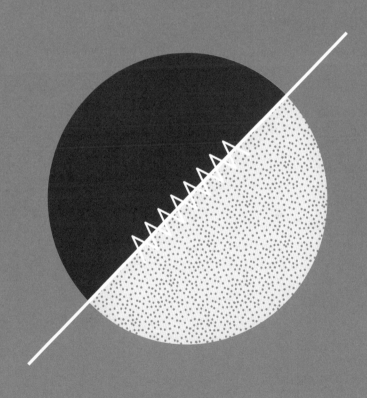

관계에서
민감한 사람의 존재가 값지다는 것은
지극히 당연한 이야기다.

"사랑에 빠지기가 너무 어려워요."

"가끔 내가 외계인처럼 느껴져요. 남들은 연애도 잘만 하던데. 하지만 남들이 사랑이라고 부르는 것에 저는 끌리지가 않는걸요."

"투자, 자동차, 스포츠, 승진 같은 건 아내를 향한 사랑에 비하면 나에겐 전부 뒷전이죠."

타인보다 더 민감한 사람(HSP)이 말하는 사랑에는 고귀한 깊이와 강도가 있다. 그들은 사랑에 깊숙이 빠지며 친밀한 관계를 위해 다분히 노력한다. 물론 민감하지 않아도 사랑에 온통 마음을 빼앗기고 혼란을 느낄 수 있지만 특히나 그들에게 사랑은 영혼까지 뒤흔들릴 만큼 근원적인 경험이다.

그리 놀라운 일은 아니다. 서론에서 말했듯이 전체 인구의 약 15~20퍼센트에 해당하는 민감한 사람들은 미묘한 것에 더 민감하고 내적인 경험을 심오하게 고찰하게 만드는 신경계를 타고나 외부 사건에 쉽게 압도당한다. 일부 민감한 사람들은 사랑하는 사람이 전하는 미묘한 뉘앙스를 전부 알아차리고 상대의 매력을 세밀하게 살피며 그런 경험들에 압도당한다.

지금 대중은 그 어느 때보다 심리학에 관한 글을 많이 읽는다. 개인이 행복하고 세상이 존속하기 위해서는 정신세계, 특히 사랑에 대해 심오하게 들여다봐야함을 깨닫고 있다. 이 과정에서 민감성이라는 기본적인 기질 그리고 흔히 등한시되는 유전적 기질을 살펴보지 않으면 안 된다. 유전적 기질이라는 주제는 마치 사람이 다르게 태어났다는 말 자체가 비민주적이기라도 한 듯, 대체로 소홀하게 취급받고 있지만 말이다. 이 장에서는 민감성은 물론 또 다른 유전적 기질인 감각 추구 성향(sensation seeking)을 철저하게 살펴볼 예정이다.

◆

내가 어떤 사람인지 알아야 할 시간

먼저 43쪽의 셀프 테스트를 한 뒤 결과를 진단해보자. 그런 다음 지금 소개할 감각 추구 성향 셀프 테스트를 해본다. 테스트 결과가 무엇을 의미하는지는 나중에 설명하겠다. (두 가지 테스트는 책을 더 읽기 전에 실시해야 좀 더 정확한 결과를 얻을 수 있다.) 두 테스트 모두에서 높은 점수가 나오는 경우도 있을 것이다.

현재 파트너가 있고 파트너도 테스트할 의향을 보인다면 마찬가지로 테스트를 하게 하라. 파트너가 거부한다면 당신이 파트너의 관점에서 문항에 직접 답해도 된다. 현재 파트너가 없다면 한때 친밀했던 예전 파트너의 관점에서 답한다.

나는 감각 추구자인가?

각 문항을 읽고 느끼는 대로 답한다. 조금이라도 해당한다면 '그렇다'
에 표시하고 매우 다르거나 전혀 그렇지 않다면 '아니다'에 표시한다.

Ⓣ 그렇다 Ⓕ 아니다

---

1. 안전하기만 하다면 이상하고 새로운 경험을 하게 해주는 약물을
   복용해보고 싶다.   Ⓣ Ⓕ

2. 어떤 대화들은 고통스러울 정도로 지루하다.   Ⓣ Ⓕ

3. 이미 가보았고 좋아하는 장소에 가느니 마음에 들지 않을지라도
   가보지 않은 곳에 가겠다.   Ⓣ Ⓕ

4. 스키나 암벽 등반, 서핑처럼 신체적인 흥분감을 주는 스포츠에
   도전해보고 싶다.   Ⓣ Ⓕ

5. 집에 너무 오래 있으면 안절부절못한다.   Ⓣ Ⓕ

6. 아무것도 하지 않고 마냥 기다리기를 싫어한다.   Ⓣ Ⓕ

7. 같은 영화를 두 번 이상 보지 않는다.   Ⓣ Ⓕ

8. 익숙하지 않은 것을 좋아한다.   Ⓣ Ⓕ

9. 뭔가 색다른 것을 발견하면 어떻게 해서든지 확인하려고 한다.   Ⓣ Ⓕ

10. 매일 똑같은 사람들과 시간을 보내는 것은 지루하다.   Ⓣ Ⓕ

11. 친구들은 내가 무엇을 원할지 예측하기 어렵다고 한다.   Ⓣ Ⓕ

12. 새로운 지역을 탐색하기를 좋아한다.   Ⓣ Ⓕ

13. 틀에 박힌 일과를 만들지 않으려고 한다.   Ⓣ Ⓕ

14. 강렬한 경험을 하게 해주는 예술에 끌린다.   Ⓣ Ⓕ

15. '취한 기분'을 느끼게 하는 물질을 좋아한다.   Ⓣ Ⓕ

16.	예측하기 어려운 친구들이 더 좋다.	ⓣ ⓕ
17.	낯선 장소에 가보기를 고대한다.	ⓣ ⓕ
18.	여행에 돈을 쓴다면 생소한 나라일수록 좋다.	ⓣ ⓕ
19.	탐험가가 되고 싶다.	ⓣ ⓕ
20.	누군가의 갑작스러운 성적 농담이나 발언에 사람들이 약간 불편한 듯 어색하게 웃는 상황을 즐긴다.	ⓣ ⓕ

● **테스트 결과 진단 방법**

여성일 경우 '그렇다'가 11개 이상이면 감각 추구자일 가능성이 크다. '그렇다'가 7개 미만이면 아마도 감각 추구자가 아닐 것이다. '그렇다'가 8~10개라면 중간쯤에 속한다고 할 수 있다.

남성일 경우 '그렇다'가 13개 이상이면 감각 추구자일 가능성이 크다. 9개 미만이면 아마도 감각 추구자가 아닐 것이다. 10~12개라면 중간쯤에 속한다고 할 수 있다.

물론 민감한 사람이면서 동시에 감각 추구 성향 테스트 점수가 높게 나올 수 있다.

서로 정반대인 혹은 쌍둥이 같은 우리

자신과 파트너의 기질이 서로 정반대라는 결과가 나오면 어떻게 해야 할까?

당황할 것 없다. 서로 정반대라도 좋은 관계를 맺을 수 없다고 생각할 이유가 없으니까. 오히려 서로 다른 점들이 둘의 관계를 더욱 탄탄하고 행복하게 만들기도 한다. 충돌 없이 공존할 수 있는 기질을 갖추는 것이 중요한 게 아니다.

반대로 서로 비슷한 점이 너무 많다면? 그것도 괜찮다. 예상치 못한 일일 수도 있고 서로에게 가졌던 오래된 관점을 바꿔야 할 수는 있겠지만 말이다.

솔직히 말하겠다. 연구에 따르면 사람들은 비슷한 성격을 가진 상대를 선택하는 경향이 약간 있다.[1] 여기에서 성격은 유전적인 기질에 후천적인 경험이 더해진 결과를 뜻한다. 둘의 성격이 비슷한 커플일수록 행복도가 높은 경향도 약간 있다.[2] 어떤 경향이 약간 있다는 말은 겹치는 부분이 꽤 있다는 뜻이다. 일반적으로 남자가 여자보다 키가 큰 경향이 있다고는 하지만 남자보다 키가 큰 여자도 많다. 우리가 아는 사례 중에서 일반적인 경향을 거스르는 경우가 많은 것도 그래서다. 즉 기본적인 기질이 크게 달라도 행복한 커플이 많다. 법칙의 예외에 속하는 것은 흥미로운 일이다. 특히 성격 차이는 관계의 결말을 예측하기에는 정확도가 매우 떨어지는 지표다.

지속 기간이나 행복도로 나타나는 성공적인 관계를 크게 좌우하는 요인은 두 사람의 성격이다. 성격이 비슷하건 아니건 상관없다.[3] 콕 집어 말해서 한 사람이 친절하고 합리적이고 긍정적이라면(자가 테스트로 측정할 수 없는 특징들) 그 커플은 서로의 차이를 잘 헤쳐나갈 가능성이 크다. 5장과 6장에서 집중적으로 다루겠지만, 두 사람의 기질이 어떻게 어우러지는가를 이해하는 것이 가장 중요하다.

대부분은 서로의 기질이 적당히 다르다는 결과가 나왔을 것이다. 한 가지 기질은 다를지라도 두 기질이 모두 다르지는 않을 것이다. 그것이 가장 최선의 상황일 수도 있다.

다시 말하지만 이 책에서는 어떤 관계는 계속 유지하고 또 어떤 관계는 피해야 한다고 말하려는 것이 아니다. 커플 관계에서 문제가 발생하는 이유는 대부분 성격이 맞고 안 맞아서가 아니라 서로의 기질이 어우러지는 방법에 무지했기 때문이다. 몇 가지 예로 문제와 해결책을 살펴보자.

우리 이대로 괜찮은 걸까

디나는 진심으로 남편 대니얼을 사랑하고 싶다. 대니얼은 유머 감각이 뛰어나며 친절한 성격에 유능하고 책임감도 있고 아이들에게도 좋은 아빠다. 하지만 따분하다. 눈치도 없다. 이상한 타이밍에 끼어들어 눈치 없는 말을 한다. 디나가 '결점'을 지적하기라도 하면 남편은 놀라고 상처받는다. 그런데 친구들에게 조심스럽게 물어보니 아무도 대니얼을 지루하거나 눈치 없는 남자라고 생각하지 않았다. 생각해

나는 민감한 사람일까

보면 친구들에게도 실망할 때가 많으니 디나는 아무래도 자신이 문제인 것 같다고 결론 내린다. 어쩌면 자신은 사랑 자체를 할 줄 모르는 사람인지도 모른다고. 그러나 문제는 남편을 사랑하지 않는 것이 아니다. 그녀는 남편을 사랑한다고 생각한다. 하지만 남편을 존중하지는 않는다. 관심사도 전부 속물적이고 너무 현실성만 따진다. 디나는 수치스럽다. 남편의 그런 성격이 실은 자신에게도 이롭고 그가 자신을 사랑하고 존중한다는 사실을 알기 때문이다.

설상가상으로 그녀는 얼마 전 요가 캠프에서 '저런 남자와 결혼했어야 해'라는 생각이 들게 만드는 남자를 만났다. 조용한 성품에 정신 세계도 깊고 말수는 적지만 내뱉는 한마디 한마디가 심오한 남자. 남편과 이혼할 생각은 결단코 없지만 디나는 제짝이 아닌 듯한 남자와 평생을 살아야 하며 이를 당사자들은 물론이고 누구에게도 털어놓을 수 없다는 사실이 꼭 저주처럼 느껴진다.

싱글 대디로 혼자 아이를 키우는 블레이크도 있다. 현재 만나는 사람이 없고 앞으로도, 어쩌면 평생 누군가를 만날 마음이 없다. 연애는 생각만 해도 거북하다. 온라인 만남도 잘못되었다고 생각한다. 사적인 생활을 시장에 내놓고 누군가가 관심을 보이기를 기다리는 일, 쇼핑하듯 뻔한 프로필들 사이에서 상대를 고르는 행위 전부 다 거북하다. 문제는 그가 삶의 동반자를 원한다는 점이다. 마지막 연애가 그를 겁먹게 했다. 마음을 추스르고 새로운 사람들을 만나봐야 한다는 것을 알면서도 그게 잘 안 되고 그래서 자신에게 문제가 있다고 생각한다. 나 같은 사람을 누가 좋아하겠어? 연애나 결혼식이 엉망진창이 되어버리는 꿈을 꾸기도 한다. 거대한 파도와 홍수에 쓸려가거나 강도를 당하는 악몽도 자주 꾼다.

테리와 제스는 또 어떤가? 그들은 서로 맺고 있는 관계에 기뻐하고 만족할 것이 분명한 커플이었다. 두 사람은 서로를 만나 행복했다. 둘 다 저녁 시간을 집에서 조용히 보내기를 좋아했고 밖에 나가면 스트레스만 받는데다가 약간 불안하기까지 했다. 죽음과 삶의 의미 같은 주제에 대해 자주 생각에 잠기는 점도 똑같았다. 하지만 세월이 흐르면서 테리는 제스와 함께 바깥 활동을 늘려 삶에 새로운 활기를 더하려고 시도했다. 그러나 밖에 나갈 땐 거의 혼자였다. 제스는 피곤해하며 잘 다녀오라고만 한다. 그러다가 테리는 매우 흥미로운 사람을 만났다. 사교적이고 모험심도 있고 활기가 넘치는 사람이었다. 문득 그녀는 자신이 그동안 얼마나 방관자처럼 살아왔는지 깨달았다. 현재 그녀는 제스와 헤어지려고 마음은 먹었지만 그가 이별의 충격을 견뎌내지 못할 것 같아 두렵다.

데이비드는 자신이 질을 너무 사랑해서 탈이라고 생각한다. 질은 지혜롭고 흥미로운 사람이다. 문제는 그가 그녀와 동등하다고 느끼지 못한다는 것이다. 질은 신기할 정도로 모든 세상사에 빠삭하다. 날씨는 물론이고 어느 영화에 담긴 의미, 친구들의 사정 등. 그의 문제까지도 당사자보다 더 빨리 간파해서 데이비드는 자기 자신이 둔감하고 멍청하다고 느낀다. 이제는 질도 자신을 그렇게 생각할까 봐 두려워졌다. 가끔 비판할 때조차 질은 맞는 말만 한다. 데이비드는 그녀를 너무 사랑하지만 자신의 자존감이 그녀와의 관계를 버틸 수 있을지 걱정이다.

마지막으로 조던과 크리스가 있다. 조던은 6년 동안 제각각 다른 주에서 직장 세 군데에 다녔다. 그때마다 크리스는 그를 따라갔지만 사실은 썩 내키지 않았다. 자주 이사 다니는 일은 크리스에게 트라우마가 되었다. 조던이 한곳에 뿌리를 내려 헌신하거나 만족할 줄 모르는 사람이라는 생각이 들기 시작했다. 직장과 거주지를 충동적으로 옮기는 그가 주의력 결핍 장애가 아닐까 의심하기도 했다. 이번 주에 조던은 지금 다니는 직장의 런던 지사로 옮겨갈 예정이라는 이야기를 꺼냈다. 크리스는 따라가지 않겠다고 으름장을 놓고 있다. 그는 커플 상담을 받아볼 필요가 있다고 생각한다. 상담사가 조던의 숨겨진 장애를 진단해주기를 바라는 마음이다.

◆

해결할 수 없는 갈등, 그 불가사의함

불가사의한 일이 있다. 연구 심리학자 존 가트맨(John Gottman)에 따르면 커플이 겪는 갈등 중 69퍼센트가 해결할 수도, 끝나지도 않을 갈등이며 행복한 커플과 불행한 커플이 안고 있는 해결 불가능한 갈등의 비율은 서로 똑같다.[4] 행복한 커플은 능숙하게 문제를 해결하기 때문에 오래 지속되는 갈등이 적다는 이론은 이제 집어치우자. 해결할 수 없는 갈등으로 진퇴양난에 빠지기는 그들도 마찬가지다.

지금까지 나온 자료들은 그 수수께끼를 부분적이나마 해결해준다. 행복한 커플은 영속적인 갈등을 이해하는 방식이 다르다. 문제를 두고 싸우는 대신 문제에 관해 대화를 나누는 것이다. 그런데 행복한 커플도 해결하지 못하는 영속적인 갈등이 도대체 뭘까? 그 답은 서로의 성격적 기질 차이에서 나온다. 한 사람은 사람들과 어울리기를 즐기고 북적거리는 도시 생활을 좋아하지만 다른 한 사람은 '둘만의' 조용한 시간과 시골 생활을 좋아하는 것처럼 말이다. 행복한 커플은 서로의 영속적인 기질에서 시작된 갈등에 관해 터놓고 이야기하고 있는 그대로 받아들이는 법을 찾은 사람들이다.

　디나와 대니얼, 테리와 제스 등 방금 소개한 사람들은 해결할 수 없는 갈등의 원인을 찾지 못했다. 그들은 상대가 바뀌지 않는다고 계속 원망하거나 속으로 상대나 자신에 대한 존중을 잃어가고 있다. 불행한 커플을 측정하는 모든 기준으로 볼 때 심각한 상황이다. 부족한 의사소통이나 각각의 신경증이 이런 상황을 초래했을까? 그렇지 않다. 그들은 사회생활을 어렵게 만들거나 친구를 사귀지 못하거나 자신감을 위축시키는, 강한 트라우마를 남긴 어린 시절을 보냈거나 문제 있는 성인기를 보낸 사람들이 아니다.

　그렇다면 그들에게 무슨 일이 벌어지고 있는 것일까? 그들은 기질과 관련된 갈등을 겪고 있다. 문제를 해결하려면 자신이나 상대방이 변해야 한다고 생각한다. 하지만 그것은 파란색 눈더러 갈색 눈이 되라고, 왼손잡이더러 오른손잡이가 되라고 요구하는 것과 같다. 그 사실을 알면 그들은 물론이고 그들을 도와주는 치료사도 다른 방법으

나는 민감한 사람일까

로 상황에 접근할 수 있을 것이다. 하지만 선천적인 기질은 심리학 분야에서 가장 소홀히 다루어지는 주제 가운데 하나다. 마침내 아동 상담 치료 분야에서 인정받고는 있지만 성인 상담 치료 분야에서는 여전히 드물게 다뤄진다. 최근에서야 겨우 커플 문제를 다루는 전문가들이 관심을 기울이기 시작했다. 바로 그러한 무지 때문에 디나를 비롯한 사람들은 엉뚱한 데 초점을 맞춘 개인 상담이나 부부 상담을 받는다.

그러면 초점은 어디로 향해야 할까? 바로 성격적 기질, 특히 매우 민감한 성향이다.

♦

행복한 커플을 위한 진단

'지루한' 남편 대니얼에게 느끼는 사랑과 요가 수업에서 만난 조용한 남자에게 이끌리는 마음 사이에서 괴로워하는 디나의 모습은 민감한 사람이 지극히 정상적이며 매력적인 남편에게 보이는 정상적인 반응이다. 그녀는 민감한 사람이라면 장점으로 느낄 만한 여러 특징을 갖춘 남편 대니얼을 사랑한다. 하지만 동시에 그녀는 민감한 사람이라면 불쾌하게 느낄 수도 있는 비HSP의 특징 때문에 남편을 싫어한다. 그녀는 전형적인 민감한 사람의 방식대로 자신이 처한 상황을 심사숙고한다. 남편과 헤어지거나 남편을 배신하는 일이 올바르지 않음을 잘 알지만 남편과의 차이점을 존중하기가 어렵다. 디나 같은 상황에 대해 5장에서 자세히 살펴볼 예정이다.

지루함에 대해 한마디 하겠다. 나는 연구를 하거나 내담자들과 만나 이야기를 나누면서 타인이나 관계에서 느끼는 지루함 혹은 지루함처럼 느껴지는 감정이 커플들이 맞닥뜨리는 가장 흔한 문제 중 하나이며 대개 기질과 관련되어 있음을 발견한다. 커플들은 지루함이 서로를 존중하지 않는 상황으로 이어지거나 싸움 또는 불륜까지 번진 후에야 도움을 받으려 한다. 즉 지루함이라는 문제에 한 번도 정면으로 맞서지 않는 것이다.

파트너가 없는 블레이크를 보자. 그에게는 민감하지 않은 사람처럼 행동해야만 한다는 기대가 있다. 분명히 과거의 파트너들도 그에게 같은 기대를 했을 것이다. 그는 자신을 좀 더 소중히 여길 필요가 있다. 민감한 남성에게는 특히 어려운 일이지만 2장에서 도움을 제공할 것이다. 블레이크가 자신을 존중하려면 자기 내면세계와 제대로 관계를 맺기 위해 노력해야 하며 그래야만 외부인도 개입할 수 있다.

테리가 안절부절못하게 되기 전까지 테리와 제스는 무척 행복한 커플이었다. 하지만 두 민감한 사람은 전형적인 실수를 저질렀다. 지나치게 평온해져버린 둘만의 안식처에는 두 사람 관계의 균형을 맞춰줄 충분한 자극제가 없었다. 역시나 문제는 지루함이었다. 서로를 고통스럽게 하지 않는 것이 암묵적 법칙이기에 테리는 문제를 입 밖으로 꺼낼 수조차 없다. 양쪽 모두가 두려워하는 서로의 분한 마음을 완전히 파헤쳐야만 이 커플은 구원받을 테다. 제스가 '견디지' 못하리라고 두려워하는 이유는 두 사람 모두의 기질을 존중하지 못하기 때문이다. 이런 커플의 이야기는 6장에서 다루겠다.

아내 질을 존경하는 데이비드는 민감한 파트너와의 삶을 힘겨워하고 있다. 그는 자신의 특별함은 잊어버린 채 아내의 특별함에만 너무 감탄하고 있다. 심층 심리학의 측면에서 보자면 데이비드가 그 자신의 내적 연인(inner lover), 즉 자기 영혼의 일부를 질에게 투영한다고 할 수 있다. 엎친 데 덮친 격이다. 아내에게 자신을 투영함으로써 그는 아내의 직관, 정서적 및 예술적 표현력, 아이나 동물과의 친화력, 있는 그대로의 모습을 드러내는 여유 등의 신비한 능력을 숭배에 가까울 정도로 과대평가하게 된 것이다. 게다가 그런 능력이 씨앗처럼 자신에게도 잠재적으로 존재하건만, 없다고 단정짓고 애석해한다. 그런 능력을 직접 발달시키기보다 멀리서 동경하는 편이 훨씬 편할 수도 있는데 말이다.

마지막으로 조던에게 장애가 있지는 않을까 생각하는 크리스도 HSP다. 크리스는 자신과 파트너의 다른 점을 장애로 오해하고 있다. 조던에게는 별일 아니지만 자신에게는 고통스러운 이사에 대한 두려움 때문인지도 모른다. 이 커플에 대해서는 나중에 감각 추구 성향과 함께 다시 살펴보자.

◆

'매우 민감하다'는 것

민감성은 감각 속으로 들어오는 정보를 매우 깊고 미묘하게 처리하는 유전적 기질이다. 민감한 사람이 시력과 청력이 더 뛰어나다는 말이 아니라 들어오는 정보를 더욱 신중하게 분류한다는 뜻이다. 이들은 점검과 고찰, 심사숙고하기를 좋아한다. 숙고(어떤 기분인지, 어떤 사안인지에 따라 '반추'나 '걱정'이 되기도 한다) 자체를 자각하기도 하지만 부지불식간에 이루어질 때가 더 많다. 즉 민감한 사람은 매우 직관적이다. 어떤 일이 왜 그렇게 되었고 앞으로 어떻게 될지 알지만, 어떻게 아는지는 모른다.

또한 민감한 사람은 동물이나 식물, 유아뿐만 아니라 사람들의 무의식적인 측면, 환자들(몸은 말을 하지 않으니까), 해당 언어에 서투른 외국인들, 역사 속 인물 등 말로 소통할 수 없는 처지인 대상들의 상황을 미묘한 단서로 헤아리는 데도 뛰어나다.

민감한 사람은 자신의 무의식과도 긴밀하게 이어져 있는데 생생한 꿈이 그 증거다. 민감한 사람은 꿈과 몸의 상태에 주의를 기울이므로 무의식을 존중하게 된다. 그뿐만 아니라 무의식적인 욕구가 사람들이 어떠한 행동을 하는 데 얼마나 큰 영향력을 미치는지 알기에 행동 동기에 대해 지혜롭게 겸손해하는 법도 키워간다.

깊이 성찰하는 경향은 HSP를 양심적이고 성실한 사람으로 만든다. '내가 이 일을 하지 않으면 어떻게 될까?' 혹은 '모두가 나 몰라라

나는 민감한 사람일까

한다면?'이라고 생각하기 때문이다. 내 연구에 따르면 민감한 사람은 덜 민감한 사람들보다 사회적 정의와 환경 위협에 관심이 더 많다(변화를 요구하는 정치 전선을 불편해하는 경향은 있을지라도). 또한 민감한 사람은 예술과 자신의 내적 세계에도 더 크게 즐거워한다. 스스로를 영적인 존재로 여기는 경향이 있으므로 죽음을 앞둔 낯선 사람의 곁에서 그에게 위안을 줄 가능성이 높다.

나쁜 소식도 있다. 주변 환경에서 미묘한 부분까지 알아차리는 만큼 높은 강도로 계속되는 복잡한 상황에 쉽게 압도당한다는 점이다. 이 두 가지는 패키지 상품처럼 함께한다. 따라서 오늘날의 세상에서 민감한 사람은 쉽게 스트레스를 받는다.

또한 민감한 사람은 비판에도 더 민감하다. 자신의 결점을 비롯한 모든 정보를 철저하게 받아들인다. 트라우마도 깊이 인식하므로 우울해하거나 불안해하기 쉽다. 결과적으로 경험을 깊이 고찰하지 않는 사람보다 더 크게 절망하고 불안해한다.

마지막으로 그들의 민감함은 뇌 속에서 일어나는 심오한 정보 처리에만 국한되지 않는다. 알코올과 카페인, 열기와 냉기, 따가운 원단 같은 자극물, 일조량의 변화, 의약품, 피부와 코에 영향을 끼치는 알레르기 항원 등에도 더 민감하다.

◆

적당한 각성이 중요한 이유

지나치게 흥분하거나 지나치게 기분이 가라앉았을 때 기능을 제대로 하거나 기분이 좋은 사람은 없다(여기에서의 흥분은 성적인 의미가 아니라 일반적인 흥분을 말한다). 태어나는 그 순간부터 모든 동물에게 해당되는 이야기다. 신생아는 고통과 배고픔, 소음, 혹은 힘든 하루가 주는 자극이 너무 심하면 운다. 지루하거나 자극이 너무 적어도 운다. 성인 또한 소음과 혼란, 고통, 마감 기한, 사회적 압박, 두려움, 분노, 슬픔 등의 자극이 너무 지나친 것을 좋아하지 않는다. 여행에서 관광이나 쇼핑, 박물관 관람에 지치듯이 쾌락에서 비롯한 자극조차 지나치면 좋지 않다. 과각성은 몸과 마음을 불편하게 만들 뿐만 아니라 일을 망칠 것 같은 기분을 느끼게 한다. 시험을 망치거나 실수를 하거나 사고를 내는 상상을 하게 된다. 누구나 과도한 각성을 두려워한다. 지루하거나 안절부절못할 때, 아무것도 하지 않고 기다릴 때처럼 자극이 너무 적은 상황도 두려워한다.

모든 유기체는 최적 각성 수준(optimal level of arousal)을 선호한다. 인간은 그 수준에 머물기 위해 온종일 외부 자극을 조절한다. 자극을 올리려고 라디오를 켜고, 줄이기 위해 낮잠을 자고, 높이려고 친구에게 전화를 걸거나, 다시 줄이려고 텔레비전을 끈다. 자극을 조절하는 행위는 장기적인 간격으로도 이루어진다. 자극을 올리고자 직장을 옮기고, 줄이고자 이혼을 피하며, 자극을 올리고자 해외여행을 떠나

나는 민감한 사람일까

고, 줄이고자 시골로 이사를 한다.

민감한 사람의 유일한 차이점이라면 과각성 상태에 남들보다 좀더 일찍 이른다는 점이다. 그래서 남들에게는 최적 수준의 자극이라도 민감한 사람은 자극이 지나치다고 느낄지도 모른다. 또 민감한 사람에게는 최적 수준인 자극이 남들에게는 지루하게 느껴지기도 한다. 당신은 라디오를 끄고 싶지만 파트너는 켜놓고 싶어 할 때가 있다. 온종일 관광하고 나서 호텔 방에서 쉬고 싶은데 파트너는 밤에도 밖에 나가 놀고 싶어 할지도 모른다. 잠재적 갈등이 충분하다.

◆

민감함은 내향성과 다르다

정신의학자 카를 융(Carl Jung)은 내향성을 세상의 것들로부터 멀어져 안으로 향하고, 주관적인 영역을 선호하며, 깊이 성찰하는 성향이라고 정의했다.[5] 융은 내향적인 사람에게는 내적 세계가 바깥 세계만큼이나, 혹은 더 실재적이라고 보았다. 이것은 내가 정의하는 민감성의 기본적인 측면 중 하나다. 어떤 경험에 대해 깊이 성찰하기를 선호하기에 성찰이 경험 자체보다 더 소중하고 값진 것이다.

그런데 보통 내향성 하면 사회적 내향성만을 이야기한다. 잘 모르는 사람을 만나기 싫어하고 무리와 어울리기를 꺼리는 성향이라고 말이다. 융의 유형론 테스트에서도 그렇게 바뀐 의미를 사용한다. 그

정의(사회적 내향성)에 따른 테스트를 해보면 민감한 이들의 30퍼센트는 내향적이지 않으며 오히려 외향성이다. 따라서 나는 민감성이 내향성보다 더 근본적인 특성이라는 정의를 고수할 것이다. 그래야 사회적으로 외향적인 민감한 사람들이 용어의 혼란 때문에 배제되는 일이 없다.

그렇다면 사회적 내향성이 민감함을 완전하게 정의하지 못하는 이유는 무엇일까? 그들의 70퍼센트가 사회적으로 내향적인 이유는 자극을 줄이고 가장 잘하는 일, 즉 깊은 성찰을 하는 데 시간을 쓰기 좋은 전략이기 때문일 테다. 혼자거나 가까운 친구와 있을 때는 깊은 성찰을 할 수 있겠지만 낯선 사람과 함께 혹은 큰 무리 안에서는 불가능하다. 하지만 민감한 사람이 집단과 낯선 사람이 많은 환경에서 성장한다면 그런 환경이 익숙할 테고 심지어 안정감을 느낄 것이다. 그런 민감한 사람이 외향적인 사람이다. 마찬가지로 내향적인 모습을 보이면 벌을 받고 외향적인 모습을 보일 때는 칭찬을 받는 환경에서 자랐다면, 불안감을 덜 일으키는 외향성을 선호할 확률이 높다. 다시 말하자면 민감한 사람의 다수가 외향성이다. 사회적 내향성과 외향성은 유전이 아니다.

◆

민감한 사람은 부끄러움이 많다?

내가 아는 한 인간이나 동물이나 사회적인 판단과 거절을 두려워하는 부끄러움 많은 성격을 타고난다는 증거는 없다. 부끄러움 많은 성격은 내향성과 마찬가지로 살면서 겪는 상황에 적응하면서 발달하지, 유전적인 특성으로 정의되지 않는다. 물론 민감한 사람은 그렇지 않은 사람보다 부끄러움과 두려움을 느끼기가 쉽지만 특정한 상황에서만 그렇다. 민감함은 좀 더 근본적인 특성이다. 민감함은 새로운 상황에서 잠시 멈추어 미묘한 점을 알아차리고 그 영향을 신중하게 고려하고 확인하도록 만든다. 다른 사람들은 이 '잠시 멈춤'이 두려움이라고, 혹은 여차하는 순간 두려움으로 변하리라고 착각한다.

태어날 때부터 민감한 것과 성장하면서 겪은 나쁜 경험 때문에 소심해졌거나 부끄러움이나 겁이 많아진 것의 차이는 동물이나 아이에게서 쉽게 구분할 수 있다. 민감함은 새로운 상황에서 먼저 주의 깊게 지켜보고 되짚어본 후에 나아가는 성격이다. 아이나 동물은 모든 감각을 동원해 낯선 존재를 지켜본다. 모든 측면을 파악한 후 과거에 문제를 일으킨 존재와 닮지 않아 '괜찮다'고 판단되면 그제야 다가간다. 평생 친구가 되는 것이다.

만성적인 두려움을 안고 있는 동물이나 아이는 누군가의 존재만으로도 압도당한다. 호기심 때문이 아니라 상대를 자세히 감지하지 못한다는 불안한 경계심 때문이다. 이런 상황에 놓일 때마다 전체적인 과정을 반복해야만 한다. 영원한 친구는 거의 없다.

물론 과거의 경험으로 두려움을 갖게 된 민감한 사람은 부끄러움이 강하다. 특히 내 연구에서는 어린 시절 부모와의 관계에 문제가 있었던 사람이라면, 민감한 사람이 더 부끄러움이 많다는 사실이 끊임없이 발견되었다. 그러나 다시 한번 말하지만 부끄러움은 경험의 결과이지 근본적인 유전적 특성이 아니다.

◆

민감성을 이해해야 하는 이유

이 책은 기질에 주목하되 민감한 사람의 관점에서 다룬다. 이유는 세 가지다. 민감함은 인간의 가장 근원적인 유전적 특성일지도 모른다. 민감성의 존재 여부는 특히 관계에 영향을 끼치며 그 특성을 제대로 이해하는 일은 인간의 생존에 매우 중요하다. 이어지는 세 가지 대담한 주장을 하나씩 파헤쳐보자.

_____ 민감함은 가장 기본적인 유전적 특성이다

매우 민감한 성향은 광범위한 연구가 이루어진 인간과 모든 고등동물의 유전적 성격 차이(과거에는 내향성-외향성, 부끄러움-대담함 등으로 알려져 있었다)의 새로운 이름이다. 이 주제에는 오랜 연구 역사가 있는데 신경계의 기본적인 연결 방식이 다르다는 점을 강조하기 때문이다. 이 특성의 새로운 이름조차도 그리 새롭지는 않다. 정신의학자 카를 융은 연구 초기 단계에서 민감함을 언급했다.[6] 심리학자 앨버트 머레이비언(Albert Mehrabian)은 1970년대에 민감함과 비슷한 '낮은 선별 능력(low screening)'이라는 개념을 제안했다.[7] 1988년에 정신의학자 버턴 애플퍼드(Burton Appleford)는 『민감함: 고뇌인가 환희인가(Sensitivity-Agony or Ecstasy?)』라는 책을 냈다(찾아보지 않아도 된다. 출판사가 파산해서 책이 유통되지 못했다). 민감함의 우위를 완전하게 인식하고 있었던 애플퍼드는 민감함을 IQ만큼 중요하고 가변적이라고 보았다. 소아 정신과 의사 알렉산더 토머스(Alexander Thomas)와 스텔라 체스(Stella Chess)[8]는 1950년대에 아동의 민감함을 아홉 가지 기본 특성의 하나로 설명했고, 내 저서 『타인보다 더 민감한 사람』의 초판이 발행된 1996년 같은 달에 재닛 폴런드(Janet Poland)[9]의 『민감한 아이(The Sensitive Child)』가 발간되었다.

하지만 민감함의 특성을 알아차린 사람은 소수의 저자들만이 아니었다. 민감함은 부끄러움, 두려움, 꺼림, 내향성('강아지가 부끄러움이 많아' 혹은 '그 아이는 날 때부터 소심해' 같은 의미로) 등 잘못된 이름으로 돌아다녔다. 이름이 무엇이건 민감함은 성별이나 나이와 마찬가지로 문화를 막론하고, 인간과 동물을 불문하고 개체에서 가장 흔하게 나타나는 차이다.

_____ **관계에서 중요한 존재**

매우 민감한 성향에 초점을 맞춰야 하는 두 번째 이유는 민감함이 관계를 탁월한 성공으로도, 처참한 실패로도 이끌 힘을 가지고 있기 때문이다. 민감한 사람은 전체 인구의 약 20퍼센트에 해당하지만 (커플이 임의로 짝지어진다고 볼 때) 커플이라는 관계를 놓고 보면 그 속에 민감한 사람이 포함될 확률은 약 36퍼센트에 이른다. 어느 정도 민감한 사람들까지 포함하면 그 비율은 더 높아진다. 여기에 우정까지 포함하면 세상의 모든 비HSP가 HSP를 한 명쯤은 사랑하려 노력하고 있으며 세상의 모든 HSP 역시 최소한 한 명의 비HSP를 사랑하려 노력하는 셈이다. 민감함의 차이에 대한 지식은 세상에 존재하는 모든 관계와 연관된다고 봐도 무방하다. 어느 관계에서든 둘 중 한 명은 상대방보다 더 민감하기 마련이기 때문이다.

관계에서 민감한 사람의 존재가 값지다는 것은 지극히 당연한 이야기다. 예를 들어 우리 민감한 사람은 양심적이고 성실하며 직관이 뛰어나고 타인의 기분을 잘 알아차리는 데다가 상황이 어떻게 돌아가는지 적극적으로 들여다보기 때문이다.

또한 민감한 사람은 고칠 수도 없는 여러 이유에서 형편없는 파트너일 수 있다. 이는 절대로 바뀔 수가 없기 때문이다. 예를 들어 민감한 사람은 파트너보다 빨리 과부하에 이른다. 참으면 가슴에 분노가 쌓여 치명적이고, 파트너가 원하는 대로 들어주지 못하면 파트너의 가슴에 분노가 쌓인다. 다른 여러 이유에 대해서는 3장에서 살펴보자. 민감한 사람은 친밀감과 갈등을 유난히 두려워한다. 나는 신중하게 설계된 여러 연구 사례를 통해 스트레스 많고 불행한 가정에서 성장한 민감한 사람이 비관주의, 낮은 자존감, 우울증, 불안함, 불안정한 애착 유형 같은 특징을 보일 확률이 그렇지 않은 사람보다 높다는 점을 발견했다. 이러한 특징들은 다른 연구를 통해 관계에 가장 위험하다고 밝혀졌다. 어린 시절에 스트레스를 받거나 불행한 가정에서 성장하지 않은 민감한 사람은 이러한 특징을 보일 확률이 남들보다 특별히 높지 않다. 개인의 과거가 끼치는 영향과 기질을 구분하면 두 가지 주제를 차분하게 제대로 다룰 수 있다.

_____ 민감함은 인간의 생존에 필수적

• 한 종에 두 가지 기질이 생기는 이유

생물학자들은 한때 종이 환경에 완벽하게 적용된 하나의 이상적인 형태를 향해 진화한다고 가정했다. 환경이 바뀌면 이상도 바뀌고 그렇지 않은 종은 멸종한다고 말이다. 하지만 실제로 대부분의 종은 이것보다 나은 생존 계획을 찾은 것으로 나타났다. 두 가지(혹은 그 이상)의 이상적인 형태와 두 가지의 생존 방식이다. 어떤 상황을 한 '품종'이 감당할 수 없어도 다른 유형은 문제없이 이겨낼 수 있는 것이다.

내가 민감성과 비민감성이라고 부르는 두 가지 기질은 이 영리한 생존 계획에 이바지했으리라 본다. 민감한 개체는 행동하기 전에 정보를 처리함으로써 신중하게 확인해서 충동적인 위험을 덜 감수한다. 민감하지 않은 개체는 위험을 더 무릅쓴다. '돌다리도 두들겨보고 건너라'와 '유비무환' 같은 격언이 민감한 이들의 생활신조다. 그렇지 않은 사람들은 대개 '쇠뿔도 단김에 빼라'와 같은 지침을 따른다. 상황에 따라 어느 한쪽이 유리하겠지만 두 가지 접근법 모두 삶에 효과적이다.

이러한 전략 차이는 유인원, 개, 염소, 쥐 등 여러 종에서 발견되었다. 모든 고등동물에 해당할지도 모른다. 한 예로 개복치의 일종인 펌프킨시드 선피시(pumpkinseed sunfish) 중 일부는 연못에 설치된 덫에 들어가지만 나머지들은 들어가지 않는다. 두 부류의 선피시는 짝짓기와 먹이 찾기, 포식자 회피 행동에서도 다른 행태를 보인다. 심지어 기생충 사이에서도 차이점을 찾을 수 있다. 캘리포니아의 야생동물 수렵 관리 당국 전문가들은 밤에 감지 센서가 달린 선을 쳐놓고 카메라를 준비해 개체 수 실태조사를 하는데, 그곳을 지나는 사슴의 약 20퍼센트(민감한 개체들일 것이다)가 이 선을 피하기 때문에 그만큼을 조사한 사슴 수에 더한다고 한다.

• 모든 문화에는 선호하는 '품종'이 있다

인간은 사회적 동물이기에, 무리 내에 미묘한 요소에 방심하지 않고 신중하게 행동하는 개체의 비율이 정해져 있다는 점은 일리가 있다. 그들은 덤불 속 사자의 존재를 가장 먼저 감지한다. 그런가 하면 사자를 쫓아내려고 서둘러 움직이는 민감하지 못한 사람들도 있다. 하지만 대부분의 문화에서는 어느 한쪽을 선호하기 마련이다. 이민자 문화 또는 공격적인 생존법을 선택하거나 필요로 하는 문화에서는 위험 감수자를 선호한다. 땅과 가까이에서 생활하는 문화는 민감한 약초꾼과 사냥꾼을, 샤먼을 소중히 여기고 역사가 오래되었으며 문명이 발달한 안정적인 문화에서는 민감한 판사와 사제, 역사학자, 치유자, 혁신가, 예술가, 과학자, 학자, 카운슬러를 소중히 여긴다.

공격적인 문화에서 민감하지 않은 사람을 선호한다는 점은 자명하다. 앞에서 말한 펌프킨시드 선피시 연구에서도 미국 생물학자들은 덫으로 들어간 선피시를 '정상적으로' 행동하는 '대담한'[10] 유형이라고 설명했고 나머지는 '부끄러움 많은' 유형이라고 했다. 하지만 덫에 빠지지 않은 선피시가 정말로 부끄러움을 느낄까? 의기양양해하지 않고? 사실은 그 녀석들이 똑똑하고 나머지는 멍청하다고 할 수 있을 것이다. 선피시가 어떤 감정을 느끼는지는 아무도 모르지만 생물학자들은 문화에서 그렇게 가르쳤기 때문에 덫으로 들어가지 않은 나머지가 부끄러움 많은 선피시라고 확신한다. 망설이는 녀석들은 두려워하는 것이고 망설이지 않는 녀석들은 정상이라고 말이다. (과학은 항상 문화라는 필터를 거친다. 이 과정에서 실제의 상이 사라지지는 않지만 물들 수는 있다.)

상하이의 초등학생과 캐나다의 초등학생을 비교한 한 연구[11]를 주목해야 한다. 중국에서는 민감하고 조용한 아이들이 또래들에게 가장 존중받았지만 캐나다에서는 그렇지 못했다. 존중받지 못하는 문화에서 자란 민감한 사람은 존중감 부재에 영향을 받는다.

• 사실 민감성은 공격적인 문화에서 더욱 중요하다

문화는 자연적으로 저마다 선호하는 특성이 있지만 선호도가 지나치면 위험하다. 대부분의 서양 문화에서 충동적인 공격성을 지나치게 중요시하는 모습처럼 말이다. 이러한 과대평가가 나오게 된 역사적 이유 가운데 하나는 서양 문화의 기원에서 찾을 수 있다. 모든 서양 (그리고 일부 동양) 문화는 유럽과 아시아의 온대 초원 지대의 강한 유목민 무리에서 생겨났다. 그들에게 삶은 곧 정복이었다. 처음에는 다른 이들의 가축 떼를 빼앗고 결국은 세상 대부분을 차지해 그리스와 로마, 갈리아, 게르만족, 인도의 상위 카스트 계급 등의 토대를 이루며 인도-유럽족이라고 불리게 된다.

인류학자들은 인도-유럽족 문화와 그 후 평원 지대에서 기인한 모든 문화는 물론이고 (아즈텍처럼) 일반적으로 가장 공격적인 문화에는 두 개의 지배 계급이 존재한다는 사실을 발견했다. 바로 왕 혹은 전사, 그리고 사제 혹은 고문이다. 왕이나 전사는 리더이자 제국의 건설자다. 오늘날과 비교하자면 비즈니스와 정치, 군사 분야의 막강한 지도자와 같다. 주로 HSP였으리라고 생각되는 고문 계급은 오늘날로 치자면 교사, 치유자, 판사, 역사학자, 예술가 등에 해당한다. 한 나라의 대통령이 HSP일 수도 있다. 링컨을 보라. 그는 자기의 전사라고 할 수 있는 남북전쟁의 장군들과 완벽하게 균형을 이루었다.

고문 계급은 왕이 행동의 결과를 성찰하도록 돕는 역할을 수행한다. 이를테면 득보다 실이 많은 전쟁에 관한 조언 같은 것들이다. (행정부와 사법부 관계처럼) 이 두 집단의 힘이 조화를 이루면 문제가 없다. 하지만 대부분 HSP에 해당하는 사제·고문이 단호하게 자기주장을 해야만 균형이 겨우 잡힐 수 있다. 즉 그들이 자신의 존재와 자신이 가진 힘의 유형, 영향력을 가치 있게 여겨야만 한다.

나는 민감한 사람일까

하지만 지난 50년 동안 우리 민감한 사람들은 단호하게 자기주장을 하기보다는 오히려 영향력을 잃은 쪽에 가깝다. 음모론을 들먹이려는 것이 아니다. 단순히 전통적으로 우리가 담당했던 분야에서 변화가 일어났고, 심한 자극과 스트레스를 잘 헤쳐나갈 수 있는 사람들이 필요해졌기 때문인 듯하다. 그러나 실제로 그런 분야에는 더더욱 민감한 사람이 필요하다. 민감한 의사와 간호사, 변호사, 의사, 예술가들이 적어서 생기는 부정적인 결과는 누구나 쉽게 예측할 수 있다.

정부와 기업에서도 성찰적 사고를 하지 않는 신경계를 가진 리더가 충동적이고 공격적인 결정을 내리면 모두가 고통받는다. 특히 구성원들의 생존과 연관된 결정이라면 더욱 그렇다. 예를 들어서 나는 민감한 사람들이 그렇지 않은 사람들보다 지구온난화에 더 관심이 많다고 확신한다. 두 가지 '품종' 혹은 유형을 모두 활용하지 않는 종은 심각하게 불리한 상황을 자초하는 것이다.

이 책을 읽으면서 사랑하는 사람들과의 관계에 대해 성찰하기만 해도 자신과 주변 사람들에게 도움이 된다. 관계를 되돌아보는 것은 단지 혼자에게만 이로운 일이 아니다. 더 나은 삶과 사랑의 방식은 당신 주변의 사람들에게 직접적인 영향을 줄 것이며, 그들이 또 다른 이들에게 당신의 관점을 반복해 들려줄 것이니 말이다. 무엇보다 희망적인 사실은, 이러한 움직임이 모여 우리 사회가 민감한 당신이 필요로 하는 자신감, 지지를 서로 주고받을 수 있도록 변화할 것이라는 기대다.

감각 추구 성향은 무엇인가

사제나 고문 계급이 일반적으로 민감한 사람이라면, 전사나 왕은 민감성이 약하고 다른 기질이 두드러지리라는 점을 짐작할 수 있다. (민감함과 감각 추구 성향이 모두 두드러지는 사람은 두 집단에 가장 좋은 중재자일 테다.)

또 다른 도시로 이직하려 하는 조던 때문에 속상해하는 크리스를 기억하는가? 크리스는 조던의 행동을 보면서 조던이 헌신하기를 두려워하거나 심지어 주의력 결핍 장애가 있을지도 모른다고 생각한다. 하지만 조던을 잘 아는 내가 보기에는 정상적인 기질 변이의 결과일 뿐이다. 조던은 쉽게 지루함을 느끼는 신경계를 가지고 태어났기 때문에 크리스보다 앞으로 나아가거나 새로운 경험을 시도하는 위험을 기꺼이 감수하려고 하는 편이다.

_____ **변화를 원하다**

이 기질에 대해 가장 많은 연구를 한 마빈 저커먼(Marvin Zuckerman)은 이것을 강한 감각 추구 성향(high sensation seeking)이라고 부른다. 저커먼에 따르면 감각 추구 성향이 강한 사람(high-sensation seeker, HSS)은 '다양하고 새롭고 복잡하고 강렬한 감각과 경험'을 추구하며 '그러한 경험을 위해 신체적, 사회적, 법적, 재정적 위험'을 기꺼이 감수한다.[12] 유전 연구에서는 이 기질이 키처럼 유전에 따라 크게 좌우

된다는 사실이 발견되었다. 이러한 신체적 차이는 출생 후 며칠 안에 나타나는데 활동 수준이 높은 신생아들은 HSS가 된다. 그렇다면 남자아이와 성인 남자에게 더 많을까? 그럴 수도 있지만 감각 추구 성향 테스트에 답할 때 성별 선입견(gender bias)이 개입되지 않았다고 보기 어렵다. 남성은 '진정한 남자'에게 어울린다고 생각하는 답에 표시하기 쉬워서 전체적으로 점수가 더 높게 나온다.

쉽게 지루함을 느끼는 탓에 위험을 무릅쓰며 새로운 시도를 하는 감각 추구자들은 언뜻 민감한 사람과 정반대처럼 보일 것이다. 하지만 전혀 그렇지 않다. 두 가지 기질은 서로 완전히 별개다. 한 가지 기질만 강할 수도 있지만 둘 다 강하거나 둘 다 약할 수도 있다. 둘 중한 가지 기질이 중간 정도인 사람들도 있는데, 민감함보다는 감각 추구 기질에서 중간을 나타내는 경우가 더 많다. 어쨌든 가장 놀라운 결과는 역시나 민감한 사람인 동시에 감각 추구자일 수 있다는 사실이다.

_____ 뇌의 두 가지 시스템

무엇이 민감함이나 감각 추구 성향을 만드는지 정확히 알려지지는 않았지만 뇌에 강도나 효율성의 측면에서 서로 별개인 두 가지 시스템이 존재한다는 가설이 가장 그럴듯하다. 둘 중 민감함 정도를 결정하는 시스템을 일부 연구자들은 행동 억제 시스템(Behavioral Inhibition System)이라고 부르지만, 잠시 멈춤 확인 시스템(Pause-to-Check System)이라는 표현이 더 나을 듯하다. 이 시스템은 결정을 내리기 전에 현재 상황을 인식하고 과거에 비슷한 상황이 있었는지 알아보도록 도와준다. 이 시스템이 강하면 길고 심오한 정보 처리를 통해 여러 상황의 매우 미세한 차이를 구별해낸다.

다른 하나는 행동 활성화 시스템(Behavioral Activation System)으로, 이는 호기심으로 탐구하고 보상을 기대하게 만든다. 이 시스템과 연관된 뇌 영역과 신경전달물질(도파민)은 잠시 멈춤 확인 시스템에 해당하는 뇌 영역과 신경전달물질(세로토닌)과 별개다. 감각 추구자들은 이 시스템의 효율성이 매우 뛰어나다.

저커먼은 위험 감수 성향이 감각 추구자임을 뜻한다고 말하지만 나는 그보다 민감한 사람이 아니라는 뜻, 즉 확인하기 위해 잠시 멈추는 기능이 약하다는 뜻이라고 생각한다. 감각 추구자들은 그저 새로운 경험을 좋아하는 것이다. 기꺼이 위험을 감수하려는 성향처럼 보이기 쉬운데, 이는 새로운 경험을 하려면 좀 더 위험을 무릅써야 하기 때문이다. 민감한 사람이라도 더 위험을 감수할 수 있다. 대부분 안전한 방법으로 새로운 것을 경험하는 쪽을 선택하겠지만 말이다. HSS 이지만 민감하지는 않다면, 확인하기 위해 잠시 멈추는 경우가 적으므로 결과적으로 많은 위험을 감수할 것이다.

감각 추구와 사랑

저커먼은 감각 추구자들이 맺는 관계가 '강한 헌신의 부재 그리고 많은 사람을 사귀어본 전력에 따른 가벼운 쾌락주의'[13]라는 사실을 발견했다. 그런데 그는 감각 추구자들이 (주로 같은 HSS와) 결혼을 한다는 사실을 발견하고 놀랐다. 가벼운 성향과 모순되는 듯했기 때문이다. 하지만 그것은 감각 추구자이면서 매우 민감한 사람일 수도 있다는 사실로 설명된다고 본다. 어쩌면 그들은 성찰을 통해 타협에 이르렀는지도 모른다. 감각을 추구하는 성향 탓에 다수의 가벼운 관계를 즐기지만, 민감한 사람이기에 장기적인 관계에 정착하면 깊은 사랑으로 이어질 것이다.

──── 네 가지 유형

따라서 모두 네 가지 유형의 사람이 존재한다.

1. HSP/비HSS. 성찰적 사고를 하고 조용한 삶을 좋아한다. 충동적이지 않으며 위험을 무릅써야 할 이유를 느끼지 못한다.

2. 비HSP/HSS. 호기심이 많고 적극적, 충동적이며 성급하게 위험을 무릅쓰는 데다가 쉽게 지루해한다. 상황의 미묘함을 별로 의식하지 못하며 관심도 없다.

3. 비HSP/비HSS. 호기심을 잘 느끼지 않고 깊이 성찰하는 경우가 드물다. 단순하고 자연스럽게 삶을 살아간다.

4. HSP/HSS. HSP의 통찰과 HSS의 추진력이 합쳐져 다재다능하지만 쉽게 압도당하고 쉽게 지루해하므로 최적 각성 범위가 매우 좁다. 새로운 경험을 원하지만 과도한 자극이나 위험 감수를 꺼려 자주 갈등을 느낀다. 어느 HSP/HSS는 이렇게 말했다. "항상 한 발은 액셀에, 한 발은 브레이크에 올려놓은 기분

이에요."

네 가지 유형의 사람이 관계를 맺을 때 가능한 조합은 모두 열여섯 가지다. 여기에 지능 수준이나 분석 능력, 예술적 사고 같은 중요한 특성들을 더한다면 가능한 관계의 조합이 일일이 열거하기 어려울 정도로 많아질 것이다.

하지만 민감함 기질을 다루려면 필시 감각 추구 성향을 고려해야 한다. 감각 추구 성향을 소개해야 하는 또 다른 중요한 이유는 민감한 데다 감각 추구자인 사람은 개인적으로나 관계에서나 더 많은 관심이 필요하기 때문이다.

한 예로, 테리와 제스는 둘 다 민감한 사람이지만 테리는 감각 추구자의 성향이 더 강하다. 테리와 같은 경우, 파트너가 HSP이자 비HSS일 때 자신의 민감성 측면을 파트너에게 맡기는 경향이 있다. 그 결과 그가 겪는 내적인 갈등은 줄어들게 된다. 즉 이 관계에서 '브레이크'는 '순수 HSP'인 제스 쪽이다. 테리는 내적인 갈등을 느끼기보다 제스를 원망하고 거부하게 된다. 제스가 없었다면 테리도 주로 집에만 있었을 텐데 말이다. 테리가 이 사실을 안다면 너무 조용한 삶을 산다고 제스를 원망하는 일이 줄어들 것이다.

나는 민감한 사람일까

기질을 이루는 요소

이 책은 기질, 성격, 성별 같은 많은 일반적인 개념들 그리고 거기에 더해 민감성, 감각 추구, 내향성, 외향성, 부끄러움 같은 구체적인 특성을 활용한다. 그뿐만 아니라 친밀함에 대한 두려움, 애착 유형, 우울, 불안, 성적 행동의 선호 등도 등장할 예정이다. 이것들은 서로 어떻게 연관될까?

나는 성격이 세 개의 층으로 이루어져 있다고 생각한다. 1층에는 내가 유전적 기질이라고 부르는 기본 배선이 자리한다. 민감함과 감각 추구가 가장 대표적인 예이고 에너지 수준, 일반 지능, 일부 특정 재능도 포함된다. 1층에 있는 기질들은 신경계에 스며들어 얼마나 쉽게 놀라는지부터 사회적 불의에 동요하는 데까지 모든 부분에 영향을 끼친다.

2층에는 성격적 특성이 자리한다. 성격은 개인의 쉬이 변하지 않는 일부분으로써 행동 전반에 영향을 끼친다. 성격은 1층의 유전적 기질과 사회적 영향, 환경과의 상호작용에서 나온다. 유전적 기질이 사회적, 개인적 경험을 통해 고유하게 나타나는 것이다. 성격적 특성에는 내향성, 외향성, 낙관주의, 비관주의, 애착 유형, 친밀감에 대한 욕구나 두려움, 부끄러움 등이 포함된다. 앞에서 살펴보았듯 민감한 사람은 내향성인 경우가 많다. 내향성이 과도한 자극으로부터 자신을 보호해준다는 사실을 개인적 경험으로 알고 있기 때문이다. 민감한 사람은 괴로운 사회적 경험의 결과로 부끄러움 많은 성격이 될 수 있다. 문화는 어떤 특성을 더욱 편하거나 이상적이게 만들어 성격에 영향을 준다.

마지막으로 3층에는 적어도 한동안 지속되지만 성격적 특성만큼은 아닌 눈에 띄는 행동과 습관, 선호가 자리한다. 규칙적으로 운동하기, 주말마다 모임 가기, 미루기, 섹스 파트너의 수, 매일 아침 커피 마시기, 자선단체에 기부하기 등의 예가 있다. 이 행동들은 쉽게 또 자주 바뀌지만 모두 아래층의 산물인 만큼 끊임없이 달라지지는 않는다.

1층의 기본적인 유전적 기질은 2층과 3층보다 영향력이 클 수도, 작을 수도 있다. 기본 배선이기에 영향력이 크고, 사회적이며 개인적인 경험의 배경에 불과하기에 영향력이 작다. 인간은 사회적 경험, 특히 문화적 경험을 과소평가하는 경향이 있다. 특정한 문화 속의 모든 구성원이 같은 경험을 하기 때문이다. 마치 숨 쉬는 공기처럼 평소에는 사회를 의식하지 않는 것이다.

◆

민감한 사람에게 필요한 것

당신과 파트너가 민감함 이외에 감각 추구 성향이라는 기질도 가지고 있음을 알았다. 잠깐 당신, 본인만 생각해보자. 당신은 무엇이 필요한가?『타인보다 더 민감한 사람』에서 다룬 핵심 주제였지만 다시

나는 민감한 사람일까

한번 떠올려볼 만하다. 행복한 HSP가 행복한 파트너를 만든다.

1. 민감한 사람은 자신의 기질에 대한 중립적인 정보를 끊임없이 찾아야 한다. 그러지 않으면 민감성이 문화적으로 이상적인 기질이 아니라는 이유로 남들처럼 행동하려고 하고, 그러지 못하는 자신을 비판하게 될 것이다. 당신이 가지고 있는 기질은 실재하며 그 기질을 가진 사람들이 당신 말고도 많은 데다가 대부분의 다른 종에도 존재함이 과학적으로도 입증되었다.

2. 민감한 사람은 과거를, 특히 자신감을 위축시킨 과거의 사건들을 민감함을 고려해 재구성해봐야 한다. 사건들을 다시 떠올리며 민감함 때문이었는지 생각해보라는 뜻이다. 예를 들어 과각성 상태에 놓였거나 그런 상태를 피하려고 했던 경험이 있다면 그것은 당신의 잘못이 아니라 그저 타고난 기질 때문이었다.

3. 힘든 어린 시절이나 제 역할을 다하지 못한 가정 환경이 끼친 영향을 치유해야 한다(성인기에 겪은 트라우마도 포함). 어린아이는 부정적인 사건에 더욱 취약하다. 게다가 스트레스가 있는 가정에서는 민감한 아이가 세상이 안전하다고 느끼게끔 하는 섬세한 과제를 제대로 수행하지 못한다. 가정 환경에 문제가 없었더라도 문화의 이상적인 기준에서 벗어난다는 미묘한 선입견이 끼친 영향을 치유할 필요가 있다. 책을 읽거나 단기 혹은 장기 심리치료나 약물치료, 기타 보완적인 물리 치료를 알

아볼 수 있다. 여러 방법을 동시에 활용해도 된다. 다만 민감한 기질을 가졌다는 이유만으로 치료를 받아서는 안 된다. 민감함은 문제가 있는 증상이 아니다.

4. 과각성 상태에 대처하는 방법을 배워야 한다. 되도록 과각성 상태를 피하는 것이 좋지만 만약 닥쳤을 때는 무사히 넘긴 다음 회복하는 방법을 배워야 한다는 뜻이다. 과각성은 HSP에게 가장 큰 문제인데, 스트레스 관리를 다루는 책은 많지만 타인보다 민감한 사람만을 위한 책은 거의 없다. 우리에게는 몇 가지 새로운 기법 정도는 충분치 않다. 우리의 기질에 맞는 생활 방식과 내 행동이 타당하다는 강력한 믿음이 필요하다.

5. 최적 각성 수준을 유지하면서 세상 밖으로 나가 참여하고, 성공해야 한다. 충분히 할 수 있다. 단 너무 자신을 과잉보호하지도 너무 가혹하게 하지도 않는 균형 잡힌 방법이어야 한다. 차분함과 잠시 멈춤이 허용되고 존중받으며 기질을 최대한 활용할 수 있는, 이 조건들을 반드시 충족하는 천직을 가져야 한다. 일반적으로 민감한 사람들은 다수의 직장이나 커리어를 시도한 끝에 적당한 자리를 찾는데 자영업이나 새로운 공부를 선택하는 경우가 많다. 이런 것들이 전부 기질과 연관된 일로 여겨져야 한다.

6. 타인의 욕구에 항상 민감하지 않아도 된다. 이기적인 일이 아니다. 파트너를 훨씬 더 행복하게 만들어줄 수도 있다. 무던하게 행동하려고 애쓰면서 도움이 필요해 보이는 사람을 모조리

도와주려고 하면 과각성에 굴복할 수밖에 없다. 스트레스 호르몬인 코르티솔의 수치가 높아져서 불안증과 불안감이 생기고, 신경전달물질인 세로토닌의 수치가 낮아져 결국 불안과 우울, 짜증에 시달리고 아무에게도 도움이 되지 않는 엉망인 상태가 되어버린다. 자애심 자체가 사라져도 당연하다. 그러니 자애심을 누구에게 베풀지 선택하고 아껴두어야 한다. 그럴 수 없다면 왜 그런지 그 이유부터 파헤쳐라.

7. 민감한 사람은 최적 각성 수준을 찾아야 하는 HSS이기도 하다. 쉽게 지루해지고 쉽게 압도당한다. 외출하고 싶은 마음과 집에 있고 싶은 마음, 활동을 많이 하는 것과 적게 하는 것 사이에서 자주 갈등한다. 단순히 무던한 사람이 되고 싶은 마음과 다르다. '선천적인' 내적 갈등이며 매우 극심할 수 있다. 예를 들어 성공을 확신하는 좋은 사업 계획이 있어도 새로운 일을 시작하는 스트레스를 떠올리면 벌써 과부하가 된다. 어떻게 해야 할까?

◆

민감하면서도 감각을 추구하는 당신에게

우선 과도한 자극을 예측하면서도 다양한 시도를 하려는 자신을 '신경증적'이라거나 '자기 파괴적' 성향이라고 탓하지 마라. 물론 자기 파괴적인 행동을 할 가능성도 있겠지만, 과거에 그런 행동을 한 이유를 아무리 생각해도 모르겠다 싶을 때는 기질과 연결해 풀이해보면 전혀 새로운 해결책으로 이어진다. 감각을 추구하는 측면을 새로운 업무 프로젝트 말고 여행으로 충족하는 것도 방법이다. 또 비서나 도우미를 고용해 자신이 민감해하는 측면에는 지나친 자극을 줄이고 감각 추구 성향을 이용해 더 많은 프로젝트를 맡을 수도 있다. 무엇보다 두 가지 특성 사이에서 건성으로 타협하지 말고 중요한 거래를 밀고 나가는 법을 배워야 한다. 당신이 HSS이기에 가까워지고 싶었지만 HSP이기에 망설이기만 했던 사람과도 어울려보라.

◆

차이를 인정하라

이제 당신은 자신의 민감함에 대해 좀 더 알게 되었다. 하지만 그 지식이 머릿속에 깊이 새겨지려면 시간이 걸린다. 나 또한 『타인보다 더 민감한 사람』을 쓴 이후에도 나 자신의 민감함을 싫어하는 마음을 극복하려고 노력해야 했다. 그다음에는 내 남편이 민감하지 않다는 사실에 대한 불만과 마주해야만 했고! 이러한 태도를 바꾸려면 먼저 혼자만의 성찰을 거친 후 사랑하는 사람과 관점을 나누고 논쟁도 하는 시간이 필요하다. 인내심을 가지고 과정에 충실해야 한다.

기질에 대한 선입견을 바꾸려면 자신과 타인을 존중하지 못하게

나는 민감한 사람일까

만드는 외적인 힘을 경계하는 시간도 필요하다. 예를 들어 공격적인 문화에서 나쁘게 인식되는 기질들은 병적인 대상으로 여기기 쉽다. 그 남자는 사회불안장애야, 그 여자는 강박증이 있어, 그 남자는 의존적이야, 그 여자는 우울한 성격이야 같은 표현이 얼마나 만연한가. 하지만 실은 정도의 차이일 뿐이지 않은가? 차이를 인정하지 않으면 문제가 된다. 차이를 지닌 사람들이 사회적 거부를 흔히 경험하기 때문이다. 하지만 병적인 측면으로 간주하는 증상들을 기질의 관점에서 바라보면 정상적인 변이의 결과일 뿐이다. 그저 정상적 변이에 따른 기질이기에 뒤로 물러나 자극을 줄이고, 정리를 하고, 결과를 고려하고, 타인의 욕구에 민감해지고, 인간 고유의 비극적 상황을 느끼는 것이다.

기질의 정상적 변이를 이해하지 못해 결과적으로 존중하지 못한다면 자신이나 파트너가 '정상'으로 바뀌기를 (즉 세상의 이상적인 기준이 되기를) 바라게 된다. 우리 사회의 '정상적인(이상적인)' 사람들은 명랑하고 외향적이고 느긋하고 성공을 지향하며 독립적이다. 우리는 자신이 그렇게 될 권리가 있거나 그런 친구나 파트너를 만날 권리가 있다고 생각한다. 하지만 이상보다는 이상의 변이가 더욱 일반적이며, 그 역시 나름대로 매우 훌륭하다.

다음 장의 주제이기도 한데, 어떤 차이점들은 어느 성별에 이상적이지 못하다고 여겨진다. 남자는 단호하고 자제력이 강하고 논리적이어야 하고 민감하면 안 된다. 여자는 사교적이고 아이를 잘 돌보고 감정 표현에 능숙하며 매우 섬세해야 한다. 여기에는 파트너가 '남자다운 남자' 혹은 '여자다운 여자'가 아니면 안 된다는 메시지가 들어있다. 이제는 바로잡아야 한다. 민감함은 너무 오랫동안 성별과 혼동되었다.

2장

그 사람이 어렵고 어색한 이유

다르지만 동등하다는 진리

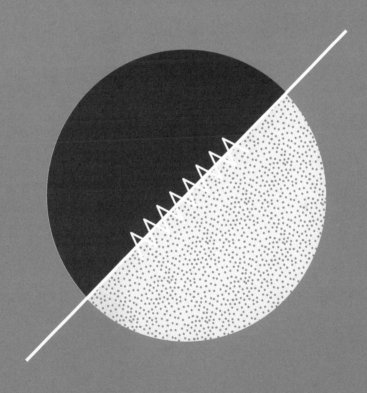

우리는 너무 오랫동안
서로를 두려워하고,
매도하고,
내쫓았다.

이 장에서 풀어내는 이야기의 목적은, 당신의 사랑을 성별 고정관념이 일으키는 피해로부터 보호하기 위함이다. 융통성 없는 성 고정관념과 선입견은 모두에게 문제를 일으키지만 민감한 사람에게는 더하다. 민감한 사람은 고정관념에 들어맞지 않아 온갖 선입견으로 고통을 받는다. 결과적으로 이성에 대한 불신과 거절의 두려움, 오해 같은 특별한 어려움을 느끼게 된다. 다른 주제로 넘어가기 전에 이 문제부터 살펴봐야 한다.

이 장에서 주로 남녀의 친밀한 관계에 초점을 맞추는 이유는 명백하다. 남녀 관계야말로 성별 문제가 미묘하고도 추악한 얼굴을 드러내는 장소이기 때문이다. 일부는 동성과 가장 친밀한 관계인 경우도 있을 것이다. 동성 관계에도 마찬가지로 성별의 '대경계선'이 깊숙이 박혀 있다. 따라서 이 책의 내용은 약간만 조정하면 동성 관계에도 적용할 수 있다.

◆

민감한 사람이 이성을 어려워하는 이유

동물의 세계는 수컷과 암컷으로, 인간은 남성과 여성으로 나뉜다. 그로부터 얼마나 복잡한 문제가 만들어지는가. 기쁨은 또 어떻고. 생물학적인 이유에서 그리고 쾌락과 안전, 장기적인 관계에 대한 기대감에서 우리는 서로가 서로를 욕망하고 꿈꾼다. 하지만 그러한 관계로 가는 길의 중간에는 종종 성차별이라는 방해물이 놓여 있다.

_____ 문화적 이유

문화는 여성이 남성에게 육체적인 매력을 줘야 한다는 압박감을 느끼게 만든다. 물론 자신을 존중하고 목표를 달성해야 한다고도 말하지만 남성에게 매력을 어필하는 것이 미묘하게 우선순위로 남아 있다. 모든 게 순조롭게 흘러간다면 여성은 그 일에 성공하고 남녀 모두 그녀의 매력과 여러 성취를 음미하고 나이가 들면서 생기는 외모의 변화를 받아들일 것이다. 하지만 젊은 여성은 자신의 아름다움이 충분하지 못하다고 느껴 외모에만 잘못된 관심을 쏟는 일이 많다. 유일하게 내세울 수 있는 그 무기는 시간과 함께 '빛'바랜다. 반면 남성은 주로 성취로 가치를 인정받으며 나이가 들어서도 여성을 만날 수 있는 듯하다. 따라서 여성은 불공평한 대우를 받는다고 느끼거나, 피해자가 되기를 요란하게 거부하거나, 무감각해지거나, '남성적'이 된다. 이 과정을 통해 여성은 의식적으로나 무의식적으로나 남성을 믿지 못하게 된다.

　반면 남자아이는 주도권을 쥐고 '진정한 남자'가 되려고 노력하면서 성장한다. 동시에 여성이 표현하는 미묘하고 간접적이고 해석 불가능한 욕구를 이해하고자 섬세함과 인내심을 가지고 기다린다. 그에게 쏟아지는 기대와 모순되는 일이다. 그는 자신이 만들지도 않은 가부장제의 결과 때문에, 몇몇 남성의 노골적인 성차별과 폭력 때문에 모든 남자에게 원망이 쏟아지는 현상이 불공평하게 느껴진다. 평범한 남녀가 느끼는 어려움은 민감한 사람에게는 더욱 배가된다. 겉으로 드러난 것의 미묘한 이면을 날카롭게 자각하기 때문이기도 하다.

_____ 생물학적인 '생경함'

융 학파 정신분석학자 폴리 영-아이젠드래스(Polly Young-Eisendrath)에 따르면 남녀가 이성에게 느끼는 불신의 뿌리는 남녀가 가지고 있는 기본적인 차이, 남성은 여성이 될 수 없고 여성은 남성이 될 수 없다는 사실로 돌아간다. 둘은 서로에게 영원한 이방인, 즉 '생경한 성(strange gender)'[1]이다. 우리는 어린 시절부터 성별은 배타적인 전용 클럽과 같다고 배운다. 남녀라는 각각의 전용 클럽에서 상대에 대한 뜬소문이 만들어지고 문화의 성차별이 소문을 부풀린다. 어른이 되었을 때는 두려우면서도 욕망하게 된 이성을 이미 특정한 이미지로 그려놓은 뒤다. 그녀는 다음과 같이 설명했다.

　이성은 천사이자 악마이고 유혹을 할 수도 순결주의자일 수도 있지만 그럴 것이라고 상상한 차이 때문에 막대한 힘을 가진다. 어른이 되어서는 …… 하나 또는 여러 개의 상상된 이미지를 온갖 이유에서 이성에게 투영한다. 자신을 방어하기 위해, 사랑에 빠지기 위해, 상대를 탓하기 위해서 그렇게 한다. 상상된 이미지는 낮에도 밤에도 배회하면서 모르는 사이에 우리를 붙잡는다. 주변의 이성이 우리를 환기하기도 하지만 그들조차 이성에 대한 실질적인 지식을 전해주진 않는다.

이처럼 남녀는 서로의 차이가 엄청나다고 상상하는데 그 '생경함'이 민감한 이들에게는 더욱 강렬하다. 모든 정보를 심오한 수준까지 처리하고 생생하게 상상하고 타인의 감정을 감지하기 때문이다. 이경우에는 이성의 분노와 괴로움 같은 감정까지 감지하는 것이다. 그것들이 긴장과 불신, 과각성의 이유가 되어 이성과 단둘이 있기가 불편해진다.

_____ '이상적인' 기준에 미치지 못한다는 생각

민감한 사람이 이성에게 불편함을 느끼는 이유는 스스로가 '이상적인' 남자 혹은 '이상적인' 여자의 기준에 미치지 못한다고 생각하기 때문일지도 모른다. 매우 민감한 기질로 태어나는 남성과 여성은 비슷한 비율인데도 남자는 섬세하면 안 된다고 교육받는다. 물론 요즘 들어 '섬세한 남자'에게 관심이 생기기는 했지만 여전히 보통은 놀림거리로 전락한다.

반면 여성은 타인의 필요와 욕구에 민감할 수 있다. 아니, 여성은 그런 쪽에 민감함을 타고난다고 평가받는다. 다른 사람들과 어울리거나 자신의 매력을 가다듬는 데에 관심이 있다고 말이다. 여성이라도 매우 내향적이거나 사람들과 어울리기보다 일하기를 더 좋아할지도 모르는데 말이다. 게다가 여성은 혼자만의 시간이 필요할 정도로 민감하면 안 된다. '난 여자야. 난 강해'라고 생각해야 한다. 한마디로 우리 문화 속에서 이상적인 여성은 외향적이고 융통성 있고 강한, 그리 민감하지 않은 여성이다. 남성의 경우와 마찬가지로 민감함은 사회에서 설정된 이상적인 여성의 기준과 어긋난다.

통용되는 남성 혹은 여성의 이상적인 기준에서 벗어난다는 느낌은 어린 시절에서부터 시작된다. 연구에 따르면 엄마들은 부끄러움을 많이 타는 딸을 자녀 중에서 가장 편애하는 경향이 있다. 알다시피 '부끄러움을 많이 탄다'는 특징은 매우 민감한 성향을 부적절하게 표현한 형태일 때가 많다. 이런 딸들은 부모에게 과잉보호를 받으면서 자신이 다른 여자아이들과 다르다고 느끼게 되고 자신감이 부족해진다. 그런가 하면 엄마들은 '부끄러움을 많이 타는' 아들을 자녀 중에서 가장 덜 편애한다. 문자 그대로 그런 아들을 덜 사랑하는 것이다. 맙소사. 엄마들이 자녀에게 편견을 가지는 것이 아니라 문화의 영향 때문에 민감한 아들을 이상적이지 않다고 보게 되는 탓이다.

엄마들에게 과잉보호를 받고 자란 민감한 딸들에게는 항상 과잉보호가 있어야 한다. 커서는 남성의 보호로 대체되며 자신을 스스로 지켜야 할 권한을 기꺼이 포기한다. 엄마들에게 덜 사랑받고 자란 민감한 아들들은 자신의 민감함을 숨기지 않으면 누구에게도 사랑받지

그 사람이 어렵고 어색한 이유

못하리라고 생각한다. 한마디로 남녀를 막론하고 민감한 사람은 자신의 성에 의구심을 가진 자신감이 부족한 어른으로 성장한다. 결국 이성과 진실하게 교류하는 관계를 맺기가 어려워진다.

◆

우리는 얼마나 다른가?

여러 설문 조사 결과를 분석했지만 관계의 성공이나 만족에서 매우 민감한 여성(highly sensitive women, HSW)과 그렇지 않은 여성, 매우 민감한 남성(highly sensitive men, HSM)과 그렇지 않은 남성에게서 일관적으로 나타나는 차이는 없었다. 잠재적인 문제점으로는 무엇이 있는지 더 살펴보겠지만 같은 성별이라도 전반적으로 민감한 사람이 그렇지 않은 사람보다 문제가 더 많다는 뜻은 아니다. 다만 민감한 사람이 겪는 문제의 성격에 큰 차이가 있을 뿐이다.

압박에 짓눌리는 세상에서 민감한 사람에게 드물게 이로운 점 가운데 하나는 사회가 남녀 모두에게 가장 잘하는 일을 하도록 장려한다는 점이다. 중요한 건 능력이지 전통적인 남녀 역할을 유지하는 것이 아니다. 따라서 민감한 이들에게는 고유한 성격을 표현할 커다란 자유가 주어진다. 하지만 이 일은 남자가 잘하고 저 일은 여자가 낫고 등과 같이 인간이 일반화를 좋아한다는 사실은 세상에 HSW, HSM, 비HSW, 비HSM의 네 가지 성별이 존재한다는 약간 가벼운 해결책을 제시한다. (HSS까지 참작해 모두 여덟 가지가 되어야 한다.) 이러한 얄팍한 구분은 민감한 사람을 실제와 완전히 다른 사람으로 만들어버리고 만다! 그들에게 가해지는 사회적 속박도, 자유와 유연성도 두 배로 늘려버리기 때문이다.

민감한 남녀는 놀라울 정도로 서로 비슷하다. 이 장이 끝나기 전에 성별에 대한 선입견이 타인보다 민감한 남녀에게 끼친 영향을 치유하는 방법도 살펴보겠다.

◆

선입견은 관계를 어떻게 해치는가

성급하게 결혼을 선택한 다이앤

다이앤은 민감함이 줄곧 자신의 선택을 좌우해왔다는 사실을 너무도 잘 아는, 46세 여성이다. 그녀는 힘든 어린 시절을 보냈다. 우울증에 걸린 어머니는 자식들을 좋아하지 않았고 해군 장교였던 아버지는 거의 집을 비웠다. 아버지는 어쩌다 집에 있을 때면 자초지종을 알아보지도 않고 무슨 일에서든 무조건 어머니 편을 들었다. 당연히 다이앤은 학교에서 안정감을 찾으려 했고 항상 누군가를 멀리서만 좋아했다. 고등학생이 되어서도 남자친구를 사귀지 않았다. 우울증이었던 어머니가 아무도 집에 들이지 않아 남자친구를 집에 데려오지 못하기도 했지만, 그 누구도 곁에 가까이 두지 못했던 이유 때문이기도

그 사람이 어렵고 어색한 이유

했다. 그녀는 학교 댄스파티에서 초콜릿을 팔고 혼자 집으로 돌아가는 고등학생이었다.

다이앤이 론을 만난 것은 대학교에 입학하던 바로 그 주였다. 그녀는 수업을 함께 듣는 남학생들과 이야기를 나누기는 했지만 론이 있어서 다른 남자를 사귀지 않았다. 다이앤은 처음부터 그가 자신의 인연인지 확신하지 못했지만 졸업 후 결혼을 했다. "갈 데가 없었어요. 집에 돌아갈 수도 없었고."

결혼 후 그들은 론의 고향으로 가서 살았다. "결혼한 지 일주일 만에 25년은 같이 산 듯한 느낌이 들더라고요. 남편은 평일에는 열네 시간씩 일하고 주말은 고등학교 동창들과 보냈거든요. 우리는 가까웠던 적이 한 번도 없어요. 오히려 그가 저에게 언어폭력을 휘둘렀죠. 그 사람은 나를 싫어했지 싶어요. 전 그저 비위를 맞추려고만 했고요."

하지만 민감한 그녀가 선택할 수 있는 대안은 하나도 없어 보였다. 특히 두 아이가 태어난 후로는 더더욱 다른 방법이 없었다. "저는 제가 싱글맘으로 절대 잘 살지 못하리라는 걸 알았어요." 그녀는 이 사실도 인정했다. "자유가 허락되었기 때문에 결혼생활을 유지했어요. 제 일정에 따를 수 있었거든요."

하지만 결코 행복하지 않았다는 것만은 분명했고 그녀는 결혼생활 24년 만에 이혼했다. 4~5년 동안 혼자 지내다가 자기계발 워크숍에서 현재의 남자친구 스탠을 처음 만났다. 1년 후에 두 사람은 명상 수업에서 재회했고 그 후로 자주 만나 데이트를 했지만 함께 살지는 않는다.

성차별은 여성의 사랑을 망친다

다이앤의 이야기는 세상을 살아가는 법을 익히는 데 어머니를 본보기로 삼지 못했고, 아버지의 지도를 전혀 받지 못한 민감한 여성이 겪는 흔한 시련을 보여준다. 다이앤은 문화 속에서 여성의 전통적인 해결책인 결혼을 받아들였다. 남성에게 보호를 받으려고 말이다. 하지만 24년의 세월은 그녀에게 큰 행복을 가져다주지도 않았고 론에게도 상처로 남았다.

민감하건 그렇지 않건 여성은 살아가면서 더 많은 어려움을 겪는다. 연구에 따르면 여성은 힘든 어린 시절에 남성보다 더 큰 영향을 받고 자존감이 낮으며 학교에서도 자기 의견을 말하거나 영향력을 행사하기를 어려워하며[2] 자신의 능력을 과소평가하고[3] 남성보다 낮은 보수를 받는 데다가[4] 노년에 빈곤한 생활을 할 확률이 더 높다. 이유는 명백하다. 물론 세대에 걸쳐 조금씩 시대가 변하고 상처도 아물지만, 다이앤의 어머니 또한 부분적으로는 성차별의 피해자였고 딸이 받을 피해 또한 막아주지 못했다.

페미니즘은 모든 불합리한 실태를 바로잡고 여성들이 다이앤과 다른 선택을 할 수 있도록 격려한다. 민감성 기질이 강하지 않은 페미니스트 여성이라면 대학을 졸업하고 나서 혼자 살거나 다이앤처럼 불행한 결혼생활을 몇 년 겪은 후에는 실수를 바로잡았을 테다. 하지만 민감한 여성들에게는 누구도 도와주지 않는 독립은 감당하기 벅

그 사람이 어렵고 어색한 이유

찬 일이다. 또한 페미니즘이 촉구하는 독립과 행동주의, 분노, 집단 활동은 모두 개인적으로 위험해 보이기도 하므로 민감한 여성은 잠시 멈추어 위험을 짚어볼 것이다. 가족의 지지가 없다면 더욱 예민해질 수밖에 없다.

그들은 아마 성차별에 더 큰 영향을 받았을 것이다. 여성에 관한 부정적인 메시지를 깊이 처리할 수밖에 없기 때문이다. 성차별적인 언어나 여성의 상품화, 학교나 직장에서의 차별, 성폭력의 위험을 피하거나 성폭력을 자초하는 듯이 보이지 않도록 조심하는 법을 배워야 한다는 인식 등이 만연하다. 거기에 남다른 민감함을 지녔다는 사실을 거북해하기까지 한다면 다가오는 남자를 제대로 사랑하거나 싫어하지 못하는 두 가지 이유가 굳어진다. 당연한 말이지만 성차별은 사랑할 능력을 해친다.

_____ **아버지는 어디에**

민감한 사람은 성별과 관계없이 아버지가 어린 시절에 얼마나 관심을 주었는지에 큰 영향을 받는다. 전통적으로 아버지들이 세상을 헤쳐나가는 역할과 관련 있다는 점에서 그럴 만하다. 즉 아버지는 자녀들에게 세상을 헤쳐나가는 기술을 가르쳐주는 사람인 것이다. 그 역할을 제대로 한 사람이라면 존경할 만하다.

하지만 아버지들은 보통 딸에게 그런 기술을 잘 가르쳐주지 않는다. 무관심했던 다이앤의 아버지가 좋은 보기다. 세상을 살아가는 법을 가르쳐주지도 않고 가혹하기만 했던 아버지 때문에 다이앤은 기뿜과 위안을 주는 삶을 지향하게 되었다. 민감한 사람들에게서 흔히 나타나는 모습이기도 하다. 동시에 어머니는 여자에게 선택권은 없으며 아버지와 론 같은 지배적인 남자에게 기대야만 한다는 본보기를 심어주었다.

하지만 좋은 의도를 가진 아버지들도 민감한 딸들이 시련을 피하게 만드는 실수를 저지른다. 어쩌면 그들은 전통적인(가부장적인) 관점을 가졌는지도 모른다. 여자는 세상 밖으로 나가기보다 울타리 안에서 보호받아야 하고 아이를 낳고 키우는 일이 주된 역할이며 섬세하고 타인에게 의존해야 하며 성적으로 '이용'된다고 말이다. 그런 아버지에게 민감한 딸은 더더욱 평생 남성에게 의존하는 것이 적합해(혹은 의존할 수밖에 없어) 보일 것이다. 나도 어릴 때 아버지에게 여자가 너무 똑똑하면 남자들이 좋아하지 않으니 수학 수업을 그만두라는 말을 자주 들었다. 오빠도 듣는 수업이었는데 말이다. 아버지는 나보다 덜 민감한 여동생에게는 그런 말을 별로 하지 않았다. 나는 민감한 여성들에게 주어지는 조언과 숨은 메시지를 더욱 깊이 받아들이게 됐다.

세상을 혼자 헤쳐나가야 한다는 것에 대한 태도, 남자들에 대한 일반적인 생각, 자신에 관한 생각은 아버지에게 큰 영향을 받는다. 만약 아버지가 무관심하고 전혀 가르침을 주지 않았다면 딸은 무의식적으로 아버지가 자신을 매력이 없거나 지루하다고 여긴다고 생각하기 쉽다. 남다른 민감함 때문에 스스로 결함을 느끼는 상태이니 더 큰 영향을 받을 수밖에 없다. 자신이 모든 남자에게 매력 없고 흥미를 주지

그 사람이 어렵고 어색한 이유

못한다고 생각하게 된다. 거절당하리라는 생각이 자리하므로 남성의
존재를 심하게 의식하게 되고 어색해한다. 커플 관계에서도 자신의
매력이나 파트너의 가치를 계속 의심한다(스스로가 하찮게 생각하는 자
신을 파트너가 선택했다는 이유로).

이러한 생각이 또 다른 방향으로 일으키는 문제는 여성, 특히 민감
한 여성에게 내세울 것이 성적인 부분밖에 없으며 어쩔 수 없이 따라
야 한다고 생각하게 만든다는 점이다.

_____ **성적 피해자화**

강간, 근친상간, 성희롱을 서술한 글은 피곤할 정도로 많다. 하지만
새롭지 않을 만큼 흔한 이야기라고 해서 그런 것들이 정신적으로나
혹은 남자를 보는 관점에 미치는 영향이 사라지지는 않는다. 다시 말
하지만 민감한 여성들은 자연적으로 잠재적 위험에 더욱 신중하고
(위험을 직접 겪었을 때는 더욱) 전반적으로 자신감이 부족하다. 따라서
민감한 여성들의 삶은 폭력적인 남성 침입자의 그림자나 만나는 모
든 남성에게 잠재하는 폭력성에 큰 영향을 받는다. 남자는 여자의 몸
을 가질 권리가 있다거나 '여자의 거절은 사실은 수락이다' 같은 세상
의 메시지가 바로 잠재적 폭력이다. 여기에 영혼을 파괴하는 성적 학
대 경험까지 더해지기도 한다. 이 경우 힘겨운 치유 과정 없이는 남성
과 신뢰와 행복이 있는 성적 관계를 유지하기가 불가능하다.

남성에 대한 혼란스러움

민감한 여성들은 성차별이 남성의 심리에 당연하게 자리 잡혀 있고 여성보다 우월한 역할이 주어져 유리하다는 사실을 보면서 성장한다. 상황을 해결하려면 남성을 사로잡거나 회유해 그들이 가진 힘이나 부를 공유하거나, 그들의 보조 역할에 그쳐야 했다. 또 한편으로는 처음부터 나누어 가져야 할 힘이었는데 그중 지극히 작은 부분을 갖기 위해 자신을 팔았다는 사실을 자각하면서 반항했을 것이다. 남자라면 누구도 믿기 싫고, 한 번쯤 여성이 더 우월하다고 말했을지도 모른다. 그래도 남성에게 같은 인간으로서의 연민은 남아서 남성의 잘못이 아니라고 생각하기도 한다. 남성에 관한 생각이 왔다 갔다 하는가? 자신이 잘못된 결정을 한 것 같고 다른 여성들은 정반대의 행동을 한다면 남자뿐만 아니라 여자까지 싫어지기도 한다.

어떻게 행동해야 할지 확신이 서지 않는 데다 그의 행동은 더더욱 알 수 없어서 남자와 함께 있으면 자극이 되고(성적인 자극이 아니다) 명료하게 사고하지 못한다. 민감한 사람은 이렇게 긴장과 자극을 주는 남자를 아예 피하고 싶어질지도 모른다. 하지만 남자를 피하면 더욱 '생경한 성'이 되어 안녕감을 해치고 그렇다고 함께 있으면 더욱 어색하고 자극만 심해질 뿐이다.

그 사람이 어렵고 어색한 이유

타인보다 민감한 남성들의 존재

민감한 남성들에 대한 연구는 한층 더 까다롭다. 민감함을 타고나는 남성은 여성만큼이나 많지만, 민감성 셀프 테스트에서는 성인 여성들의 점수가 훨씬 높게 나타난다. 내가 아무리 성별 선입견이 들어 있는 문항을 피하려고 애써도 마찬가지다. 남성이 남자답지 않아 보인다는 의식적 또는 무의식적 두려움에서 벗어나 민감함 셀프 테스트의 문항에 답할 방법은 존재하지 않는 듯하다. 따라서 이 책에서 말하는 민감한 남성들은 방어적인 태도 없이 자신의 민감함을 받아들이거나 무시할 수가 없을 정도로 민감한 남성들이라고 보면 된다. 민감한 남성들은 자신이 '일반적인 남자'라고 생각하지 않는다. 사실 민감함은 오히려 관계에 매우 이로울 수 있다. 하지만 이성이나 동성과의 관계에 많은 문제를 일으키기도 한다.

실패자라는 느낌

"그는 진정한 남자야." 마치 진정한 남자임을 증명하지 않으면 큰 위기에 처한다는 양, 문화는 남성들에게 짐을 지우고 남성들은 어린 시절부터 진정한 남자임을 증명해야 하는 필요성과 두려움을 느껴왔다. 성차별이 이상적인 남성의 행동을 가장 편협하게 정의하는 시기다. 그들에게 '진정한 남자'란 강하고 멋져야 한다. 무리에 순응하지 않고 다른 생각을 깊이 할 일은 없다는 뜻이다. 성찰적이기보다 즉흥적이고 무모하기까지 해야 한다. 특히 팀 스포츠에서 경쟁심이 강해야 한다. 누군가를 필요로 하거나 연약함을 드러내지 않되 외향적이어야 한다. 즉 진정한 친밀함을 추구하지 않는다. 또한 진정한 남자는 절대 울지 않으며 특히 두려움이나 수치심, 후회 같은 감정을 잘 드러내지 않는다. 한마디로 민감성이 강하지 않은 모습이다. 이 논리에 따르자면 민감한 남자는 '진정한 남자'가 아니다.

『진정한 소년들(Real Boys)』의 저자인 하버드 대학교 심리학 교수 윌리엄 폴락(William Pollack)은 20년 동안 미국 사회의 소년들을 연구했다. 그는 남자 신생아가 여아보다 감정 표현이 더 활발하다고 지적한다. 하지만 초등학생 즈음에 이르면 폴락이 '남자 행동 강령(Boy Code)'이라고 부르는 성별 구속 때문에 활발한 감정 표현은 대부분 자취를 감춘다. 이 남자의 자격에 따르면 무엇보다 사내아이와 남자는 감정을 드러내면 안 된다. 이 법칙은 사내아이들뿐만 아니라 '나머지 모두에게[5] 제약을 가해 인간성을 감소시키고 결국 자신은 물론 타인에게도 이방인이 되게 만든다.'

샌프란시스코에서 활동하는 심리치료사이자 그 자신도 HSM으로 민감한 사람들을 위한 뉴스레터 《컴퍼트 존(Comfort Zone)》을 발행하는 스펜서 코프먼(Spencer Koffman)은 남자 행동 강령에 관해 이렇게 이야기한다.

남자아이들은 매우 어릴 때부터 '성별 신병훈련소'에 입소해 훌륭한 전사나 왕이 되는 법을 배운다. 내가 이러한 주입식 가르침을 처음 경

그 사람이 어렵고 어색한 이유

험한 것은 초등학교 1학년 때였다. 어느 날 정글짐에서 떨어졌는데 많이 다치지는 않았지만 놀라서 울음을 터뜨렸다. 다른 남자아이들과 선생님은 나를 위로해주지 않고 남자는 울면 안 된다는 획일적인 반응을 보였다. 내가 학교에서 운 것은 그때가 처음이자 마지막이었다. '작은 전사'가 되는 훈련을 받은 것이었다.[6]

민감한 남성들만 이러한 강령으로 고통받는다고 주장하고 싶지는 않지만, 그들이 실제로 힘들어 하는 것 또한 사실이다. 특히 민감한 남성들은 여성과의 관계에 더 큰 영향을 받는다. 그는 여성이 자신을 친구로만 여기고 이성으로 끌리지는 않아 할 때 문화의 선입견을 절실하게 느낀다. 결과적으로 여성이 남성에게 부끄러움을 느끼듯 남성도 여성에게 부끄러움을 느끼게 된다.

_____ **사랑 부끄러움**

사랑 부끄러움(love-shyness)은 사회학자 브라이언 길마틴(Brian Gilmartin)[7]이 고안한 용어다. 그는 이성과 만나거나 결혼하기를 간절하게 원하지만 부끄러움이 많아서 상대에게 접근하지 못하는 소집단의 이성애자 남성들을 연구했다. 부끄러움을 느끼는 이유는 거절당하리라고 지레짐작하기 때문인데, 주로 매우 민감한 성향에서 비롯한다. 이러한 특징을 보이는 남성은 거의 민감한 남성이다. 나는 이 개념이 민감한 남성들의 두려움과 경험을 전부는 아니라도 어느 정도 보여준다고 생각한다.

물론 이 용어는 다수의 민감한 여성들에게도 적용된다. 민감한 여성들도 남성의 관심을 간절히 바라면서도 두려워한다. 이는 성차별의 직접적인 결과로 생긴다. 성차별이 민감한 이들에게 특별히 해롭게 작용해, '진정한 남자' 혹은 '진정한 여자'로 평가받지 못할까 봐 두려워하게 만들기 때문이다. 하지만 민감한 남성에게 더욱 심각한 문제가 되는데, 이성 교제에 관한 한 보통 남성이 먼저 다가가야 한다는 고정관념이 있기 때문이다. 이제는 여성이 먼저 관심을 보이는 행동도 받아들여지고 있지만 여전히 남자라면 단호하게 반응하고 끌고 가야 한다는 기대가 있다. 여자는 '손에 넣기 쉽지 않은' 존재처럼 시간을 끌어도 되지만 남자에게는 그런 자유가 주어지지 않는다. 그렇다면 행동하기 전에 과연 상대방이 마음에 들지 혹은 상대가 나를 좋아할지 잠깐 멈춰서 먼저 알아보기를 더 선호하는 민감한 남성의 선천적인 특징은 어떻게 될까? 남자답게 보이려고 저돌적으로 행동하려면 자신의 기질을 무시해야 한다. 그러지 못하면 계속 싱글로 남는 수밖에 없다.

길마틴은 이러한 기질을 가진 19~50세의 남성 300명을 인터뷰했다. 대상자들 중 비교적 젊은 편에 속하는 사람들과 35세 이후에도 성 경험이 없는 사람들을 비교하기도 했다. 또한 이성에게 부끄러움을 느끼지 않는 남자 대학생 200명을 인터뷰했다. 사랑 부끄러움이 있는 남성은 그렇지 않은 남성보다 불행한 어린 시절을 보낸 경우가 훨씬 많았고 나이가 적은 이들보다 많은 이들이 더 많았다. 하지만 사랑 부끄러움이 있는 남자들은 민감한 사람이라면 보편적으로 가지고

그 사람이 어렵고 어색한 이유

있는 여러 신체적 민감함을 보이기도 했다. 알레르기나 신속한 무릎 반사를 보인다거나, 까칠한 원단이나 벌레 물림, 지나치게 덥거나 추운 날씨, 겨울의 짧은 낮, 태양, 통증, 분필로 칠판을 긁는 소리처럼 갑작스럽거나 거슬리는 소리 같은 것을 견디기 어려워하는 모습 등이었다.

_____ 아버지는 어디에

민감한 남자아이들은 아버지의 부재나 무관심에 확실히 더 크게 고통받는다. 아버지는 세상을 살아가는 방법뿐만 아니라 특히 남자로서 감정을 다스리는 법을 가르쳐주는 존재이기 때문이다. 어머니 손에서만 자라면 그런 도움을 놓칠 수도 있다.

아버지의 부재, 그보다 심지어 남성 멘토는 더 찾아보기 어려운 상황이 남자아이들에게 끼치는 부정적인 영향[8]은 많이 알려져 있다. 남성 멘토가 되어야 할 법한 사람들은 아버지와는 달리 남자아이들과 경쟁하고, 남자아이들을 찍어 누른다. 예를 들어 남성 연장자는 젊은 이들을 전장에 내보낼 뿐 그들이 돌아와 제대로 대우를 받고 치유를 받는지에는 관심을 기울이지 않는다. 민감한 남성들은 자신이 남자 행동 강령을 지키지 못했기에 연장자의 관심을 받을 자격이 없다고 폄하하기까지 한다. 모두가 동경하는 남자들만의 세계에 속하지 못한다고 생각할지도 모른다.

_____ 민감한 아들이 어머니에게 느끼는 연민

민감한 남성들은 아버지를 비롯해 남자들이 여성들에게 해를 가하는 모습을 보며 같은 남자에게 충성심이 깨지고 특히 어머니를 깊이 연민하게 된다. 이러한 생각이 모든 여성에게로 일반화되어 여성들이 자신과 마찬가지로 강한 남자들에게 괴로움을 당한다고 생각한다. 하지만 그 공감은 그들을 고립시킨다. 그는 자신이 성별 전쟁의 반역자이며 어느 쪽에서도 인정받지 못한다고 느끼게 된다. 어머니가 자신을 '진정한 남자'가 아닌 좋은 친구로만 알아주는 미묘한 신호를 감지할 때 그 느낌은 더욱 강해진다. 앞에서 말했듯이 어머니들은 '부끄러움 많은' 아들을 가장 덜 사랑한다.

마지막으로 어머니와 유대감이 강하면 사회에서는 '마마보이'로 비추어지기 쉽다. 여성스럽다는 뜻이고 세상에서는 곧 약하고 열등하다는 뜻이다. 따라서 자신이 강등되어버린 '약하고 열등한' 성별이라는 이유로 여성을, 그리고 자신과 여성에게 공격적이라는 이유로 자신의 고유한 성별인 남성을 무의식적으로 싫어하게 된다. 말 그대로 무인 지대에 남겨지는 것이다. 누구를 신뢰하고 마음속 깊은 곳에 있는 감정을 털어놓을 수 있을까? 남성? 여성? 둘 다 불가능할까?

_____ 여성스럽다는 오해에 대한 두려움

한 HSM과 점심을 먹기로 한 날이었다. 웨이터가 메뉴판을 가져오며 "마실 것 먼저 준비해드릴까요, 숙녀분들?"이라고 물었다. 나는 친구가 느낄 당혹감이 전해져 몸 둘 바를 몰랐다. 친구는 몸매가 약간 호

그 사람이 어렵고 어색한 이유

리호리하기는 하지만 내 눈에는 외모로 보나 행동으로 보나 전형적인 남성이었다. 분노까지 치밀었다. 또 다른 민감한 남성에게 이 이야기를 하자 그는 분노를 표현하며 이렇게 말했다.

"'남자 행동 강령'은 사내아이 때부터 성인이 되어서까지 적용된다. 미묘하지만 항상 존재하고, 경계를 푸는 순간 그 사람의 가치를 깎아내린다. 왜 친구는 여자처럼 보였을까? 민감한 남성은 다름없는 인간이기 때문이고, 또한 사회에서 이 지극히 인간적인 특징을 '여성적'이라 치부해버리기 때문이다. 여성적/인간적이라는 것이 잘못인가? 그렇지 않다. 그런데 현실에서, 여자 같다는 말은 모욕이다. 이 사회에서 소외되지 않으려면 남성들은 행동 강령에 따라 로봇 역할을 받아들여야만 한다(아니면 그 규칙이 강조되지 않는 사회주변부를 찾거나). 하지만 나는 우리 민감한 남성들이야말로 비가부장적인 새로운 사회를 이끄는 존재임을, 많은 이들이 알기 바란다."

민감한 남성이 여성적이라 오해받는 이유는 내 친구처럼 호리호리한 몸매 외에도(이것은 민감한 사람의 특징이 절대 아니다) 많은 여성이 그러듯이 신체적 공격이 발생할 가능성을 미묘하게 경계하는 모습을 보이기 때문이기도 하다. 민감한 사람이 경계하는 이유는 고통에 민감하기 때문이다. 길마틴의 말처럼 고통에 대한 민감성은 '남성이 동성 집단과 성공적으로 어울리는 능력에 극도로 부정적인 영향을 끼칠 수 있다.'[9] 그런 두려움은 사내아이를 끈질긴 괴롭힘에 매우 취약하게 만든다. 특히 민감한 여자아이처럼 괴롭힘당하기 쉬운 대상으로 만든다.

그들이 여성적이게 보이는 이유는 타인을 통제하거나 미묘하게 지배하지 않기 때문일 수도 있다. 통제력을 항상 쥐고 있어야 하는 사람들과 달리 감정을 드러내기 때문일지도 모른다. 다른 남성보다 슬픔이나 불안이 많아 보일 수도 있다. 앞서 언급했듯 내 연구에서는 힘든 어린 시절을 보낸 HSP일수록 큰 불안과 우울감을 보였다. 그 주된 이유는 민감하지 않은 남성들이 어린 시절의 문제에 유난히 영향을 받지 않는 듯하다는 사실 때문이다. 그들이 어린 시절에 겪은 문제에 잘 대처하는 이유는, 그들에게는 삶이 그저 좀 더 수월하기 때문일지도 모른다. 하지만 대부분은 고통을 제대로 다루기보다는 그저 감정을 억누를 뿐이다. 심한 무능력감을 감추기 위해 '난 괜찮아, 아무도 필요 없어' 같은 태도를 보이는 것을 자기애적 방어(narcissistic defense)라고 하는데 여성보다 남성이, 특히 민감하지 않은 남성이 훨씬 더 많이 사용한다. 다시 말하지만 힘든 어린 시절을 보낸 민감한 남성과 (민감성 여부에 상관없이) 모든 여성은 문제에 반응하고 불안감을 느낀다. 그런 모습이 여성적이라고 해석되는 것이다.

남녀를 불문하고 자기애적 방어가 갖고 있는 문제는 자신의 두려움이나 욕구와 관련된 감정을 차단하면 그 감정을 계속 잊어버리고 있기 위해서 타인의 두려움이나 욕구에 대한 인식까지도 차단한다는 점이다. 결과적으로 자신에게 도취된 나르시시스트(narcissist)는 타인이 받는 영향을 보지 못하고 사람을 이용할 수 있다. 친밀한 관계를

그 사람이 어렵고 어색한 이유

맺고 싶은 유형은 아니다. 힘든 유년기를 보낸 남성에게는 엄격한 자아도취에 빠지거나 혹은 '진정한 남자'로 보이지 않게 되는 두 가지 이상한 선택만이 주어지는 듯하다. 대부분의 민감한 남성이 자아도취를 선택하지만 나는 개인적으로 그쪽을 덜 좋아한다. 인간의 기본적인 감정을 부정하지 않는 세상에서 살고 싶기 때문이다. 그 감정이 비록 두려움이나 슬픔 같은 종류일지라도 말이다.

◆

민감한 남녀가 겪는 몇 가지 문제

성별로 인한 문제가 몇 가지 더 있다. 남녀 모두를 위해 그 문제들을 살펴보겠다.

_____ 선택권의 배제

어린 시절에 부모의 지지를 받지 못해 성인이 되어 자신감이 부족한 민감한 사람들은 지나치게 신중한 나머지 두려움 때문에 기회를 외면한다. 민감한 여성들은 처음 발 담근 커리어나 준비되지 않은 종교적 선택 그리고 다이앤처럼 성급한 결혼에서 피난처를 찾고자 한다. 일단 피난처로 들어가면 생각처럼 만족스럽지 않아도 계속 머문다. 민감한 여성들은 고등학교나 대학교 때 유난히 독립적이거나 창의적이었더라도 다른 여성들보다 결혼을 일찍 하는 경향이 있다. 그런가

하면 민감한 남성들은 다른 남성들보다 결혼이나 커리어 목표 달성이 늦어지는 경우가 많다. 세상을 어떻게 헤쳐나가야 하는지에 대해 성찰하느라 그런 것이기도 하다.

———— 낮은 자존감

만약 자신감이 조금만 높았다면 다이앤은 론과 결혼할 필요도 없었을 것이다. 결혼했더라도 그의 비위를 맞추려고 애쓸 필요가 없었으리라. 만약 그녀가 자기 주관이나 두 사람의 관계에 필요한 것들을 강하게 주장했다면 남편도 좀 더 배려하는 모습을 보였을지 모른다. 연구에 따르면 아내가 남편에게 부부 관계에서 필요한 기술을 가르쳐주는 경우가 많고 아내의 영향력을 수용하는 남편일수록 행복한 결혼생활을 누렸다. 하지만 상대방에게 영향력을 행사하려면 자기 자신, 자신의 권리와 강점에 확고한 믿음을 가져야 하는데 다이앤에게는 그런 믿음이 없었다.

남성의 민감함 역시 '남자 행동 강령'을 따르지 못한다는 자신감 부족에서 나올 수 있다. 지나치게 창의적이거나 남들과 '다르고' 잘 울거나 부끄러워하거나 '강한 남자'들은 알아차리지 못하는 열이나 냉기, 눈물, 따가운 원단 같은 것들에 영향을 받기 때문에 '법칙'을 어긴 것이다.

민감한 남녀 모두가 이 시대가 가장 선망하는 기이한 이상인 '멋짐(cool)' 때문에 괴로워하기도 한다. 민감한 사람은 쉽게 과각성이 일어나 멋지기는커녕 불안해 보이고 경쟁이나 압박이 심한 상황에서

그 사람이 어렵고 어색한 이유

제 역량을 펼치지 못한다. 서로 알아가기 시작하는 이성과의 관계에서도 그렇다. 압박감과 낮은 자존감은 '신경과민으로 인한 복통', 발진, 각종 공포증, 말더듬증, 부끄러움 같은 불안과 관련된 문제를 일으킨다. 이런 문제들이 자신감을 더욱 떨어뜨리고 자신이 매력 없는 사람이라는 생각도 더 심해진다.

_____ **불확실한 경계**

남녀를 불문하고 모든 민감한 사람은 타인의 감정이나 그들이 무엇을 원하고 필요로 하는지에 민감하다. 자연적으로 이루어지는 심오한 정보 처리 덕분에 타인의 필요가 충족되지 못하면 그 사람이 고통을 느낄지, 원하는 바를 이루지 못하게 될지, 나에게 화를 낼지, 실망할지 등 어떤 상황이 이어질지도 감지할 수 있다. 민감한 사람은 민감하므로 상대가 좋지 않은 감정을 느끼면 자신이 더 큰 괴로움을 느낀다. 그래서 자신을 위해서라도 상대방이 원하는 대로 해주려는 경향이 있다.

이 사회에서 민감한 여성들은 어머니와 누이, 아내, 친구로서 타인을 보살펴야 한다는 가르침을 받는다. 하지만 그 법칙이 갑자기 바뀌었다. 배려심 많은 여성은 '상호의존적(codependent)'으로 보일 수도 있다는 것이다. 즉 민감한 여성에게는 타고난 기질을 부끄러워해야 하는 또 다른 이유가 생긴다.

민감한 남성의 경우에는 '진정한 남자'라면 융통성 없이 지나치리만큼 단단한 경계를 가지고 있어야 한다는 사회적 기대가 문제다. 즉 타인의 욕구, 특히 정서적 필요에 관심을 많이 기울이면 안 된다는 것이다. 그와 동시에 남성에게는 여성의 욕구를 충족해주고 보호해주어야 한다는 기대가 따른다. 역시나 양립할 수 없는 모순이다. 남자는 아무리 위압적인 상황에서도 제 역할을 해야 하니까 말이다. 그럴 땐 대체 어느 방식을 택해야 하는 걸까? 바로 이런 점 때문에 민감한 남성들은 타인의 정서적 필요에 주의를 기울인다는 이유로 상호의존적이거나 여성적이라는 비난을 받는다. 여성의 욕구에 주의를 기울이면 여성에게 통제당한다는 비난이 쏟아진다. 그러지 않으면 여성의 모든 욕구를 제대로 충족해주지 못하는 '능력 미달'로 비친다. 그렇다고 과도한 자극과 갈등 때문에 감정을 완전히 차단해버리면 섬세하지 못하다는 말을 듣는다!

파트너를 포함한 타인의 정서적 필요에 매우 민감한 것은 상호의존적이라는 뜻이 아니다. 상호의존성은 타인의 욕구에 올바르지 못한 반응을 보일 때 나타난다. 즉 친구가 알코올 중독에 빠졌다는 사실을 알아차렸지만 대놓고 도움을 받으라는 말을 하지 못한다고 해서 '상호의존적'이라고 할 수 없는 것이다.

하지만 상호의존적이라는 분류가 그럴싸하게 느껴지는 사람도 있을 것이다. 민감한 사람일수록 자신에게 유용한 것은 들여보내고 그렇지 않은 것은 허용하지 않는, 제대로 된 경계를 반드시 확보해야만 한다. 유용하지 않은 것에는 모두를 위해 좋은 쪽이 아닌, 상대방이 원하는 쪽으로 반응해야 하는 필요성도 포함된다.

하지만 바람직한 경계를 구축하는 방법을 배우지 않았다면 그런

그 사람이 어렵고 어색한 이유

경계가 형성되어 있지 않아 너무 지쳐버렸을 테다. 성실하고 양심적인 성격을 오히려 이용당하고 있을지도 모른다. 거절하는 법 없이 전부 다 받아주고 나중에 억울해할 것이다. 혹은 정반대의 극단적인 방법을 택할 수도 있다. 가끔 혹은 거의 항상 장벽을 세우고 모든 사람을 차단해버리는 것이다. 결국 자신이 어떤 사람인지, 어떤 경계를 원하는지 스스로 판단하기보다는 타인으로부터 약하고 주관 없고 상호의존적이라거나 무감각하고 융통성 없고 오만하다는 말을 듣게 된다. 한마디로 민감한 사람들은 '진정한' 남자나 여자가 되려는 과정에서 민감함을 발휘해 타인에게 너무 맞춰주려 하거나, 자신이 약하다는 사실을 받아들이거나, 민감함을 아예 차단해버린다.

_____ **위기에 처한 완벽주의자**

나는 '이상적인' 남성이나 여성의 기준에 미치지 못한다는 사실을 만회하려고 초인의 길을 선택하는 민감한 사람들을 자주 본다. 당연히 조직은 좋아할 것이다.

우선 '슈퍼 HSW'를 먼저 살펴보자. 알다시피 이 시대의 '이상적인' 여성은 매우 진취적인 여성이다. 다른 사람들에게는 얼마나 편리한 일인가. 많은 여성이 오랜 시간을 근무하고 출장도 가고 경쟁을 즐기며 전사처럼 스트레스에 대처하고 가정생활도 충실히 한다. 민감하지 않고 감각 추구 성향도 있는 여성이라면 문제가 없을 것이다. 긴 치마와 뜨개질바늘을 던져버리고 자신의 기질을 발휘할 기회가 왔으니 말이다.

하지만 많은 민감한 여성들도 시대의 요구를 충족하고자 노력하고 있다. 거기에 필요한 좋은 유년기와 자신감, 교육, 재능도 갖추었다. 감각 추구 성향도 강해서 쉽게 지루함을 느끼고 새로운 아이디어가 넘칠 수도 있다. 게다가 민감성 덕분에 조직의 유능한 혁신가로 계속 승승장구한다. 조직의 스타인 것이다. 조직이 원하는 민감함과 강인함을 모두 갖춘 것처럼 보인다. 하지만 슈퍼우먼이라는 새로운 성별 고정관념에 맞추려고 하다 보면 자신의 본래 모습에 어긋나거나 건강을 해치기 쉽다.

민감한 남성들은 '슈퍼 HSM'이 되려고 애쓸 위험이 비교적 클 수 있다. 남성은 자신에게 시간을 투자하거나 가정을 돌보기 위해 시간이 필요하다고 하면 승진 코스에서 더욱 무시당하기 때문이다. 남성성을 증명하고 민감함이라는 '비밀스러운 결점'을 극복하고자 남보다 월등한 능력을 보여주려고 애쓰기도 한다. 직관과 창의성이 뛰어나므로 새로운 프로젝트 아이디어를 잘 떠올릴 것이다.

이것이 당신의 모습인가? 그렇다면 나는 성별에 상관없이 당신을 그리고 당신의 관계를 잘 알 것 같다. 당신은 일이 아닌 다른 것에 쓸 에너지가 전혀 없으며 삶이 살 가치가 없는 지옥 같다고 속으로 불평한다. 파트너가 있다면 파트너 또한 지옥이라고 느낄 것이다. 파트너도 당신 못지않게 일하느라 바쁘다. 그렇다면 관계라고 부를 수도 없다. 하지만 지치고 힘들다는 사실을 인정하면 약하고 진취적이지 못하다는 뜻으로 비추어져서 결국 직장을 잃거나 파트너와 가족, 친구들에게 존중심도 잃게 될까 봐 두렵다. 내가 관찰한 바에 따르면 마흔

쯤 되어서야 건강에 이상 신호를 느끼고 멈춘다. 엄격한 젠더 이상은
치명적인 결과를 가져올 수도 있다.

_____ 나쁜 부모라고 느끼는 좋은 부모

처음으로 '민감함'에 관련된 심리학 참고 문헌을 찾아보았을 때는 겨
우 세 가지를 찾았다. 그중 두 가지는 민감함이 신생아를 가장 잘 돌
보는 사람을 설명하는 말일 뿐이라는 관점을 취했다. 부모인지 아닌
지는 별로 상관이 없었다. 전적으로 신생아의 미묘한 신호를 읽고 신
생아의 관점과 무력함을 의식하는 능력과 관련이 있었다. 민감한 이
들은 자녀의 출생 같은 엄청난 일을 치르고 나서 (남녀 모두 강도 높은
반응을 보인다) 보통은 매우 열렬한 부모가 된다. 자신이 가지고 있는
그런 능력을 알아차리지 못하는 이들도 있지만 대부분은 다른 부모
들을 의식하면서 알게 될 것이다.

하지만 동시에 민감한 사람들은 자신이 형편없는 부모라는 생각
도 강하다. 매우 민감한 부모라면 무슨 말인지 잘 알 것이다. 짜증과
우울감을 자주 느끼고 에너지가 없고 육아에서 벗어나 재능을 펼치
고 싶고 속으로 자녀가 없었다면 더 나은 삶이 되었으리라는 생각을
자주 하기 때문이다. 부모라는 역할은 커다란 책임이자 자극원이다.
좋은 의미에서나 나쁜 의미에서나 양쪽 부모가 임신과 출산 동안 겪
는 민감함은 매우 극심하다. 첫 아이라면 더욱 그렇다. 몸이나 내면세
계가 완전히 바뀐 듯한 기분이 든다. 그 느낌은 아이가 태어남과 동시
에 잠잘 시간도 부족한 채로 쉼 없이 돌보는 동안 더욱 심해진다. 과

연 무사히 헤쳐나갈 수 있을까 의심스럽다. 아이를 낳겠다는 선택이 과연 옳았는지 의구심까지 든다. 자신이 좋은 엄마 또는 좋은 아빠인지도 의심스럽다.

민감한 아빠는 육아 초기에 자신이 소외당하는 듯해 수치심과 괴로움을 느끼지만 큰 감동도 느낀다. 또한 아버지의 역할은 그에게 더 큰 짐을 지운다. 양육자와 아동 심리학자가 되려고 노력할 뿐만 아니라 파트너의 도움과 상관없이 자녀를 보호하고 경제적으로 부양할 심각한 책임감을 느낀다. 그렇다면 혼자만의 시간 그리고 아내와 함께 둘만의 시간을 보내고 싶은 욕구는 어떻게 될까?

우리 사회에 여전히 살아 있는 전통적인 성별 고정관념은 민감한 사람들의 관계를 해치고 부모 역할까지 약화시킨다. 이상적인 엄마나 아빠의 조건을 충족할 수 없다는 사실이 우리를 괴롭히기 때문이다. 그렇지 않은 사람들에게는 부모로서의 무능감이 그저 초보 부모의 이상이 깨졌음에 불과할지 모르지만, 민감한 사람에게는 심하게 괴로운 일이다. 안타깝게도 민감한 사람들은 깊은 내면에서 자신이 좋은 부모인지 나쁜 부모인지를 너무 생생하게 의식하고 있기에 수세대에 걸쳐 엄청난 죄책감에 시달렸다.

외적인 성향, 내적인 갈등

지금까지 살펴본 문제들의 해결책을 알아보기 전에 성별에 대한 선입견이 감각 추구 성향이 강한 민감한 사람들에게 끼치는 영향을 한번 살펴보자. 감각 추구는 우리 사회가 이상적으로 보는 성격이다. 즉 감각 추구 성향이 강한 사람은 이상적인 상에 가까우므로 더욱 자신감에 가득 차 있을 가능성이 크다. 모험에 적극적이어야만 하는 남성이 특히 그렇다. 민감한 남성의 경우 강한 감각 추구 성향을 갖고 있다면 연애에도 도움이 된다. 마음에 드는 이성에게 접근할 수 있으므로 사회의 기대에 따라 정착하기 전에 다양한 경험을 할 수 있다.

물론 감각 추구자이자 민감한 사람들의 불리한 점은 외적인 요인과 내적인 갈등 때문에 슈퍼맨이나 슈퍼우먼이 되려고 한다는 점이다. 건강에 이상이 나타나기 전까지 자신의 민감한 측면을 돌보지 않는다. 중요한 주의사항은 이들이 과각성이나 탈진을 경험할 가능성이 작지 않다는 점이다. 자신에게 맞지 않는 성별 고정관념을 따라야만 한다는 유혹에 빠지지 마라. 민감한 데다 적극적인 덕에, 그 고정관념에 조금은 맞추기가 수월하더라도 말이다.

고정관념을 해결하려면

지금까지 어두운 부분들만 살펴보았다. 이제는 좀 더 밝은 쪽으로 나아가게 해주는 방향을 알아보자. 성차별은 민감한 남녀 모두에게 놀라울 정도로 비슷한 영향을 끼치고 치유 방법도 비슷하다. 여전히 '여자는 고민이 있으면 이야기하고 싶어 하고 남자는 동굴로 들어가 해결책을 찾으려 한다'나 '여자는 누군가 해결책을 말해주기를 바라고 남자는 직접 찾으려고 한다' 같은 일반화가 존재하지만 말이다.

우리는 우리가 느끼는 바를 표현해야 한다. 또한 성별과 관련된 문제 같은 데에는 해결책을 찾아나서야 한다. 하지만 우리는 여전히 일반화를 해서 문제가 저절로 커지게 만든다. 다음 사실을 알면 일반화를 바로잡을 때 도움이 된다. 한 연구에서는 남녀 모두가 과거에 '여성적'이라고 여겨졌던 행동을 할수록 사람들이 관계에 만족하는 정도가 일관적으로 높다는 결과가 나타난다.[10] 여성적인 행동이란 따뜻하고 양육적이고 감정을 잘 드러내고 둘의 관계에 대해 기꺼이 토론하려고 하는 모습을 말한다. 내 친구는 '여성적'이라고 여겨지는 행동은 단순히 '인간적인' 모습일 뿐이라고 말한다. 다행히 남성 대부분이 고정관념에서 벗어나 그렇게 행동한다. 최근에 신혼부부들을 대상으로 이루어진 영상 촬영 연구에서는 지지나 도움을 바라고 제공하는 정도에 있어서 연구에 참여한 부부들만큼은 남녀가 전혀 다르지 않다는 결과가 나왔다.[11] 남녀가 서로에게 제공하는 지지와 도움의 유형도 제안이 아닌 공감과 격려로 다르지 않았다. 고정관념이 현실과 얼마나 다른지 알 수 있다.

일반화에서 벗어나는 민감한 사람들은 일반화를 더욱 쉽게 무시할 수 있는 처지이므로 여전히 기존 방식대로 행동하는 사람들에게 변화를 일으킨다. 즉 민감한 사람은 절실하게 필요한 쪽으로 세상을 바꾸는 리더들이다. 연구에 따르면 전통적인 남녀 역할을 고수하는 사람들은 평균적으로 결혼생활 만족도가 가장 낮으며[12] 부부 상담 치료를 받은 뒤에도 반응이 가장 저조하다.[13] 이 문제가 있는 전통에는 '남자가 지배권을 쥔다'는 사고가 큰 부분을 차지한다. 그런 결혼생활일수록 양쪽 파트너의 만족도가 가장 낮고 이혼에 이를 확률이 높다는 강력한 증거가 있다.[14]

여성 파트너가 남성에게 어떤 점을 바꾸면 좋겠다고 말할 때 그 요구를 무시하는 것도 커플 관계에서 나타나는 '남성 우월주의'의 한 모습이다. 이러한 '요구/철회(무시) 패턴'이 관계에 어떤 영향을 끼칠까? 철회는 한쪽이 상대방에게 바뀌기를 바라는 요구 사항을 포함해 솔직하고 친밀하게 이야기할 때 상대방이 대화를 거부하거나, 돌아서 가버리거나, 감정을 차단해버리는 모습을 말한다. 실제로 남녀 모두가 하는 행동이지만 주로 관계에 심각한 문제가 있어서 양극화가 일어나고 이별의 위험에 처했을 때 여성이 변화를 요구하고 남성이 철회하는 경우가 대부분이다.[15]

UCLA의 크리스토퍼 히비(Christopher Heavey)[16], 크리스토퍼 레인(Christopher Layne), 앤드루 크리스텐슨(Andrew Christensen)은 요구/철

회 패턴을 알아보기 위해 두 가지 토론을 하는 부부의 모습을 영상으로 담았다. 하나는 아내가 남편에게 변화를 요구하는 내용이고 나머지는 남편이 아내에게 변화를 요구하는 내용이었다. "자주 함께 외출하자" 혹은 "혼자만의 시간을 달라" 같은 일반적인 사안이었다. 연구진은 남편이 아내에게 변화를 요구할 때는 대화 도중에 요구/철회 패턴이 나타나지 않는다는 사실을 발견했다. 하지만 아내가 남편에게 변화를 요구할 때는 남편이 대화 도중에 철회 패턴을 보였다. 변화를 거부하는 것이었다. (하지만 민감한 남성이라면 그러지 않을 테다.)

이 두 가지 보기가 말해주는 핵심은 남성이 지배하는 전통적인 관계가 성공적인 관계의 전형이 아니라는 것이다. 따라서 타인의 감정을 무시하면 불편해지는 HSM들은 확실히 제대로 된 방향으로 나아간다고 할 수 있다. 장기적으로 성별을 막론하고 모두가 끼워 맞춰져야 하는 단 하나의 틀은 만족스럽고 친절한 관계뿐이다.

그렇다면 성차별과 성별 고정관념이 끼친 영향을 어떻게 치유할 수 있을까? 방법이 많다. 하나의 장에서 해결책을 상세하게 설명하기는 어렵지만 몇 가지를 제안하겠다.

1. 자존감을 높여라. 여성이고 민감하다는 이유로 느끼는 열등감이나, 민감한 기질이라서 '진정한 남자'가 아니라는 생각을 재구성하라.

2. 경계를 개선하라. 바람직한 경계는 유연하다. 외부의 요구를 모두 허용하지도 않고, 상대를 신뢰할 수 없어서 혹은 지나친

그 사람이 어렵고 어색한 이유

배려는 쿨해 보이지 않는다는 이유로 모든 사람을 차단하지도 않는다. 경계에는 분별이 중요하다. 당신에게 접근하는 사람은 단순히 남자나 여자, 민감한지 그렇지 않은지를 떠나 저마다 고유한 존재다. 당신은 그들 개인에게 반응할 수도, 반응하지 않을 수도 있다.

3. 고정관념을 버리고 남녀에 대한 실질적인 지식으로 채워라. 이성에 대한 생경함을 줄이려면 귀를 기울여 그들이 실제로 어떤지를 알아보는 방법밖에 없다. 차이에 귀 기울이다 보면 불신에서 이해로 관점이 바뀔 수 있다. 서로 도움을 줄 수 있을지도 모른다. 예를 들어 민감한 남성들은 민감한 여성에게 세상을 잘 헤쳐나갈 수 있다는 믿음을 줄 수 있고 민감한 여성들은 '진정한 남자'에 대한 선입견을 경계하고 이를테면 눈물을 흘리거나 느리고 신중하게 의사결정을 내리는 남자는 매력이 없다는 전통적인 관점을 거부할 수 있다.

4. 매주 새로운 만남을 가져보는 등의 방법으로 부끄러움을 극복하라. 이는 내면 작업이 아닌 인간관계 작업이라 밖으로 나가 직접 행동으로 옮겨야만 해결할 수 있다. 하지만 인내심을 가져야 한다. 앞에서 살펴보았듯이 민감한 남녀에게는 상대가 거절할까 봐 두려운 이유가 많기 때문이다.

먼저, 거절로부터 자신을 보호하고자 상대가 자신을 이성으로 여기지 않도록 만드는 행동을 하고 있지 않은지 생각해보라. '모험하지 않으면 잃는 것도 없다'라고 생각하는 민감한 사람들이 많다. 그리고 상대에게 무슨 말을 할지, 상대의 반응이 긍정적이거나 부정적이거나 정확히 읽기 힘들 때 어떻게 대처할지 미리 준비해두면 도움이 된다. 민감한 사람들은 예행연습을 조금만 해도 훨씬 자연스러워 보인다. 목소리가 갈라지고 손이 떨리는 상황을 막을 수 있다. 상대방에게 거절당하거나 결국 실패로 돌아간 관계를 접으면서 마음 아파할 준비도 필요하다.

5. 편견에 맞서라. 종종 '여성스러움'과 동성애자가 큰 혼동을 일으킨다. 나는 동성애자와 HSM과의 연관성은 존재하지 않는다고 확신한다. 폴락은 『진정한 소년들』의 '다름'을 다루는 장에서 알고 보니 다수의 '터프한' 소년들이 동성애자였고 거친 놀이나 몸싸움이 빈번한 스포츠보다 조용한 활동을 선호했던 다수의 민감한 소년들이 이성애자였다고 말한다. 남성 동성애자 커뮤니티에는 남성 우위를 과시하는 마초가 민감한 남자만큼이나 많다. 누군가 부정적인 의미를 담아 그런 가정을 할 때는 가능하면 맞서야 한다. "내가 게이냐고? 그랬으면 좋겠다는 생각이 드네. 남자를 좋아하긴 해"나 "참 이상한 발상이네. 왜 그렇게 생각하지?"라는 식으로 대응한다.

6. 완벽을 추구하게 만드는 이유를 파악하라. 자신의 '결점'을 보완하기 위해서인가? 모든 사람의 마음에 들고 싶은가? 한계를 인정하기 싫어서인가? 기회가 올 때마다 흥분감이 느껴져 무엇도 포기하고 싶지 않은가? 애쓰는 이유를 찾으면 스트레스

그 사람이 어렵고 어색한 이유

심한 삶을 거부하기도 쉬워질 테다. 자신을 돌보는 것과 타인을 돌보는 것이 최적의 균형을 이루는, 새로운 접근법을 찾아야 한다.

명상은 균형에 도달하기에 효과적인 방법이다. 나는 아들이 생후 1년 정도 되었을 때 명상(초월 명상)을 배웠다. 저녁 시간에 내 깊은 내면으로 들어가는 20분이라는 시간은 큰 변화를 가져다주었다. 민감한 엄마와 아이가 서로 누가 더 상대방을 자극하는지 경쟁하듯 조마조마했던 저녁 시간이, 행복하고 차분한 시간으로 바뀌었다. 명상은 일에도 큰 도움을 준다. 알다시피 문제에서 멀어져야만 비로소 해결책이 나타날 때가 많다. 아무것도 하지 않는 시간 이후에는 생산성과 사랑이 놀라울 정도로 커져 있다.

7. 동성 멘토를 찾아라. 윌리엄 폴락을 비롯한 교육자들은 소년들을 위한 멘토링을 강조해왔다. 구체적인 관심사를 공유하고 세상을 헤쳐나가는 방법을 알려주는 아버지 외의 존재는 남자아이들에게 큰 도움이 된다. 예를 들어 축구보다 독서를 좋아하는 민감한 소년은 작가나 영어 교사를 멘토 삼아 남성 문인으로서 느끼는 즐거움이나 부족한 운동 신경으로 고민했던 이야기를 함께 나눌 수 있을 것이다. 멘토링은 누구에게나, 특히 민감한 사람들에게는 더욱 이롭다. 같은 분야에 몸담거나 당신이 지금 처한 것과 비슷한 상황을 이겨낸 민감한 남녀를 찾아서 만남을 청하고 경험을 들어보거나 질문을 할 수 있다. (너

무 힘든 요구처럼 느껴지면 상대방은 당신이 요청한 만남을 수락하기 어려울지도 모른다. 처음에는 단 한 번의 만남만 부탁한다. 거절당한다면 다른 사람을 알아본다.)

8. 존중을 모르는 사람들로부터 자신을 지켜라. 세상에는 성별과 기질에 대한 선입견이 유난히 강렬하고 촘촘하게 자리 잡힌 곳들이 있다. 군대가 적당한 예다. 그런가 하면 그런 선입견이 거의 없는 사람도 있는데 내 남편이 그중 하나다. 남편은 나 같은 민감한 여성을 무척 좋아한다. 나는 선입견이 강한 곳에서 나 자신을 지키기로 마음먹었다.

요즘은 선입견을 직접 표현하면 안 되는 세상이라 감지하기가 어려운 편이다. 쉽게 구분하고 싶다면 많은 남녀를 접해보아야 한다. 성차별을 하지 않으려고 용감무쌍한 시도를 하는 사람들이 많지만 그런 사람들조차도 가끔 실수한다. 하지만 그들이 자신의 선입견을 이겨내고 싶어 한다면 그보다 좋은 일이 어디 있겠는가? 그들도 당신과 마찬가지로 성차별이 심한 세상에 태어나고 싶지는 않았을 것이다.

9. 네 가지 성 유형은 알아만 두고 잊어버려라. 모든 종에는 결국 두 가지 기질이 존재하는 듯하다. 바로 민감한 유형과 민감하지 않은 유형이다. 어느 유형에 속하는가가 성별만큼이나 중요해져야 한다. 당신이 가장 좋아하는 HSW, HSM, 비HSW, 비HSM이 누구인지 생각해보자(물론 언뜻 봐서는 알아차리기 어렵지만). 성별에 대한 고정관념을 완전히 버릴 준비가 되었다

그 사람이 어렵고 어색한 이유

면 이 사실을 새겨라. 진정한 남자나 진정한 여자는 자신의 진정한 자아와 기질에 따라 살아가는 사람이다.

10. 꿈으로 상처를 치유하라. 나는 항상 민감한 사람들에게 꿈에 주의를 기울이라고 조언한다. 민감한 사람은 유난히 생생한 꿈을 꾸는 데다 꿈이 일으키는 심오하고 개인적인 성찰을 하기에도 적합하다.

첫째, 꿈에 나오는 모든 사람의 성별에 주의를 기울인다. 그 성별인 사람과의 현재 관계나 그 성별이 나에게 상징하는 바에 대한 메시지가 들어 있다. 동성인 사람이 등장하는 꿈을 꾼다면 일반적으로 그 사람의 특징이 자신과 비슷해서 통합하거나 알아차리기가 쉽다. 예를 들어 내가 매우 외향적인 친구가 나오는 꿈을 꾼다면 외향적인 나에 대한 꿈이다. 이성에 대한 꿈을 꾼다면 그 이성은 일반적으로 나에게 없거나 결코 불가능하다고 생각되는 특징을 상징한다. 따라서 단호함과 인내, 강인함을 가진 남성 친구가 꿈에 나온다면 당신이 그러한 단호함을 간절히 원했거나 지금 당장 필요한데 여자로서 그러기는 절대로 불가능하다고 생각함을 암시하기도 한다.

둘째, 꿈에 나오는 성별을 이용해 균형이 얼마나 무너졌는지를 정확히 집어내라. 예를 들어 친구와 어떤 문제를 해결하려고 한 날, 창백하고 마른 여인이 물에 빠지는 꿈을 꾸었다고 해보자. 당신이 남자이건 여자이건 상관없이 그날 친구와의 대화 도중, 전통적인 의미 혹은 개인적으로 정의하는 자신의 여성적인 측면이 무의식적으로 압도당해 이를 확인해보기 위해 그런 꿈을 꿨을지도 모른다. 자신이 가지고 있는 특징 중 성별에 따른 부분을 잘 대우할수록 그 성별에 해당하는 사람도 꿈에서 좋은 모습으로 나타난다.

셋째, 이성과의 관계를 바꿔주는 쪽으로 꿈의 결말을 새롭게 상상하라. 이것을 적극적 상상(active imagination)이라고 하는데 로버트 존슨(Robert Johnson)[17]의 『내면 작업』에서도 다룬다. 이 기법은 꿈의 특정한 결말이나 하릴없는 공상을 강요하지 않고 애초에 꿈을 만들어낸 상상 속에서 더 많은 일이 일어나도록 허용하려는 의도를 가지고 꿈으로 돌아가는 것이다. 나아가 상상 속에서 어떤 행동을 취하려는 의도까지 가질 수 있다. 적극적 상상은 성별에 관한 값진 돌파구를 제시해줄 수 있다.

적극적 상상을 할 때는 반드시 어떤 문제도 강요하지 않고 떠오르는 어떤 생각도 판단하지 않아야 한다. 적극적 상상은 꿈처럼 내면세계에서 보내는 유용한 메시지로 존중되어야만 한다. 처음에는 상상의 이미지가 괴로울 수도 있지만 이 적극적 상상에는 항상 더 자세히 알아야 한다는 의도가 따른다. 그 의도는 항상 친절하다.

◆

우리의 반쪽을 바로 마주할 때

인간의 역사에서 생경한 두 남녀가 동등한 파트너였던 적은 없었지 싶다. 평등을 위해 노력하는 남녀는 이제 새로운 무언가를 추구하고 있다. 그들은 그 일이 얼마나 벅찬 과제인지 알아야만 한다. 최근의 한 연구에서는 타인에 대한 첫 반응이 어릴 때 무의식적으로 습득된 선입견에 따른다는 사실이 밝혀졌다.[18] 어른이 된 지금은 친절하지 못하다고 생각하거나 원치 않는 선입견이라도 말이다. 외집단의 가치를 무시함으로써 내집단을 보호하려는 목적으로 고대부터 프로그래밍된 것들이 지금은 세계 구석구석에서 문제를 일으킨다. 방금 말한 연구에서는 인종차별이나 성차별을 하는 사람들과 그러지 않는 사람들의 실질적인 차이는 후자가 어린 시절에 습득된 무의식적인 선입견에 대응하는 의식적인 시도를 한다는 것뿐이라는 사실도 보여준다.

선입견이 없다는 것이 모든 것을 똑같이 취급한다는 뜻은 아니다. 저마다의 관심사와 능력에 따라 힘이 균등하게 배분된다는 뜻이다. 민감한 사람은 이성과 함께 이러한 균등함을 발전시키는 일에 앞장설 수 있다. 선입견을 포함한 무의식적인 정보 처리 과정에 기질은 물론 성별에 대해 '다르지만 동등하다'는 태도가 필요하다는 것을 의식하기 때문이다. 또한 민감한 사람은 모든 전략의 결과를 예측하는 데도 뛰어나므로 남녀 간 힘의 불평등이 사람들과의 관계에서 발전시키고자 하는 신뢰와 친밀감에 절대 도움이 되지 않는다는 사실도 안다.

다음 장에서는 친밀함에 대한 민감한 사람들의 타고난 호기심을 살펴본다. "나는 남자가 두려워"나 "다시는 여자를 믿지 않을 거야"처럼 민감한 사람이 관계를 맺을 때 망설이는 이유에 성별이 관련된 경우가 많다는 사실을 기억하면서 접근한다. 민감한 사람이 과거에 경험한 친밀함에는 항상 성별화된 타인이 개입되어 있었다. 단순히 부모와 형제자매가 아니라 어머니, 아버지, 자매, 형제다. 민감한 남녀들은 자신의 기질과 그들의 기질, 자신의 성별과 그들의 성별, 완벽한 기질과 완벽한 남녀에 대한 그들의 기준에 자신이 얼마나 일치하는가에 따라 반응했다. 과연 너무 엄격한 이상적 기준 때문에 입은 상처를 알아차리고 치유할 수 있을까?

인간은 오랜 세월 동안 '다른 성'을 저 멀리 무지의 구렁으로 추방시키고 자신의 싫은 점을 투영해 자신을 돋보이게 하고 그들은 나쁘게 만들었다. 남녀 구분은 그 일에 매우 탁월했다. 여자들은 여자는 절대로 그렇지 않은 듯이 "남자는 공격적이고 무감각해"라고 말하고, 남자들은 남자는 절대로 그렇지 않은 듯이 "여자는 이성적이지 못하고 시끄럽고 남자를 통제하려고 해"라고 말한다. 우리는 너무 오랫동안 서로를 두려워하고 매도하고 내쫓았다. 이제는 우리가 그토록 두려워하고 매도하고 내쫓은 것이 실은 우리 자신의 반쪽임을 알아차려야 한다. 민감한 사람은 그 진실을 가장 먼저 알아차릴 것이다.

3장

사랑, 두려움

괜찮아요, 안심해도 좋습니다

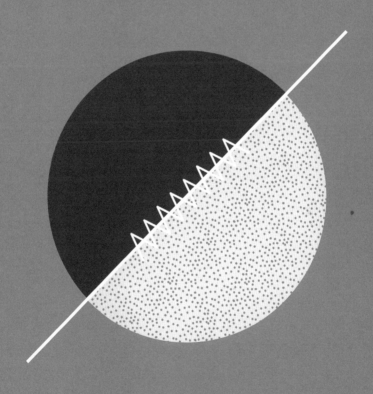

누군가와 친밀해질 기회는
절대 무한하지 않다.

민감한 사람은 행동하기 전에 위험 요소를 신중히 고려하는 성향을 타고났다. 하지만 타인과의 친밀한 관계에는 상실, 배신, 유기 혹은 이용이나 통제를 당할 가능성 같은 수많은 위험이 따르기 마련이다. 세상이 아무리 친밀한 관계를 찬양하고 이론과 실제 모두 훌륭해 보여도 민감한 사람은 무작정 뛰어들기 전에 잠시 멈추어야 할 이유가 있다. 그 이유는 의식적이기도 하고 무의식적이기도 하다.

이 장의 목적은 무의식적인 이유를 의식으로 끌고 와 자세히 살펴보는 것이다. 냉철하게, 과장된 두려움을 정면으로 마주하고 이를 줄일 방법을 찾아볼 것이다.

우선 친밀한 관계를 맺을 기회가 생겼을 때, 자신이 어떻게 반응하는지 진단해보자.

사랑, 두려움

친밀도 자가진단

이성 또는 친구 등 모든 친밀한 관계를 떠올리면서 다음의 문항에 답하도록 한다.

Ⓣ 그렇다 Ⓕ 아니다

---

1. 부끄러운 과거의 일에 대해 이야기하기가 불편하다.   Ⓣ Ⓕ

2. 나와 관련된 어떤 사실을 알게 된다면 상대방이 역겨워할 것이다.   Ⓣ Ⓕ

3. 내가 무언가를 드러냈을 때 누군가 화를 낼까 봐 걱정스럽다.   Ⓣ Ⓕ

4. 잃을까 봐 걱정하느니 차라리 누군가를 사랑하지 않는 편이 낫다.   Ⓣ Ⓕ

5. 상대가 어떤 식으로든 나를 배신하리라는 생각이 든다.   Ⓣ Ⓕ

6. 타인을 자연스럽게 대하기가 두렵다.   Ⓣ Ⓕ

7. 누군가와 가까워지면 그 사람에게 느끼는 감정이 매우 강렬해져서 비록 긍정적인 감정이라도 멈추었으면 하고 바란다.   Ⓣ Ⓕ

8. 타인의 감정을 상하게 할까 봐 걱정스럽다.   Ⓣ Ⓕ

9. 상대가 나를 통제할 것 같아서 누군가와 가까워지기를 피했다.   Ⓣ Ⓕ

10. 한 사람에게만 충실히 하는 장기적인 관계를 맺기가 두렵다.   Ⓣ Ⓕ

11. 누군가가 정서적으로 지지해주기를 바라면 불편해진다.   Ⓣ Ⓕ

12. 나는 사소한 일에 심한 짜증을 느끼기 때문에 누군가와 진정으로 가까워지기는 불가능하리라고 생각한다.   Ⓣ Ⓕ

13. 상대방을 아끼는 마음을 전하기가 어렵다.   Ⓣ Ⓕ

14. 가까워지고 싶은 사람과 가까워질 기회를 피했다.   Ⓣ Ⓕ

15. 과거에 친밀했던 관계에서 감정을 드러내지 않았다.   Ⓣ Ⓕ

● 테스트 결과 진단 방법

'그렇다'에 표시된 항목은 친밀함을 두려워하는 이유를 나타낸다. 따라서 '그렇다'가 많을수록 두려움이 많다는 뜻이며, 하나뿐이더라도 그냥 넘기면 안 된다. 이 장에서는 하나도 빠뜨리지 않고 전부 짚어볼 예정이다.

처음 두 항목에 '그렇다'라고 표시했다면 이 장에서 첫 번째로 설명할 노출과 거절에 대한 두려움에 특별히 관심을 기울여야 한다.

3번 항목에 '그렇다'라고 표시했다면 두 번째 두려움인 분노 공격의 두려움에 주의를 기울이도록 한다.

4번과 5번 항목은 유기의 두려움이다.

6번과 7번은 통제력 상실의 두려움이다.

8번은 파괴적인 충동에 대한 두려움이다.

9번은 잠식에 대한 두려움이다.

10번과 11번은 헌신에 대한 두려움이다.

12번은 쉽게 짜증을 느끼는 데에 대한 두려움이다.

13번, 14번, 15번에 '그렇다'라고 표시했다면 이 장의 전체적인 내용을 더욱 주의 깊게 읽어야 한다.

사랑, 두려움

결과가 어떻게 나왔는가? 특정한 숫자를 기준으로 '그 이상이면 괜찮고 그 이하면 괜찮지 않다'라고 말하지 않았다는 사실을 염두에 두기 바란다. 한 항목에라도 '그렇다'라고 표시하면 친밀함에 어떤 문제가 있다는 뜻이기 때문이다. 그렇다고 당신이라는 사람 자체가 잘못되었다는 뜻이 아니다. '그렇다'에 표시된 항목은 그저 그것에 해당하는 사안을 강조할 뿐이다. '그렇다'가 세 개 이상이라면 전반적으로 친밀함을 매우 경계하는 편일 것이다. 당신만 그런 것이 아니다. 맥스를 만나보자.

친밀함과 친밀하지 않은 맥스

맥스는 6년 동안 매주 나에게 심리치료를 받았다. 그는 30대 중반의 민감한 남성으로, 본업은 영화와 연극 연출이다. 남는 시간에는 프리랜서 웹디자이너로도 일한다. 많은 사람이 그를 훌륭한 감독이라고 생각하고 '절대로 비전을 타협하지 않지만' 생계를 꾸려야 하는 예술가에게 결코 쉬운 일은 아닐 것이다.

맥스는 다섯 남매 중 가운데로 그럭저럭 행복한 어린 시절을 보냈다. 늘 바빴던 어머니와 좀 더 많은 시간을 보내지 못한 아쉬움은 있지만 다섯 아이 중 가장 민감했던 그는 어머니가 속으로 가장 편애하는 자식이기도 했다(2장에서 언급했듯이 어머니들은 '부끄러움 많은 아들'을 가장 덜 편애하는 경향이 있는데 맥스의 경우는 훌륭한 예외다). 맥스는 누구보다 어머니를 힘들게 하지 않는 아이였고 그는 어머니와의 암묵적인 특별한 관계가 무척 만족스러웠다. 아버지와도 가까웠지만 아버지는 부재할 때가 많았다. 한때 학교에서 괴롭힘을 당하고 외로움을 느끼기도 했지만 중학교 때 연극반에 들어가면서 변화가 찾아왔다. 대인관계에서 겪던 문제가 그때를 기점으로 모두 사라졌다. 대학교 시절에는 몇몇 친구들과 돈독한 우정을 유지했고 그 후에는 가까운 사람들이 더 많이 생겼다. 여자 친구는 두 명을 사귀었다. 한 명과는 4년, 다른 한 명과는 3년 동안 만났다. 그는 두 번 모두 관계를 지속하고 싶었지만 문제가 있었다. 실은 그가 누구를 만나든, 항상 문제가 있었다.

심리치료를 시작한 지 얼마 안 되어 맥스와 나에게는 규칙적인 일과가 생겼다. 그가 자신이 꾼 꿈의 내용을 깔끔하게 정리해 와서 나에게 15~30분 동안 읽어주고 남은 시간에는 서로 꿈에 관해 이야기를 나누는 것이었다. 맥스는 이 일과를 너무도 중요하게 여긴 나머지 조금도 바꾸고 싶지 않아 했다. 그러던 중에 그가 3년 동안 사귄 사람과 헤어지게 되었다. 그제야 5년 만에(정말 오래 걸렸다) 우리는 상담 이외의 시간과 그의 '현실'도 둘러보기 시작했다. 그가 만나는 사람들의 문제가 사실은 그의 내적인 문제일지도 모른다는, 즉 특정한 수준의 친밀함을 넘어서기를 두려워하기 때문일지 모른다는 것을 짐작하게 하는 두 가지 사건이 있었다. 맥스는 타인의 욕구를 정확하게 감지하기 때문에 상대방에게 맞춰줄 수밖에 없다는 느낌을 특히 두려워했다. 부모의 욕구에 대해서도 그러했고 두 번의 연인 관계에서도 마찬가지였다. 그와 나의 관계를 돌아보자 꿈 이야기가 그에게는 자신의

사랑, 두려움

감정이나 생각을 나와 공유하는 방법이기도 했지만 즉흥적이고 직접적인 대화를 피하는 수단이기도 했다는 사실이 드러났다. 맥스는 내 '총애'를 잃게 될까 봐(그는 속으로 내 총애를 받는다고 생각했다), 혹은 대화 도중에 내 자연스러운 반응 속에서 그가 충족시켜줘야만 하는 욕구가 드러날까 봐 두려워했다. 그래서 우리는 두려움에 관한 이야기를 나누게 되었다. 맥스와 내가 발견한 사실은 이어지는 내용과도 관련이 있다.

◆

친밀함은 행복을 가져오는가

친밀함의 정의가 필요할지도 모르겠다. 내가 생각하는 친밀함은 타인에게 가장 내밀하고 진실된 자아 즉 생각과 감정, 육체적 자아까지를 드러낸다는 뜻이다. 상대방 역시 진정한 자신을 보여준다. 그러려면 서로 간에 신뢰가 필요하다. 따라서 친밀함은 신뢰로 이루어진 진정성(authenticity)과 같다. 진정성과 신뢰는 간단한 문제가 아니다.

이러한 정의로 볼 때 친밀함은 추구할 가치가 있는가? 맥스도 그 질문을 파고들기 시작했다. 친밀함에 집착하는 외향적인 문화에서는 이 질문을 거의 떠올리지 않는다. 연구에 따르면 친밀함과 애정이 있는 커플 관계에 놓인 사람일수록 더 건강하고 행복하며 삶의 의미를 더 잘 찾고 자존감도 높고 불안이 적었다.[1] 반면 그런 관계에 놓여 있지 않은 사람일수록 불행하고 건강이 나쁘고 외로웠다. 그렇다면 친밀한 관계는 유익하기만 하고 그런 관계를 맺지 않으면 해롭기만 하다는 뜻일까?

대부분은 그렇게 생각하지만 전혀 사실이 아니다. 오히려 정반대일 수도 있다. 불행하거나 건강하지 못해서 친밀한 관계를 맺지 못하고 행복한 사람이라 행복한 관계를 맺는지도 모른다. 하지만 행복은 행복한 고독을 추구하게 만들기도 한다. 즉 친밀한 관계 없이도 행복은 존재할 수 있다. 적어도 민감한 사람에게는 커플 관계 또는 함께 사는 친밀한 관계가 행복해지는 유일한 방법이 아닐지도 모른다. 하지만 사람들은 대부분 같이 살건 아니건 서로 사랑하고 아끼며, 힘들 때 서로에게 의지하고, 아무리 어두운 감정을 드러내더라도 변함없이 자신을 사랑해주는 관계를 원한다. (참고로 '어떤 행동을 해도 사랑해줄 사람'이라고는 하지 않았다. 감정과 달리 성인들의 관계에서 용납되지 않는 행동도 있기 때문이다.)

이처럼 사랑하는 사람을 원하는 욕구에는 합당한 이유가 있다. 사람은 태어나자마자 누군가의 품속에 안겨 그 친밀하고 의존적인 관계에 오랫동안 머무른다. 어른이 되어서도 자신을 깊이 생각해주는 사람이 단 한 명이라도 있으면 안정과 여유를 느낀다. 과거에 타인과 맺었던 친밀한 관계에서 큰 고통을 겪은 경험이 없다면 말이다. 하지만 그런 경험이 있더라도 누구나 더욱 깊고 본능적인 수준의 친밀함을 원한다. 두려움이 그 욕구를 넘어설 때도 분명히 있긴 하지만 말이다.

사랑, 두려움

누군가와 친밀한 관계를 맺을수록 더 행복해지는 것이 맞다면, 당신 역시 맥스처럼 자신이 갖고 있는 문제점이 관계를 방해할 수도 있다고 생각하는가? 나는 행복한 사람일수록 친밀한 관계를 맺고 있을 가능성이 크다는 연구 결과에 대해 두 가지 가정을 모두 다룰 것이다. 하나는 누군가와 친밀할수록 더욱 행복해진다는 가정이고 다른 하나는 행복할수록 친밀한 관계를 맺기가 수월하다는 가정이다. 따라서 밖에 나가 사람들을 만나고 사교 기술을 갈고 닦는 외면의 작업과 내면의 작업이 동시에 이루어져야 한다. 내면의 작업이란 꿈과 명상, 좋은 책, 타인과의 토론, 심리치료 등을 이용한 자기성찰이다. 이번 장이 좋은 출발점이 되어줄 것이다.

물론 내면 작업이 스스로를 '더 행복하게' 해주는 절대적인 공식은 아니지만 민감한 사람들에게는 최고의 방법이라고 생각한다. 내면 작업은 올바른 관계를 찾은 이후에도 평생에 걸쳐 이어질 일이기 때문이다. 친밀한 관계를 시작하고 유지하고 새로운 활기를 불어넣기 위해 혹은 그런 관계 없이도 만족감을 갖기 위해서 꼭 필요한 일이다.

◆

무의식과 무의식적인 두려움

내면 작업은 두려움이 자리하고 있는 무의식을 파헤친다는 뜻이다. 아이러니하게도 무의식이 실제로 존재한다는 사실을 존중하고 무의식적인 두려움과 가정의 엄청난 힘을 깨달을수록 변화를 추구하거나 탐구하기 쉬워진다. 이 책에서 무의식을 자주 언급하는 이유다.

무의식에는 잊어버렸지만 기억하려고 애쓰면 떠오르는 생각과 기억이 담겨 있다. 또한 그곳에는 너무 어릴 때 기억이라 말로 형용할수 없으나 무의식의 언어인 꿈속의 상징이나 신체적 '기억' 또는 반응을 통해서 떠오르는 경험들도 있다. 무의식은 심한 트라우마와 수치심을 의식에서 내쫓아버리는 역할을 하기도 한다. 융 학파에 따르면 무의식에는 현대의 외향적인 생활에 파묻혔지만 인간에게 자연스레 따라오는 고대의 본능적이고 상징적이며 '전형적인' 지식도 들어 있다. 울새는 둥지, 코요테는 하울링에 대한 본능이 있듯이 인간에게는 뱀이나 엄마, 죽음, 아름다움, 위대한 정신(Great Spirit) 같은 고대로부터 내려오는 인간의 중요한 경험에 반응하게 해주는 본능이 있다. 하지만 현대의 도시 생활로 무의식 일부분과 연결이 끊어졌다. 이 사실을 의식한다면 삶은 더욱 만족스럽고 온전해질 수 있다.

내 경험에 따르면 민감한 사람은 어렸을 때부터 자신은 물론 타인의 무의식과도 긴밀하게 이어져 있는 듯하다. 무의식 세계의 문이 더욱 쉽게 열리는 것이다. 일반적으로 민감한 사람들은 내적 세계에 흥미를 느끼고 그것이 의식적이고 이성적인 마음에 생각보다 큰 영향을 끼친다는 사실을 자각하고 있다. 따라서 자연적으로 무의식의 세계를 존중하며 파고들면서 경이로움과 두려움도 느낀다.

친밀함을 두려워하는 이유

지금부터 살펴볼 두려움 가운데 처음 여섯 가지는 사랑에 관한 선구적인 연구로 유명한 사회심리학자 일레인 햇필드(Elaine Hatfield)가 명명했다.[2] 그 여섯 가지는 누구에게나 적용되지만 앞에서 언급했듯이 특히 민감성과 관련이 있다. 민감한 사람의 특정한 문제를 인식하고 있는 연구자이자 민감한 사람인 내가 두 가지를 추가했고, 각각의 두려움을 줄이는 방법도 함께 소개한다.

여덟 가지 두려움에 모두 해당하는 핵심이 있다. 바로, 민감한 사람은 과거에 이런 두려움을 느끼게 했던 경험이 많을수록 현재까지 비슷한 상황을 두려워할 가능성이 그렇지 않은 사람보다 높다는 사실이다.

_____ 첫 번째, 노출과 거절의 두려움

누군가에게 마음을 열고 진정한 나를 보여준다는 것은, 상대방이 나를 매력적이지 않거나 심지어 혐오스럽다고 여길지 모를 무언가를 내보인다는 위험을 무릅쓰는 것이다. 인간에게는 드러내기 두려운 것들이 많다. 탐욕, 질투, 무지, 순간적인 부정직함과 서투름, 파괴적 충동, 공황 상태로 이어지기도 하는 강한 불안, 누군가는 못마땅하게 생각할 성적 취향 등이 그럴 것이다. 민감한 사람이 특히 드러내기 두려워하는 것은 자신의 민감함, 즉 핵심적 자아다. 남들보다 민감하다는 사실이 결함으로 의식될까 봐 두려워 자신의 이야기를 인용하지 말아 달라고 부탁한 유명인사들도 있고, 내가 발행하는 뉴스레터를 내용물이 보이지 않도록 갈색 봉투에 담아 보내달라고 부탁하는 사람들도 있다! 결함 있는 존재라는 의식이 강력하면 신체의 어떤 특징을 감추거나 없애려는 행동으로 상징화되어 나타나기도 한다. 자신의 얼굴이나 눈을 들여다보는 것을 싫어할 수도, 제대로 갖춰 입지 않은 모습을 보여주기를 꺼릴 수도 있다. 결점 때문에 진정한 자신을 드러낼 수 없다는 생각을 없애기는 매우 어렵다. 마치 뿌리가 사방으로 퍼진 그루터기를 파내는 일과 같다.

관계는 노출의 두려움을 극복하는 데 필수적이다. 두려움을 현실적인 크기로 줄여주기 때문이다. 결점을 아직 드러낼 준비가 되지 않았더라도 주변의 잘 아는 사람들을 한번 떠올려보라. 당신의 결점이 그들보다 그리 크지 않으며 사랑스러운 행동까지는 아니라도 정상적인 범주에는 들어간다는 사실을 알 수 있을 테다. 타인의 결점을 용인하듯 자신의 결점을 받아들이는 위험을 무릅쓴다면 그들도 당신의 결점을 인정하리라고 생각해볼 수 있다. 사람들이 오히려 안도하면서 '그림자'를 더욱 드러낼지도 모른다. 짐작하겠지만, 자신을 드러내면 친밀함이 줄어들기보다 커진다. 만약 자신을 드러내기가 극도로 두렵다면 집단 치료 또는 문제 해결 과정에 충실한 협력 단체에 참여해보는 것도 방법이다. 당신이 드러내기 두려워하는 것에 사람들이 실제로 어떻게 반응하는지 실험해보고 다른 사람들도 얼마나 많은 모습을 겹겹이 숨기고 있는지 알아볼 수 있다.

사랑, 두려움

장기적인 관계에서는 위험이 더 클 수 있다. 당신이 뭔가를 드러냄으로써 당신에 대한 파트너의 믿음이나 생각이 바뀌고 결과적으로 관계가 변화하거나 끝날 수 있기 때문이다. 한 가지 위안이 될 만한 사실은 진정한 모습을 드러내지 못하고 상대방에게 받아들여지지도 않는 관계를 과연 지속하고 싶은지, 생각해보게 해준다는 것이다. 이렇게 생각한다면 잃을 것이 별로 없을지 모른다. 당신이 무언가를 드러낼 때 파트너가 부정적인 반응을 보일 것이 확실하다면 부부 상담 치료사처럼 믿을 수 있는 제삼자가 함께하는 자리에서 속내를 털어놓는 방법도 좋다.

_____ **두 번째, 분노 공격에 대한 두려움**

분노는 매우 자극적인 감정이다. 민감한 사람들은 분노를 지켜보는 것만으로도 감정에 큰 영향을 받는다. 분노의 감정을 표출하거나 누군가가 자신에게 표출할 때는 당연히 최적 수준을 벗어나는 자극에 이른다. 심장이 쿵쾅거리고 머리가 새하얘진다. 자신을 향하는 상대방의 분노와 함께 쏟아지는 발언을 심각하게 받아들인다. 상대방의 비난을 깊이 처리한다. 분노 폭발이 흔하게 일어나는 가정에서 자란 민감한 사람들은 분노 공격에 대한 두려움이 더욱 심하다. 서로 속속들이 아는 가족이 마음 속 더 깊은 곳을 찌르기도 하며, 친밀한 순간에 나온 정보가 더욱 큰 상처를 줄 수 있다.

공격을 가하거나, 승리를 거머쥐고 상대방을 완파할 목적으로 분출되는 분노를 '도덕적 분노'와 구분하면 도움이 된다. 그런 분노는 친밀한 관계 어디에도 낄 자리가 없고 특히 민감한 쪽의 신뢰를 무너뜨린다. 하지만 내가 도덕적 분노라고 부르는 것은 가까운 관계에서 때로 윤리적으로 꼭 필요하다고 봐도 무방할 정도인 성찰적인 유형의 분노다. 화가 난 사람이 건드리거나 넘지 말아야 할 경계가 있다는 사실을 상대방에게 분명히 알려주는 것이다. 예를 들어 당신이나 파트너가 "한 시간 이상 늦을 때는 전화를 꼭 해줬으면 해. 당신을 사랑하니까 많이 걱정되거든"이라고 말할 수 있다. 다음번에도 전화하지 않는다면 어느 정도의 분노는 타당하며 경계의 중요성을 강조하기 위해서라도 꼭 필요하다.

친밀한 관계에서 도덕적 분노를 모조리 피하기는 어렵다고 생각한다. 따라서 상대방의 반응이 두려워 솔직한 감정을 드러낼 수 없다면 그 점을 깊이 파고들어야 한다. 대부분의 분노는 피할 수 있을지도 모른다. 일반적으로 민감한 사람에게는 경계의 필요성을 꼭 분노 섞인 어조로 말하지 않아도 된다. 부탁의 어조로도 충분히 알아듣기 때문이다. 하지만 민감하지 않은 사람에게 경계를 분명히 알려주려면 약간 화를 내거나 화난 듯이 보이는 강력한 어조를 사용해야 할지도 모른다. 비HSP는 그런 유형의 메시지를 강력한 어조로 전달받아야 하므로 남에게 전달할 때도 그리하는 경향이 있다. 따라서 화내면서 말할 필요가 없다고 분명히 말해주어야지, 그러지 않으면 비HSP는 메시지를 전달하려면 화를 내야만 한다고 생각한다. 어쩌면 친밀한 관계에서는 분노에 이르기 전에 짜증을 먼저 표출하면 분노가 아예 사라질지도 모른다(두려움 때문에 분노를 없애고 싶다면). 분노를 줄이고

사랑, 두려움

싶은 욕구를 의식하면 할수록 그것을 아예 없애는 방법을 탐구하게 될 것이다. 조용히 밥 먹는 게 좋다고 생각하고 나면 계속해서 조용한 레스토랑을 찾게 되듯이 말이다.

내가 말하고자 하는 핵심은 분노를 주거나 받아야 한다는(도덕적 분노라도) 가정 때문에 분노 공격을 두려워 하는 것인지도 모른다는 점이다. 혹은 당신이 원하는 수준보다 더 강력한 수준으로 분노를 주거나 받아야 한다는 추측 때문인지도 모른다. 그 추측이 잘못되었을 수도 있다. 사람들에게 화내지 말고 필요한 것이나 불만 사항을 말하라고 부탁하면 되지 않을까? 그들이 목소리를 높인다면 '나에게는 효과적이지 않으니' 소리를 낮춰달라고 부탁하면 되지 않을까? 그래도 상대가 진정하지 못하면 진정할 때까지 타임아웃을 요청하면 되지 않을까? 도움은커녕 상처만 주는 과도한 분노 공격이 이루어진다면 그 관계에서 영영 타임아웃을 하면 어떨까? 습관적으로 화를 내는 사람들도 있고 통제하지 못하거나 아예 통제하지 않는 사람들도 있다. 나는 모든 면에서 괜찮지만 이따금 크게 화를 내는 친구라면 인연을 끊는다. 분노 공격 위협이 항상 존재하는 관계라는 사실만으로 너무 불행해지기 때문이다.

하지만 관계를 끊기 전에 (용인하면 안 되는) 해를 가하려는 목적의 분노와 도덕적 분노, 방어적 분노 등을 구분해야 한다. 다시 말해서 분노가 보내는 신호를 이해하고 문제를 해결하는 것은 분노로부터 자신을 보호하는 또 다른 형태의 힘이다. 당신은 넘지 말아야 할 선을 넘은 일이 있는가? 평소 지극히 이성적인 친구에게 수치심을 불러일으킨 일이 있는가? 그 친구의 두려움은 무엇인가? 감성 지능을 이용해 타인의 분노 욕구를 해결할 수 있는지 생각해보라.

_____ 세 번째, 유기의 두려움

사람은 누구나 버려지는 것을 두려워한다. 당연한 일이다. 파트너와의 이별이나 죽음으로 버려질까 봐 두렵지 않다면 그것은 완전한 부정이다. 민감한 사람은 부정을 방어 수단으로 이용하지 않는 편이다. 사랑하는 사람의 죽음은 엄청난 일이다. 그 두려움의 영향은 생각보다 훨씬 클 수 있다. 이별의 경우는 하나가 되었던 두 삶이 뜯기는 일이고 끔찍한 기분을 느끼게 한다. 민감한 사람은 그런 이유에서 이별에 저항하는 경우가 많다. 모든 끝은 상처를 남긴다.

서서히 퍼져나가는 배신에 대한 두려움도 있다. 나를 사랑한다고 생각했던 파트너가 다른 사람과 바람을 피우는 상황은 상상만 해도 끔찍하다. 알다시피 그런 경험을 겪고 나면 다시 누군가를 믿게 되기까지 수년 혹은 평생이 걸리기도 한다. 오랜 세월이 지나고 난 후에도 수치스러운 질투의 감정이 떠오른다.

유기의 두려움에는 누군가에게 '지나치게 의존적'이어질까 봐 두려워하는 마음도 있다. 물론 사람은 혼자서도 잘 살아갈 수 있기를 바란다. 의존적이어질까 봐 두려운 이유는 그 사람을 잃을까 봐 두렵기 때문일 것이다.

대처할 수 있을 정도로 자아가 강해지기도 전인 어린 시절에 상실과 유기, 배신을 겪으면 뿌리 깊은 불안감이 생겨서 전체적인 성격으

사랑, 두려움

로까지 스며들기도 한다. 민감한 사람의 경우는 그런 두려움이 더욱 두드러지므로 정면으로 맞서야 한다. 상실로부터 자신을 지키고자 친밀한 관계를 피할 수도 있겠지만 그래도 위험을 감수하는 쪽이 훨씬 나은 전략이다. 매일 어떤 기회를 놓치고 있는지 알 수 없기 때문이다.

누군가가 나를 배신할지 모른다는 가정은 예전에 비슷한 일을 겪었다면 더욱 떨쳐버리기 힘들다. 민감한 사람은 매우 신중하므로 타인도, 누군가를 믿어도 된다는 자신의 판단까지도 의심한다. 지금 내가 하려는 말을 받아들이기 어려울지도 모르지만 목표로는 삼아야 한다. 세상에서 가장 좋은 사람일지라도, 갑자기 배신자로 돌변한 상대방의 도발을 당신은 예측할 수도, 멈출 수도 없다. 당신 자신의 무의식적인 분출 또한 전적으로 제어하지 못한다. 그것은 예측 불가능한 삶과 인간의 정신세계의 일부분이다.

배신의 두려움에서 가장 끔찍한 부분은 자신이 배신당해도 싼, 아무런 힘도 자원도 없는 무가치하며 사랑스럽지 않은 사람이라는 느낌이다. 이처럼 비관적이고 부정적인 생각들은 낮은 자기애라는 연료를 먹고 무럭무럭 자라난다. 따라서 설사 배신을 당해도 어떻게든 헤쳐나갈 수 있을테니 사랑에 뛰어들겠다고 생각하려면 파트너와 함께하기 이전에 내가 어떤 사람이었는지를 돌이켜봐야 한다. 그때 무가치한 사람이 아니었다면 앞으로도 무가치한 사람이 아닐 것이다. 파트너의 인생이 예기치 못한 방향으로 흘러갔을 뿐이다.

_____ 네 번째, 통제력 상실의 두려움

어릴 때 간지럽힘을 당해보았는가? 누군가 당신을 허공으로 던졌다가 받은 적은? 처음에는 재미있었지만 어느 지점에 이르러 자극이 지나치다고 느꼈을 것이다. 특히 민감한 유아라면 그 지점이 더욱 빨리 찾아온다. 자극이 너무 적지도 너무 심하지도 않도록 통제하는 일은 모든 생명체에게 필수적이다. 통제력 상실은 유아에게 특히 더욱 괴로운 일이지만 멈출 방법이 없고 자신에 대한 의식 또한 분명하지 않기 때문이다. '이것이 나이고 이것은 내가 아니다'라는 강력한 의식이 없다. 따라서 유아기의 경험은 어른이 되어서까지 강력한 원초적인 두려움을 남길 수 있다. 통제력 상실로 이어질까 봐 다른 존재가 주는 심한 신체적 자극이나 지나친 자극으로 이어지는 신체적인 친밀함을 무의식적으로 두려워하는 것이다.

유아는 자라면서 '이것이 나이고 이것은 내가 아니다'라는 의식이 강해지고 경계를 형성해나간다. 눈을 감거나 거절하거나 고개를 돌림으로써 무언가를 차단하는 방법이 생긴다. 민감한 사람에게는 특히나 그러한 경계가 꼭 필요하다.

하지만 사랑에 빠지는 일은 자신보다 커다란 무언가에 꽉 잡혀서 허공으로 던져지는 것과 같다. 경계를 침범한다. 내가 남편과 함께 시행한 연구에 따르면 친밀한 관계에 놓인 사람들은 어떤 특성이 자신의 것이고 어떤 특성이 파트너의 것인지 말 그대로 헷갈려한다. '이것은 나이고 이것은 내가 아니다'라는 경계가 풀린 것이다. 경계가 완전히 풀려버리면 '정신 착란'이 일어난다. 어떤 이미지가 안에서 일어나는 것인지 밖에서 일어나는 것인지, 목소리가 자기 생각인지 타인이 하는 말인지 혼란스러워진다. 하지만 실제적인 정신 착란은 매우 드물다. 누구나 그것을 적당한 정도로 두려워하기에 경계를 완전히 잃지 않으려고 애쓰기 때문이다.

그래도 인간은 가끔 약물이나 성적인 열정, 종교의 희열, 사회적 금기가 일시적으로 사라지는 축제, 창작 '몰입'을 통해 경계 허물기를 즐기거나 분리를 극복하기를 즐긴다. 경계를 허무는 가장 부드러운 방법 중 하나는 친밀한 사람과 잠깐 동안 하나가 되는 것이다. 민감한 사람들도 두려움만 없으면 쉽게 가능하다. 그들은 이미 무의식과의 유연한 경계에 익숙하므로 타인의 의식과 무의식을 포함하기만 하면 되기 때문이다. 하지만 민감한 사람은 그 경험에 불안을 느낄 때가 많다. 내가 아닌 존재와 무의식이 너무 많이 밀려들어오기 때문이다.

원할 때마다 경계를 '느슨하게' 하려면 이 책에서 내내 강조하듯 자신의 무의식과의 관계와 파트너와의 관계가 모두 잘 발달해야 한다. 두 가지 모두 올바른 '자아의 경계'가 해결책이다. '좋은 울타리가 좋은 이웃을 만든다'는 말과 같다. '자아의 힘'을 갖추고 중요한 이웃인 무의식과 조화롭게 살아가야지, 무의식이 넘어오지 않도록 방어벽을 쳐서는 안 된다. 여기에는 '관찰하는 자아'가 필요하다. UN 평화유지군처럼 싸움의 바깥쪽에 서서 양쪽을 모두 이해하는 쪽이다.

또 어떻게 비유할 수 있을까? 민감한 사람은 드넓은 강의 강둑에 사는 소작농처럼 무의식과 함께 살아간다. 혹은 화산의 경사면이나 바닷가일지도 모르겠다. 강이 넘치고 화산이 분출하고 태풍이 닥치면 도망칠 준비가 되어 있어야 한다. 하지만 당신은 그런 일들을 예측할 수 있으며 오히려 진흙이나 화산재가 땅을 더욱 비옥하게 만들어 주리라는 것을 안다. 안전한 지대에 사는 사람들은 누리지 못하는 축복이다. 바다는 무의식의 훌륭한 비유인데 바다에서 고기를 잡는 사람은 여러 위험을 맞닥뜨리지만 굶주릴 일은 없다.

두려움 때문에 대대로 살아온 땅에서 도망치지 마라. 최악의 홍수나 화산 폭발, 폭풍이 닥쳐도 사람들은 원래 자리로 돌아와 새롭게 시작한다. 무의식에 압도당했을지언정 의식적인 자아는 조금씩 까닥거리며 곧 다시 수면으로 떠오른다.

통제력을 잃을까 봐 친밀한 관계를 맺기가 두려운 사람들에게 좋은 소식이면서 나쁜 소식인 사실이 있다. 세상에 그렇게 강력한 힘을 가진 사람은 없다는 것이다. 어릴 때는 어른의 존재가 그렇게 느껴지기도 한다. 신적인 존재인 어른의 의도가 무엇인지에 따라 좋은 일이기도, 나쁜 일이기도 했지만 어쨌든 서서히 진실을 알게 되었을 것이다. 외계 생명체를 비롯한 음모론도 팽배하지만 그 누구도 이 세상을, 혹은 당신을 완전히 통제할 수 있는 존재는 없다. 과도한 자극으로 이성을 잃은 최악의 상황에서도 약간의 통제력은 되찾을 수 있다. 사실 친밀한 사람과의 관계에서는 보통 그런 상황까지 치닫지는 않는다. 우리 민감한 사람들이 가끔 그렇게 행동할 뿐이다.

당신에게 더 큰 통제력이 있어야 하는 문제를 파트너와 함께 해결하려고 노력하라. 이를테면 기분 좋은 과각성이라도 잠시 타임아웃 시간을 가지자고 말하라. 뒤에서 갑자기 껴안기, 눈이나 알몸 쳐다보기, 긴 입맞춤이나 긴 섹스, 오랫동안 나누는 친밀한 대화 등 감당하기 힘든 것들을 상대방에게 솔직히 이야기한다. 상대방을 사랑하지 않는 다는 뜻이 아님을 부드러운 태도로 솔직하고 분명하게 밝힌다. 오히 려 상대방을 사랑하는 마음이 그만큼 강하다는 증거이기도 하다. 당연히 사람마다 선호도는 다르지만 누구나 적정한 수준의 자극에 머물러야 한다. 적정 수준의 자극에 대한 파트너의 선호도와 욕구도 같은 관점으로 살펴보고 두 사람 모두에게 가장 좋은 방법을 찾는다.

_____ **다섯 번째, 공격적 충동에 대한 두려움**

사람은 사랑에 빠지는 순간 사랑을 통해 온전해지기를 바라는 듯하 다. 사랑이 내 모든 부분을 온전하게 하고 활기를 부여하며 통합하는 것처럼 느껴진다. 하지만 온전하게 함은 분리되어 있던 억압된 분노 와 파괴성까지 통합한다는 뜻이기도 하다. 그래서 다툼이나 열정적 인 순간, 환상 등을 통해 사랑하는 사람에게 (온전한 사랑의 자연스러운 일부인) 공격적이거나 파괴적이고 가학적인 충동을 처음 느끼고 크게 당황할 수도 있다. 억눌린 충동이 어찌나 펄떡이는지 사랑하는 사람 을 해칠까 봐 무의식적으로 뒤로 물러난다. 유독성 물질이 들어간 물, 방사능 폐기물, 원자폭탄 등이 나오는 꿈을 꾸기도 한다. 꿈속에 등장 하는 이런 소재들은 속마음을 솔직하게 드러내면 무언가 해로운 것 이 분출되어 사람들을 오염시킬까 봐 두려운 마음을 상징한다.

장기적인 관계에서 이 충동에 대한 두려움은 좀 더 합리화될 수 있 을지도 모른다. 대화가 필요하지만 분명히 파트너의 마음을 다치게 할 문제를 표현하기 시작했을 때 상대방을 해친다는 것에 순간적인 쾌락이 느껴지면 어떻게 해야 할까? 특히 민감한 사람은 그 심오하고 절망적이고 무의식적인 본능, 공격-파괴 충동을 의식하고 사악한 감정이라면서 문제 자체를 억압해버릴 테다.

절망감이나 짜증 때문에 살의가 들 정도라면 압도적으로 커지기 전에 분노를 표현해야 한다는 사실을 기억하라. 혹은 분노를 표현할 수 없는 이유를 생각해본다. 상대방에게 공격이나 수치를 당하는 것 같아서 느껴지는 방어적인 분노라면, 상대가 내 핵심 자아를 파괴하기 전에 먼저 파괴하려는 것이라면, 그 핵심 자아가 약하다는 의미일지도 모르니 내면 작업이나 심리치료를 통해 강하게 만들어야 한다. 하지만 상대방이 당신의 상처를 너무도 잘 알고 (충동에서뿐만 아니라) 일부러 상처를 주려고 한다면 그것은 친밀한 관계에서 절대로 용납해서는 안 되는 행동이다.

파괴적이고 공격적인 본능이 자신의 일부분일까 봐 두렵다면 그런 모습을 상상한다고 그대로 행동으로 옮긴다는 뜻은 아님을 알아야 한다. 특히 민감한 사람은 생각도 없이 분노를 표출할 가능성이 작다. 오히려 그 본능을 자신의 일부로 받아들이면 자아 통합이 이루어져 무의식적으로 표출할 가능성이 줄어들고 유용하게 활용할 수도 있다. 또한 파트너에게도 자신이 갖고 있는 본능을 사실대로 인정하면 통합으로 말미암은 진실성 덕분에 사랑과 존중, 활력, 친밀감이 더 커질 수 있다.

공격적인 본능을 인정하면 어린 시절에 자신을 삼켰던 억눌린 분노를 의식하게 되기도 한다. 특히 민감한 아이들은 자신을 존중하고 침착해지는 법을 배우기 전까지는 규칙적으로 생떼를 쓰는 과자극 상태에서 정말로 '이성을 잃을' 수도 있다. 하지만 주변 사람들이 분노를 받아줄 수 없거나 그러지 않는다는 사실을 감지하면 좌절감을 억누르기 때문에 아주 사소한 분노 충동조차 자신과 타인에게 매우 위험할 수 있다.

아이건 어른이건 누군가와 친밀한 시간을 보낸다는 것은 타인의 욕구를 더욱 민감하게 살피고 항상 친절하고 배려 깊게 행동한다는 뜻이다. 얼마나 피곤한 일인가. 보상의 의미로 잔인한 괴물과 가학적인 살인자들이 나오는 꿈을 꾸기도 한다. 실제로 아는 사람들도 아닌데 어떤 이유에서인지 그들이 꿈속에서 오로지 당신을 노린다. 그런 꿈에는 여러 메시지가 있을 수 있지만 '절대적인 선'의 측면에서 보자면 억눌린 공격성이 의식 속으로 들어오고 싶어 한다는 뜻일 수 있다. 즉 공격성을 숨겨야만 했던 무기력하고 순수한 어린아이의 죽음을 의미한다.

이제는 공격성을 드러내면 어떻게 될지에 대해 당신이 가정한 바를 다시 살펴볼 필요가 있다. 파트너가 어린 시절 주변 사람들과 똑같은 반응을 보일지도 모른다. 혹은 회복력이 강할 수도 있고 분노의 감정이 정상이라는 사실을 이해하고 사랑이 커지거나 당신의 그 역동적이고 다채로운 모습을 더 보고 싶어 할 수도 있다. 당신이 자신의 파괴성을 너무 과장하고 있었을지도 모른다. 너무 오랫동안 의식에서 분리했기 때문에 언제 폭발할지 모른다는 것밖에는 당신도 아는 바가 없지 않았는가. 파괴적인 본능을 자세히 살펴보면 그것이 무한하지 않다는 사실을 알게 될 것이다. 목적과 가치가 아예 없지 않다는 것도.

_____ **여섯 번째, 잠식에 대한 두려움**

민감한 사람들은 타인의 욕구와 그들의 무의식적인 생각을 잘 알아차린다. 따라서 확고한 경계가 없으면 자아를 잃거나, 타인의 욕구와 고통에 흡수되어버리거나, 연민을 이용당할까 봐 두려워지기 쉽다. 실제로 어렸을 때 당신의 적극적인 태도를 간파한 누군가가 목적을 갖고 당신을 이용한 경험이 있도 있다.

다행스럽게도 당신의 정신세계는 개별성(individuality)이 억압되는 상황을 오래 견디지 못한다. 실제로 개별성과 안정감, 자존감이 약할수록 삼켜짐의 두려움이 통제력 상실의 두려움과 함께 커진다. 타인의 마음에 들어야 하고 사랑을 얻어야 한다는 압박감을 느끼는 순간 개별성과 안정감, 자존감을 희생해야 한다는 사실도 감지하기 때문이다. 하지만 당신이 찾는 것은 그런 희생을 요구하지 않는 진정한 사랑이다.

민감한 사람이 친밀함을 마치 삼켜짐인 양 인식하고 두려워하는 이유는 그들이 혼자만의 시간을 더 필요로 하기 때문이기도 하다. 온종일 친밀한 시간을 보낸다는 것이 그들에게는 상대방에게 삼켜지는 것처럼 느껴지기도 한다.

타인의 지나친 영향력을 두려워하는 것은 좀 더 가벼운 형태로 나타나는 두려움이다. 민감한 사람은 특히 자신이 사랑하고 자신을 잘

사랑, 두려움

아는 사람들에게 쉽게 영향을 받는다는 사실을 의식적으로나 무의식적으로나 잘 알고 있다. 따라서 그들이 비판하거나 이의를 제기하면 자신의 고유한 관점을 아예 잃어버리는 것처럼 느낀다. 하지만 칭찬의 영향도 많이 받는다. 파트너가 당신의 직업적 성취를 매우 자랑스럽게 생각하지만 정작 본인은 좀 쉬고 싶다고 해보자. 아마 파트너의 칭찬이 커리어를 한 박자 늦추기 어렵게 만들 것이다.

타인의 영향에 휘둘리면 안 된다고 말하기는 쉽지만 사회적 영향력은 미묘하면서도 강하다. 의식적으로 처리되지 않는 경우가 많아 포착하기도 힘들다. 대부분의 사람들은 사회적 영향력을 과소평가하지만 민감한 사람들은 그러지 않는다. 민감한 사람은 사랑이 타인의 힘의 영역으로 들어간다는 뜻임을 알고 있다. 자신을 바꾸라는 것을 말이다. 그래서 발을 들여놓기 전에 망설인다.

사랑을 다루는 심리치료사와 연구자, 학자 들은 똑같은 해결책을 제시할 것이다. 친밀해지려면 서로 분리되어야 한다고 말이다. 분리된 자아가 없으면 진정한 모습을 보여줄 내적인 자아도 없다. 하지만 서로를 철저히 분리한다면, 상대의 욕구를 공유하거나 고통을 줄여주고 싶어 하지 않는다면 어떻게 상대와 친밀하다고, 상대를 사랑한다고 할 수 있을까? 이것은 매우 중대한 문제다.

당신의 어항과 타인의 어항을 합친다고 생각해보자. 두 개의 어항을 합치면 크기가 훨씬 커지고 물고기 종류도 많아지니 얼핏 좋은 아이디어처럼 보인다. 하지만 파트너의 어항에는 멋지고 다양한 물고기가 수십 마리인데 비해 당신의 어항에는 고작 회색 구피 몇 마리가 전부다. 어항을 합치고 나면 구피들은 눈에 띄지 않거나 다른 물고기에게 잡아먹히고 말 테다.

잠식에 대한 두려움은 자기 어항이 작다고 가정하는 것이다. 상대방이 둘 사이의 벽을 허물게 내버려두면 자신이 완전히 사라져버릴 거라고 생각한다. 물고기가 더 필요하다. 이 문제는 나중에 자세히 살펴보겠지만, 물고기를 늘린다는 것이 무슨 의미인지 짐작할 것이다. 그전에 파트너가 가진 물고기의 크기와 숫자를 확인해보자. 당신은 거부당하거나 제대로 자라지 못한 자신의 물고기를 혹시 타인의 어항에 '투영'하지는 않았는가?

또 의문을 던져봐야 할 가정은 파트너가 실제로 당신의 작은 물고기를 얼마나 삼키고 싶어 하는가이다. 어린 시절에 보호자가 당신을 휘두르려고 하거나 집어삼킬 듯이 행동한 일이 있었는지 한번 생각해보라. 그래서 그것을 파트너에게 투영하고 있지는 않은지 말이다. 당신을 사랑하는 사람이라면 그런 행동을 하지는 않을 테다. 그런데 파트너가 정말 그런 행동을 하는가? 사실 그저 당신과 가까워져 당신의 헤엄치는 물고기를 함께 보고 싶어 하는 것은 아닐까?

그저 파트너가 더 많은 시간을 함께 보내고 싶어 하는 것이라면 타협 가능한 문제다. 자신의 욕구를 표현해도 파트너가 수용해주리라는 사실을 알면 이러한 두려움이 사라질 수 있다. 그리고 지나친 영향력의 두려움은 유리하게 활용하라. 강화하고 싶은 부분을 강화해달라고 파트너에게 부탁하라. 하지만 파트너의 영향력을 완전히 제거하면 안 된다. 당신에게 필요한 변화를 더 잘 파악할 수 있기 때문이다.

사랑, 두려움

이 두려움은 워낙 흔해서 그 근원지가 여러 가지라는 사실을 잊어버리기 쉽다. 과거에 상처받은 기억이 있는 사람이나 부모로부터 삼켜짐을 경험한 사람은 헌신을 두려워할 수 있다. 자아도취자들은 누군가를 필요로 한다는 사실을 인정하게 될까 봐, 지루함을 두려워하는 감각 추구자들은 자유가 줄어들까 봐 헌신을 두려워한다. 민감한 이들에게는 이 모든 것이 다 해당하지만 잘못된 선택을 할까 봐 두려워서라는 이유가 추가된다.

이유 있는 두려움이다. 사랑하는 사람과 서로에게 깊이 개입하게 되고 강렬한 쾌락과 고통에 노출되기 때문이다. 그 사람에게 평생 충실하고 싶을 수도 있다. 민감한 사람에게는 거의 모든 종에서 소수만 사용하는, 유전적으로 프로그래밍이 된 전략이 있다. 행동하기 전에 숙고하는 것이다. 민감한 사람이라면 한 사람에게 충실하기 전에 오랫동안 숙고할 것이다.

민감한 사람이 헌신을 두려워하는 이유는 타인을 책임지기가 두려워서이기도 하다. 파트너를 실망하게 하면? 상처를 주거나 배신하게 되면? 혹은 파트너가 지나치게 의존적이어진다면? 또 책임을 감당하지 못하면 실패자처럼 보이지 않을까? 스스로 실패자라고 느끼게 되지 않을까?

이 두려움을 해결하는 방법은 자신의 결정을 확신할 수 없음을 받아들이는 것뿐이다. 모든 중요한 결정이 그러하듯 언젠가는 결정을 내리고 앞으로 나아가지 않으면 안 된다. 아무런 행동을 취하지 않아도 결과가 따르기 때문이다. 중대한 실수를 했을 때 어떻게 할지 항상 출구를 준비해두어야 한다. 큰 고통은 따르겠지만 어쩔 수 없다면 헌신을 깨뜨려야만 한다.

타인에 대한 책임의 두려움에도 경계의 문제가 적용된다. 분리와 일체(oneness)의 균형, 정상적인 의존도, 상호의존을 목표로 삼는다. 서로의 강점을 누리되 그 자원이 상대방의 지휘 아래에 놓여 있다고 가정하지 마라. 가능하면 서로를 도와주되 의무감에서 돕지 않는다. 서로를 기분 좋게 해줄 수 있다는 것은 행복한 일이다. 하지만 모든 상황에서 좋은 감정을 회복하는 일이 한 사람의 의무도, 한 사람의 권리도 아니다. 문제는 바로 이것이다. 도움을 줄 수 없거나 주고 싶지 않다면 당신은 상대가 알아서 하도록 전혀 개입하지 않은 채로 분리된 상태를 견딜 수 있겠는가? 놀랍게도 파트너는 당신이 곧바로 반응하지 않아도 문제 삼지 않을 것이다. 항상 옆에서 맴돌며 원하지 않는데도 당신 본인의 불편한 마음을 없애고자 도와주려 애쓰지 않는다는 사실에 파트너는 오히려 안도할 것이다.

_____ **여덟 번째, 상대방이 싫어질 것이라는 두려움**

다른 사람들에게는 짜증을 일으키지 않는 온갖 미묘한 요소들이, 민감한 사람에게는 거슬린다. 스스로도 그것을 알기에 타인과 자신의 사랑에 어떤 영향을 끼칠지 두려워한다. 아예 사랑하지 않거나 짝사랑만 한다면 상대방의 특정한 체취나 초조할 때 하는 기침, 열쇠를 만지작거리는 행동 같은 사소한 습관, 엇나간 발언으로 말을 끊는 행위

사랑, 두려움

등이 거슬릴 필요도 없을 테다. 어느 민감한 사람은 가족이 음식을 먹을 때 내는 소리를 견디기 어렵다고 고백했다. 또 다른 민감한 사람은 꿈 이야기를 할 때 파트너가 머리를 빗거나 커피를 내리면서 대화의 무게를 가볍게 만드는 바람에 꿈을 너무 진지하게 받아들이는 자신에게 수치심을 느꼈다는 이야기를 했다.

민감한 사람은 자신의 '사소한' 반응을 '사랑할 수 있는 능력'의 부재로 착각하고 사랑을 포기할 때가 많다. 누군가와 가까워지면 심각한 진퇴양난에 빠지기 때문이다. 거슬리는 부분을 솔직하게 말하지 못하면 순간에 충실하기도 어렵고 진실되지 못하다는 생각도 든다. 그렇다고 솔직하게 털어놓으면 너무 까다롭다, 비판적이다, 그런 생각을 품고 있으면서 왜 말해주지 않았나 등의 반응이 돌아오리라고 생각한다. 나아가 나를 사랑하는 파트너는 내 체취나 거슬리는 습관, 방해 등을 너그럽게 넘기는데 이런 자신이 너무 옹졸하고 이해심이 부족하게 느껴지기도 한다. 차라리 사랑하는 마음으로 이해하고 모른 척하기로 마음먹을 수도 있다. 하지만 그것은 친밀한 관계가 아니다. 이제 민감한 사람은 자신이 잘못되었다고 결론 내린다. 누군가를 사랑할 수 없는 사람이라고 말이다.

어떻게 해야 할까? 사소한 것이 거슬리는 데에 정당한 핑곗거리가 있다는 사실을 받아들여라. 자신이 매우 민감한 사람이라는 사실 말이다. 나는 남편에게 명상할 때 집중하지 못하고 목소리가 너무 크고 질문이 너무 많다는 점을 지적했다. 남편은 사랑에서 우러나오는 부탁이라면 기꺼이 기쁘게 받아들인다고 말한다. 민감한 사람에게는 그런 말이 꼭 필요하다. 파트너가 당신의 민감함을 이해하고 받아들여준다면 당신도 당신에게는 크게만 느껴지는 '사소한 것들'이 거슬린다는 사실을 드러낼 수 있게 될 것이고, 누군가를 진정으로 사랑할 수 있을 테다.

하지만 주의할 점이 있다. 남편은 가끔 자신이 아무리 변해도 내가 만족스러워하지 않는다고 느낀다. 우리는 내가 나 자신을 싫어할 때가 바로 그렇다는 사실을 알게 되었다. 남편도 나 자신의 커다란 일부이므로 자신이 싫으면 남편마저 싫어지기 때문이다. 반면 내가 내 기질을 받아들일 수 있을 때는 남편의 기질도 받아들일 수 있다. 따라서 사소한 부분이 거슬리는 이유가 자기혐오 때문이 아닌지 확인해봐야 한다. 자기혐오는 자신뿐만 아니라 자신의 일부분인 상대방까지 싫어져서 사랑받을 자격이 없다고 생각하게 만들어, 두 사람 모두에게 독이 된다.

다시 말하지만 당신이 민감한 사람이기에 파트너의 미묘한 욕구를 감지하고 충족해주는 방법을 알듯이, 파트너에게 자동차 열쇠를 만지작거리지 말라는 부탁도 당신이 민감한 사람이기에 해야만 한다. 협상하고 상기해주고 달래야 할 필요가 있을지도 모른다. 하지만 두려워할 이유는 없다. 거슬리는 것 없이 살고 싶다는 바람은 정상적이기 때문이다.

사랑, 두려움

흥분과 고독

일반적으로 감각 추구자들은 결혼을 하거나 장기적인 관계를 맺는 경우가 적다. 아마도 다양한 파트너를 원하기 때문이라고 짐작된다. 하지만 민감하면서도 감각을 추구하는 이들은 어떨까? 여러 파트너를 원하는 욕구와 심오한 경험을 추구하는 욕구가 합쳐져서 어느 시기에는 여러 다양한 사람을 만나다가 또 어느 시기에는 한 사람에게만 충실한다. 그러다 한 사람과의 관계가 친밀함과 헌신을 더 수월하게 해준다는 사실을 깨달을 수도 있다. 자신이 원하는 바를 적극적으로 좇는 기질이 HSP의 신중함과 겹치기 때문이다. 계속 살펴보겠지만, 이러한 이들은 흥분과 고독을 모두 원하는 자신의 변덕스러운 욕구를 충족해주는 파트너를 만나기 어려울 수도 있다.

두려움의 근본적인 원인을 파헤쳐라

이야기의 방향을 좀 바꿔보자. 지금까지 제안한 친밀함의 두려움을 줄이는 방법들이 다소 막연하게만 느껴질 테니까 말이다. 깊은 고통과 형언할 수 없는 갈망과 함께 두려움은 여전할 것이다. 민감하기에 두려움도 크다. 이미 알아차렸을지도 모르지만 그 두려움의 뿌리는 어린 시절에 있다. 엘리스처럼 친밀함에 대한 두려움이 너무 커서 인정할 수조차 없는 사람도 있을 것이다.

엘리스의 갈망하는 자아

엘리스는 똑똑하고 사회적으로도 성공을 거둔 HSW이고, 역시 똑똑하고 사회적으로 성공을 거둔 HSM인 쳇과 12년 동안 결혼생활을 이어왔다. 그녀의 '유일한' 문제는 삶의 공허함이었다. 그녀가 나에게 심리치료를 받으러 온 이유는 민감성을 전문으로 다루는 내가 다른 치료사들이 간과한 단서를 찾아주지 않을까 해서였다.

엘리스와 쳇은 겉보기에는 이해와 배려로 가득한 완벽한 부부였다. 하지만 엘리스는 남편을 사랑한다는 확신이 없었는데 자신이 느끼는 공허감도 그 때문이지 않을까 싶었다. 그녀가 보기에 쳇을 비롯한 사람들은 타인에게 그녀는 느끼지 못하는 감정을 느끼는 듯했다.

하지만 상담 일수가 늘어날수록 나를 혼란스럽게 만든 것은 엘리스의 빈틈없이 신중한 태도였다. 그녀는 이전의 치료사들보다 내가 훨씬 편하다고 주장했다. 그전 치료사들은 그녀의 건강 상태가 매우 양호하다고 진단한 바 있다. 그런데도 내가 상담을 받을 필요가 없다고 하지 않는 것에 그녀는 기쁘면서도 두려움을 느꼈다. 하지만 겉으로는 문제가 전혀 없어 보이더라도 공허함과 단절감은 심각한 증상이다. 게다가 엘리스는 계속 악몽을 꾸었고 어린 시절 또한 평탄치 못했다.

엘리스의 아버지는 '두 명의 어린아이'를 감당할 수 없다는 이유로 엘리스가 불과 한 살 때 딸과 젊은 아내를 떠나버렸다. 사실 엘리스의 어머니는 촉망받던 신동 바이올리니스트였다. 엘리스가 태어나기 전해에 어머니는 평론가들에게 혹평을 받았고 '신경증'에 걸려 바이올린을 연주할 수도 아이를 돌볼 수도 없어졌다. 엘리스에 따르면 어머니의 편을 들어준 친가 쪽 도움으로 이 모든 역경을 '적당하게' 헤쳐나갈 수 있었다. 정상적인 생활이 불가능했던 어머니 대신 친척들이 엘리스를 돌봐주었고 '착한 아이'라며 모두 좋아했다. '아픈' 어머니가 있었지만 정상적인 생활이었다.

물론 엘리스의 어머니는 행복하거나 건강한 여성이 아니었다. 그녀는 어른이 된 이후 어린 시절의 짧고 무의미했던 명예를 되찾으려 애쓰면서 현실과 동떨어진 삶을 살았다. 엘리스는 세상에 태어난 순간부터 어머니를 건드려 '신경 발작'을 일으키게 만들지도 모른다는 두려움 속에서 살아야만 했다. 민감한 유아는 특히 이런 방식으로 상황에 적응하는 모습을 보인다. 하지만 적응 노력에도 불구하고 엘리스는 어머니가 연주하지 못하게 되고 아버지가 떠난 이유가 자신 때문이라고 생각하게 되었다.

그러다 엘리스가 열두 살이 되었을 때 외삼촌이 '자립심'을 가르쳐주고, 공부를 열심히 하라고 격려도 해주었다. 대학과 전문학교 입학도 도와주었다. 그녀는 외삼촌을 사랑했지만 독립심과 성공조차도 타인을, 이 경우에는 사랑하는 외삼촌을 만족시켜주기 위해 성취한 것이었다. 그녀는 속으로 외삼촌의 뜻을 따르지 않으면 버림받으리라 생각했다.

아무도 믿지 마라

아기는 세상에 태어난 지 며칠 만에 간단하지만 유용한 자신과 타인의 '작동 모델(working model)'[3]을 발달시키는 듯하다. 엘리스의 작동 모델은 (1) 나는 나쁜 사람이고 모든 문제의 원인이며, (2) 타인은 믿을 수 없다는 것이었다.

유아가 자신과 타인에 대한 가정을 확립할 수 있다는 사실이 놀랍지만 증거가 있다. 자신의 생존에 필요한 사람들에게 맞춰 적응하기 위해서 그럴 필요가 있다면 말이 된다.

하지만 두 살 무렵부터 의식이 점점 커지면서 자신의 작동 모델 중 부모를 믿을 수 없다는 부분을 강조하기가 엘리스에게는 너무 두려웠을 테다. 그것보다는 자신에게 문제가 있다는 부분을 강조하는 것이 덜 괴로웠다. 적어도 어느 정도는 자신에게 통제력이 주어지는 길이었다.

다른 내담자들도 비슷한 이야기를 했다. 자신의 작동 모델에 대해 거의 의식적으로 결정을 내리는 것이다. 어려서 학대당한 사람은 성인에게 보호자 역할을 기대하기를 일찌감치 포기했지만 신에 대한 희망은 남겨두었다. 그는 자신이 나쁜 사람이라서 공정하고 강력한 신이 시련을 주었다고 결론 내렸고 좋은 사람이 되려고 노력했다. 신이 나쁘다거나 자신을 돌봐주는 신이 아예 존재하지 않는다는 것보다 훨씬 나은 가정이었다. 어린 엘리스의 경우는 주변의 어른들을 포기하지 않았고 그들의 뜻을 무조건 따르는 착한 아이가 되어 환심을 사려고 했다.

사랑, 두려움

이렇게 슬프지만 인위적이고 유용한 가정에 따라서 엘리스는 '거짓 자아'[4]라고 불리는 것을 발달시켰다. 외부 세계에 완벽하게 적응한 매우 성숙한 성격처럼 보이지만 진정한 욕구와 기질, 관심사와 단절되어 있는 자아다. 어렸을 때 그러했듯이 그녀는 어른이 되어서도 쳇에게는 완벽한 아내였고 나에게는 완벽한 환자였다.

하지만 엘리스는 완벽한 환자가 되는 것이 사실은 나를 만족시켜주는 것도 치료를 제대로 받는 것도 아니라는 사실을 깨닫기 시작했다. 또한 그녀는 자신의 공허감이 표면으로 드러나 무시하기 어려운 상태이며 어른이 느껴서는 안 되는 감정이라는 것도 감지했다. 공허감 이면의 것은 더욱 두려웠다. 원초적이라고도 할 수 있는 접촉과 교감의 필사적이고 유아기적인 욕구, 버려짐에 대한 두려움, 자신을 버린 어머니와 아버지를 향한 분노였다.

변화는 어떻게 시작되는가

엘리스의 감정과 악몽은 그녀의 정신세계가 치유될 준비가 되었음을 알리는 신호로 읽혔다. 내면의 파괴적인 작동 모델을 바꿀 준비가 된 것이다. 기질을 받아들이는 것부터가 시작이었다. 민감함은 그녀가 타인의 마음에 들기 위해 만들어내지 않은, 처음으로 자신도 알고 인정할 수 있는 측면의 자아였다. 그것이 토대를 제공했다. 예를 들어 그녀는 남편 쳇과의 성생활에서 남편이 원하는 대로만 했고 자신은 즐거움을 느끼지 못했다. 그녀는 민감한 사람이 섹스에 대해서 좋아하거나 싫어하는 점을 생각해보고 자신이 싫어하는 것에 대해 처음에는 나와, 나중에는 남편과 대화를 나누었다. 싫어하는 것의 반대편에는 좋아하는 것이 존재하므로 엘리스는 민감한 자아를 통해 진정한 성적 자아를 발견할 수 있었다.

어느 날 그녀는 죽음이 기다려진다면서 남편과 아이들만 아니라면 스스로 목숨을 끊었을 것이라고 말했다. 그녀가 죽으면 남편과 아이들이 얼마나 슬퍼할지도 분명 생각해보지 않았냐고 내가 말하자 그녀는 멍한 얼굴이 되었다. 생각해보지 않았던 것이다. 그리고 그녀는 부끄러운 일이지만 남편과 아이들이 죽어도 과연 슬플지 잘 모르겠다고 했다. 하지만 놀랍게도 내가 죽으면 마음에 걸릴 것이라면서 처음으로 울음을 터뜨렸다. 나를 잃는다는 생각이 그녀를 겁에 질리게 했다. 하지만 그녀는 그 누구에게도 관심을 주고 싶지 않아 했다.

그녀가 태어나 처음으로 누군가와 진정한 유대감을 느끼기 시작하면서 우리의 작업도 효과를 보이기 시작했다. 엘리스는 두려움에도 불구하고 자신의 기본적이고 본능적인 욕구를 희생하지 않고 나와 개방적이고 친밀한 관계를 맺었다. 우리의 관계는 그녀가 감정을 찾도록 도와주었다. 머지않아 엘리스는 남편과 아이들에게 느끼는 감정도 발견했다. 그녀의 작동 모델도 바뀌기 시작했다. 자신이 누군가에게 사랑받고 누군가를 사랑할 수 있는 사람이라고 말이다.

_____ **애착 유형 테스트**

다음 네 가지 설명[5]을 읽고 관계에 대한 당신의 태도를 가장 잘 설명하는 것에 동그라미 표시를 한다(현재나 과거 관계에서의 태도가 아니라 관계에 대한 당신의 전반적인 태도를 말한다). 상황에 따라 둘 이상에 해당할 수도 있지만 하나에만 표시하고 나머지는 염두에 두면서 읽어나간다.

- 타인과 쉽게 가까워질 수 있다. 내가 타인에게 기대거나 타인이 나에게 기대는 것이 불편하게 느껴지지 않는다. 혼자 있거나 거절당하는 것을 별로 걱정하지 않는다.

- 타인과 가까워지고 싶지만 타인은 내가 원하는 만큼 가까워지고 싶어 하지 않는 듯하다. 친밀한 관계가 없어도 불편하지는 않지만 가끔 사람들이 내가 그들을 사랑하는 만큼 나를 사랑하지 않는 듯해서 걱정이 된다.

- 친밀한 관계를 맺지 않는 것이 더 편하다. 독립적이고 자립적인 느낌이 더 중요하다. 타인에게 기대고 싶지도, 누가 나에게 기대는 것도 별로다.

- 타인과 가까워지기가 무척 힘들다. 가까워지고는 싶지만 믿거나 의지하기가 어렵다. 사람들이 떠나거나 배신하거나 잔인한 행동으로 상처를 줄까 봐 걱정스럽다.

_____ **이론과 자료로 재발견하는 명백한 사실**

프로이트와 그의 뒤를 잇는 학자들은 관계 이해의 중요한 돌파구를 마련했다. 현재의 관계가 과거의 의식적 혹은 무의식적인 반복이라는 사실을 모두가 인정했다. 하지만 불과 최근에야 애착 이론이라는 것을 통해 그 반복에 관한 확실한 연구가 이루어졌다.

애착 이론은 명백한 사실로 시작한다. 신생아는 무력하므로 자신을 보살펴주는 사람을 의식하고 유대를 맺을 준비가 되어있다는 것이다. 유대가 곧 생명이다. 아기에게는 영양분과 온기도 필요하지만 안전하고 사랑받는 느낌, 누군가 안아주고 눈을 맞춰주는 느낌도 중요하다. 사랑의 부재는 사랑할 줄 아는 어른, 심리/신경이 정상적으로 발달한 어른이 되는 데 부정적인 영향을 끼친다. 분명한 사실이다. 인간의 삶은 사회적인 삶이다.

모든 것이 순조롭고 보호자가 제 역할을 다하고 있다면 유아는 세상을 탐구하고 싶어 한다. 보호자는 계속 반응해주면서 유아가 두려움을 느낄 때 돌아올 수 있는 안전한 홈베이스를 구축해야 한다. 한마디로 좋은 보호자는 (a) 안정감을 느끼게 하고, (b) 아이가 안전함 속에서 세상을 탐구하게 해주며, (c) 아이가 세상을 탐구하는 동안 사라지거나 아무런 반응도 보이지 않거나 하지 않는다.

어릴 때 내적인 홈베이스가 있었다면 어른이 되어서도 그런 느낌이 늘 따라다닌다. 어머니나 아버지 같은 보호자와의 안정적인 기억이다. 그 느낌은 다른 누군가도 내 홈베이스가 되어줄 수 있다고 믿게 만든다. 그런 사람을 만나지 못해도 내면의 안정감이 예비책으로 늘 자리한다. 과거에 자신을 지지해준 사람들이 있었고 현재도 대개는 그러하다는 사실을 떠올리며, 일시적으로 불안함이나 두려움을 느끼더라도 곧 안정감을 되찾으리라는 것을 아는 것이다.

유아에게는 보호자가 안정감을 주지 못할 때를 대비해 거의 '프로그래밍이 된' 대안적 작동 모델이 있는 듯하다. 쉽게 파악되며 세계

사랑, 두려움

어디에서나 일관적으로 나타나는 모델이다.

_____ 네 가지 애착 유형

앞에서는 자신이 어디에 해당하는지 알아보기 위해 '애착 유형'을 대략 설명했다. (일반적으로 아동의 애착 유형은 부모와 함께 있는 모습으로, 성인의 경우는 긴 인터뷰를 통해 평가한다.) 두 가지 이상에 해당하거나 인생의 시기에 따라 달랐다고 느껴질 수도 있다. 이제 앞에서 선택한 유형에 관한 자세한 설명을 읽으면 당신이 왜 친밀함을 두려워하는지 더욱 심오한 이유에 다가가게 될 것이다.

1. 안정형(애착 유형 테스트의 첫 번째에 해당하며 전체 인구의 약 50퍼센트[6]가 여기에 포함된다): 가까운 사람들에게 사랑받고 있고 버려지지 않으리라는 안정감을 느낀다. 자신과 타인에게 긍정적인 감정을 느낀다.

2. 집착형(두 번째에 해당하며 전체 인구의 10퍼센트가 여기에 포함된다): 친밀한 관계를 맺고 싶은 마음이 강하지만 상대방에게 화답을 받지 못할까 봐 두려워한다. 일반적으로 그 이유는 보호자가 어느 때는 전혀 지지해주지 않다가 또 어느 때는 과도하게 침범하는 등 일관적이지 못했기 때문이다. 당신이 독립할 준비가 되었을 때도 보살펴주어야 할 어린아이로 남기를 바랐는지도 모른다(그것이 보호자에게 불편함을 초래하는 일이었을 때를 제외하고). 다시 말해서 보호자는 당신이 아닌 자신의 욕구

에 반응한 것이므로 진정으로 개입했다고 보기 어렵다. 비일관성, 반응과 진정한 사랑의 부재는 생존을 위해 일관적인 관심을 받아야만 한다면서 당신을 불안하게 만들었을 것이다. 어른이 되어서도 누군가의 사랑을 받으려고 여러 방법을 시도하고 상대방의 관심이 곧 사라지리라 의심할 것이다. 한마디로 타인은 멋지고 나보다 나은 존재라고 생각하지만 본인의 가치에 대해서는 자신이 없다.

3. 거부 회피형(세 번째에 해당하며 전체 인구의 약 25퍼센트에 해당한다): 당신은 친밀함을 아예 피하는 것이 낫다고 결론 내렸다. 두려움과 공허감에 대처하고자 "난 할 일도 많고 갈 곳도 많고 중요한 일을 하고 있어. 친밀한 관계는 필요하지 않아"라는 강력한 방어기제를 발달시켰다. 당신은 감정이 다양하지 않고 매우 '분석적'인 사람일 수도 있지만 보살핌 받기와 관련된 쟁점이라면 그 어디에든 집착한다는 사실이 자신뿐 아니라 타인에게도 감지된다. '의존적'이거나 '자기연민'을 보이는 사람을 싫어하거나, 다른 사람의 보살핌은 필요 없다고 소리 높여 말한다거나, 목표 달성에 얼마나 도움이 되는가로 타인을 평가하는 모습 등에서 드러난다. (이 애착형은 타인에게 의존하지 말고 감정을 드러내지 말라는 '남자 행동 강령' 때문에 남성에게서 더 흔하게 나타난다.) 부모가 당신의 정서적 욕구에, 심지어 신체적 욕구에도 반응하지 않았을지도 모른다.[7] 말하면 안 되거나 차단되는 것들이 너무 많아서 어린 시절의 기억이 별로 없고 그때

사랑, 두려움

나 지금이나 사람에 대한 감정이 다채롭지 못하다. 예상 가능한 일이지만 실험실 연구에 따르면 거부 회피형 아동은 분리 증상을 보인다.[8] 기분이 상하는 상황에 놓였을 때 강력한 생리 반응이 나타나지만 말로는 그렇지 않다고 하는 것이다. 어른이 되어서는 마치 뇌가 특정한 감정 처리를 아예 포기하기라도 한 듯 신체적 반응이 약해진다.

거부 회피형은 앞장에서 설명한 자아도취자와 매우 비슷하다. 부정적으로 들리는 '자아도취자'라는 이름표는 전혀 도움이 되지 않는다. 자아도취자는 의도적으로 그렇게 행동하는 것이 아니라 부정적인 감정에 대한 방어기제일 뿐이다. 거부 회피형은 적어도 표면적으로는 자신에게 만족하고 타인에게는 좋은 감정을 느끼지 않는 듯하지만, 사실 속 깊이 들여다보면 자신에게도 만족하지 못한다. 두려움에 따른 회피와 똑같다.

4. 두려움형(네 번째 항목으로 전체 인구의 15퍼센트): 당신은 만성적으로 부끄러움이 많고 불안과 우울감, 외로움을 느낀다(특히 민감하지 않은 사람인 경우에는 소극적으로 혹은 공공연하게 적대적이기도 하다). 누군가와 함께하고 싶지만 거절당할까 봐 두렵다. 내적 갈등이 심하고 과각성 상태라 누군가와 가까워질 기회에 '혼란' 반응을 보인다('혼란 애착'은 이 유형의 또 다른 이름이다). 보호자는 정서적으로나 신체적으로나 당신을 위험할 정도로 심각하게 내버려뒀을 것이다. 보호자 자신에게도 두려움이 있었다(우울증, 불안감). 당신은 친밀함을 원하면서도 두려워하는

끊임없는 갈등을 느껴서 행동에 혼란이 일어나고 분리 혹은 최면 상태 같은 '공간감'이 생긴다. 애착 문제가 끊임없이 괴로움을 유발하기 때문이다.

어릴 때 자신에게는 문제가 없고 타인이 문제라고 가정하는 거부 회피형과 달리, 당신은 엘리스처럼 분명 자신에게 심각한 문제가 있다고 생각하는 편을 택했을 테다. 어른이 되어 누군가와 친밀한 관계를 맺고 있더라도 혼란스러운 행동을 겪고, 현재에 집중하거나 자신에게 솔직하지 못하며 엘리스처럼 진정한 친밀함을 느끼지 못한다. 자신과 타인에 대해서도 좋게 평가하지 않는다.

_____ 민감함과 애착 유형

애착 유형이 안정형인가 불안정형인가는 민감함과 아무런 관계가 없다. 민감한 사람와 그렇지 않은 사람의 안정형 비율은 비슷하다. 기질이 아니라 보호자와 함께한 경험이 세상을 탐구하고 위험과 맞닥뜨릴 때 필요한 작동 모델을 만든다. 그러나 또한 민감하기 때문에, 애착 유형에 더 큰 영향을 받는다.

민감할수록 보호자의 존재에 더욱 영향 받는다는 사실은 생후 18개월 유아들을 대상으로 한 연구[9]에서 잘 드러난다. 연구에서 유아들은 어머니와 둘만 있는 상황에서 자극을 일으키는 낯선 사건에 노출되었다. 예상대로 민감한 아이들은 처음에 가슴이 쿵쾅거리는 채로(혈류에 아드레날린 분비) 움직이지 않는 경계 반응을 보였다. 이른바 잠깐

사랑, 두려움

멈춰서 상황을 확인하는 행동이다. (같은 상황에서 민감하지 않은 아이들은 바로 상황에 뛰어들었다.) 어머니와 안정적인 애착이 형성된 민감한 아이들은 새로운 상황이 안전하다고 판단하고 나서야 다른 아이들과 마찬가지로 행동을 시작했다.

반면 안정적이지 못한 관계에 놓인 민감한 아이들은 초기에 보인 경계 반응이 진정한 두려움 반응으로까지 커졌다. 코르티솔 수치가 높아지면서 이를 증명했다. 코르티솔은 위협을 느낄 때 분비되어 '투쟁 또는 도피 반응'을 준비하게 해주는 호르몬으로 침과 소변, 혈액으로 쉽게 측정할 수 있다. 이 연구에서와 마찬가지로 아이들은 항상 새로운 상황을 마주한다. 불안정하고 민감한 아이들은 만성적인 두려움을 느끼고 코르티솔 분비가 급증할 것임을 연구 결과가 말해준다. 코르티솔 수치가 만성적으로 높게 나타나면 일상적인 불안감과 불면증, 낮은 면역 반응을 일으키고 새로운 상황을 숙고하는 경향을 높인다. 이처럼 민감한 사람, 특히 불안정한 애착 유형은 삶의 모든 부분에 영향을 끼친다.

생후 18개월 때라니 기억조차 나지 않겠지만, 이 실험의 유아들처럼 애착 경험은 이미 당신의 성격과 생리를 만들어가고 있었다.

_____ 애착 유형과 성인기의 관계

최근, 객관적인 연구 방법이 발견되면서 애착 연구에 대한 전반적인 관심이 높아졌다. 유아와 아동이 부모에게 보이는 애착 유형이 실험실과 가정을 배경으로 주의 깊게 관찰되었다. 각 유형은 저마다 분명히 다르고 대개는 유아기에 일찍 확립되며 아동이 부모가 없는 자리에서 어떻게 행동하는지에 큰 영향을 끼친다. 놀이에서의 자신감, 다른 아이들을 대하는 방식, 친밀함의 역량 등에 영향을 준다.

더욱 중요한 것은, 20년 이상 유아기에서 성인기까지 추적한 종단 연구(같은 주제에 대해서 시간 경과에 따른 변화를 연구하기 위해 반복하여 관찰하는 상관관계 연구)에 따르면 애착 유형은 변하지 않으며 성인기의 행동을 전부 예측한다는 사실이다. '안정형'에 속하는 이들을 나머지 세 가지 '불안정형'에 속하는 이들과 비교하면 다음과 같은 차이점이 나타났다.

- 안정형은 전반적으로 자신감도 더 높고[10] 자신에 대한 기대가 현실적이며 균형을 이룬다.[11]
- 안정형은 스트레스 상황에서 지나치게 감정적이어지거나 문제를 부정하지 않고 과제에 집중한다.[12]
- 안정형은 대처 수단으로 알코올에 의존하거나 섭식 장애를 일으킬 가능성이 작다.[13]
- 당연하겠지만 사람들은 대부분 안정적인 파트너를 선호한다.[14] 안정형일수록 관계에서 느끼는 행복도가 높으며[15] 냉담하거나 방어적인 모습이 적게 나타나고 자신의 약한 모습에 괴로움을 느끼지 않는다.[16]
- 안정형일수록 파트너에게 좌절감을 느끼거나 관계에 양면적인 태도를 보이지 않는다. 질투와 집착, 버려짐에 대한 두려움

도 적다.[17]

- 안정형일수록 분노를 적게 느끼지만 좀 더 건설적인 태도로 바라본다. 언쟁을 크게 언짢아하지 않고 파트너의 의도를 적대적으로 받아들이지 않으며 긍정적인 결과를 기대한다.[18]
- 안정형일수록 파트너를 믿을 수 있는 친구로 바라보고 결점을 수용한다.[19]
- 안정형일수록 불안감을 느낄 때 파트너에게 지지와 도움을 구하려 하고, 마찬가지로 파트너가 불안해하면 지지와 도움을 제공한다.[20]
- 안정형일수록 긍정적인 감정을 보인다. 어떤 감정이든, 특히 긍정적인 감정을 통제하려고 하지 않는다. 이러한 특징은 관계 만족도와 밀접한 연관이 있다.[21]
- 안정형은 파트너와 떨어져 있을 때[22] 생리적인 각성 상태를 보이는 확률이 낮다.
- 마지막으로 안정형일수록 사랑의 감정을 느끼지 않는 파트너와 성관계를 맺는 일이 적다.[23]

누군가가 안정형인지 어떻게 알 수 있을까?[24] 어렸을 때 집과 학교에서 어땠는지 물어보면 된다. 안정형은 단순명료하게 대답하고 문제도 인정할 테지만 제삼자가 보기에 심각해 보이는 문제는 아니다. 그들은 어린 시절의 행복한 기억이 많고 그 어떤 기억에 대해서도 강박적으로 이야기하지 않는다. 거부 회피형은 어린 시절의 기억이 없다고 대답하거나 "아, 엄마가 몇 번 자살 시도를 했는데 별로 신경 쓰이진 않았어"나 "어린 시절? 괜찮았지"라고만 할 것이다. 감정이 최소화되어 있다. 집착형은 어린 시절에 관해 책 한 권 분량의 이야기를 줄줄 늘어놓는다. 두려움형도 상대방이 제대로 들어주는 것 같으면 비슷하다. 몇 가지 질문을 했을 뿐인데 집착형과 똑같이 기나긴 이야기를 풀어놓는다.

하지만 안정형은 안정형에게 끌리고 불안정형은 서로 불행해질지 모르는데도 불안정형에게 끌린다는 사실에 주의해야 한다(거부 회피형이 집착형이나 두려움형의 불안감을 더 심하게 만드는 상상을 해보라). 따라서 안정형이라면 혹은 안정형이 된다면 매우 유리하다.

_____ 안정형 되기

불안정한 아이들은 대부분 불안정한 어른으로 자라지만 예외가 많아서 연구자들이 따로 이름까지 붙였다. 바로 '후천적 안정형'[25]이다. 실제로 민감한 사람들이 불안정형에서 안정형으로 변화하는 데 매우 적합하다고 생각할 만한 이유가 있다. 물론 오랜 시간과 노력, 성찰이 필요하며 안타깝게도 그 방법을 알려주는 직접적인 조언은 '불안정한 사람은 심리치료가 필요하다'라는 것뿐, 더는 없다. 나는 더 많은 방법이 있다고 생각하지만 여기서는 몇 가지 접근법을 소개하는 것이 내가 할 수 있는 전부다. 치료를 통하든 통하지 않든 갈림길에서 표지판을 읽어내듯이 이 모든 방법을 하나씩 탐구하고 분석해보아야 한다. 당신이 나아가야 할 길의 표지판들은 다음과 같다.

1. 차분하게 인내심을 가져라. 불안정형이 되기까지 오랜 세월이 걸린 만큼 되돌리는 데에도 그만한 시간이 걸린다. 애착 유형은 변화를 거부한다. 미래가 과거를 반복한다고 가정하는 것이 생존 확률을 가장 높이는 방법이기 때문이다. 민감한 사람은 특히 그런 가정을 토대로 움직이도록 고안되었다. 따라서 "과거는 그냥 묻어두어라" 같은 말은 무시해야 한다. 친절한 인내도 필수적이다. 자신을 탓하거나 벌주고 방치하기를 그만둬라. 지독하게도 힘들겠지만 그런 행동은 과거에 일어났던 일을 반복해 불안정한 애착이 이어지게 만든다. 그런 일을 겪어 마땅한 존재라는 생각으로 계속 자신에게 가혹하게 굴고 타인도 당연히 그러리라고 생각하는 것이다. 당신은 그런 과거를 겪어 마땅하지 않았다.

2. 더 나은 경험을 하라. 당신은 분명히 몇몇 사람들과 안정적인 관계를 맺은 경험이 있을 것이다. 당신의 욕구에 관심을 기울여주고, 관심을 받을 자격이 있다고 느끼게 해주고, 도움이 필요하면 반응하리라는 믿음을 주었을 테다. 당신에게는 그런 관계가 더 많이 필요하다. 안정적인 파트너나 동성 친구, 친척 한두 명이 가장 좋다. 여러 명이 필요하다. 불안정한 사람이 안정적으로 변하기는 무척 어려워서 사람들을 시험에 들게 하기 때문이다. 장기적이고 안정적인 첫 번째 관계를 맺는 가장 좋은 방법이 심리치료인 이유는 그래서다. 하지만 심리치료가 능숙하고 장기적으로 진행되어야만 한다(많은 비용이 드는데 대

학교 등록금으로 생각하라).

3. 애도하라. 힘들었던 어린 시절을 애도하는 시간을 가져야 한다. 어린 시절에 놓친 무언가를 이제 와서 찾을 수도 없고, 불안정성이 초래한 상처들로 온전한 삶을 살 수도 없었다는 사실을 애도해야 한다. 이 애도는 '잊어버리고 성장하기 위해서'가 아니라 오히려 정반대로 평생 애도하는 마음을 가지고 살기 위함이다. 과거도 모두 당신의 이야기이기 때문이다. 이해하지 못하는 사람들에게는 들려주지 말아야 하는 이야기임을 나중에 배우겠지만 말이다. 흥미롭게도 후천적 안정형은 안정형과 달리 수술 후 남은 흉터처럼 슬픔의 잔재를 안고 있다.

4. 정체성을 찾아라. 내적 자아를 발견하면 성숙한 안정감이 형성된다. 이를 가능하게 하는 가장 쉬운 방법은 꿈을 이해하는 것이다. 융 학파 심리치료사나 꿈을 분석한 책 혹은 세미나가 필요할 수 있겠다. 치유 과정은 매우 정확하고도 유기적으로 이루어진다. 처음에 분노나 무기력함 같은 어두운 감정의 이미지가 떠오르더라도, 치유하는 과정에서 꼭 느껴야 하는 감정이라 믿고 따라가보자. 민감한 사람은 정체성을 찾는다는 개념이 너무 이기적이라고 죄책감을 느낄 수도 있지만 결코 그렇지 않다. 머나먼 조상 그리고 세상에 기반한 자신의 삶의 목적을 밝혀주기 때문이다. 매우 부담스럽게 느껴질지도 모르는 숙명이지만 과거와 사소한 문제에서 세상의 미래로 관심을 옮겨준다. 좋은 현상이니 인내심을 가져야 한다. 무의식에는

변화가 필요한 구체적이고 두려운 가정만 들어 있지는 않다. 정체성을 찾아가는 과정에 따라 드러나는 지혜도 들어 있다.

5. 가정을 수정하라. 주기적으로 친밀함에 대한 두려움을 가능한 사실적으로 돌아본다. 치유 과정이 진행될수록 두려워할 필요가 없다고 자신을 설득하기가 쉬워지기 때문이다. 유아기에 형성된 '본능적인 두려움'은 절대로 사라지지 않을지도 모르지만 이렇게 생각하며 무시할 수 있다.[26] '이 두려움은 나를 지키려는 목적이지만 거짓 경보와 마찬가지라서 행동을 취할 필요가 없어. 경고는 매우 고맙게 생각하지만 무시할 거야.'

6. 애정 유형에 따라서 다른 접근법을 활용하라. 두려움형은 거절당하리라는 가정을 버리고 그저 사람들을 만나볼 필요가 있다. 만만치 않은 과제다. 집착형은 타인에 대한 집착을 조금 내려놓고 그들이 원해서가 아니라 내 부탁이기에 관심을 기울여주리라는 믿음을 가져보길 바란다. 하지만 생각과 달리 당신이 매분 매초 사람들의 관심을 필요로 하지는 않는다는 사실을 알아차리기 시작해야 한다. 거부 회피형은 심장이 돌로 변해버린 듯 타인을 아예 포기했다는 사실을 인정할 필요가 있다. 사랑할 기회가 오면 심장이 녹게 내버려두어야 한다. 그동안 사람들에게 관심을 기울이지 않게 했던 방어벽이 뚫리면 두려움형이나 집착형이 된 것처럼 느껴질 수 있다. 더 큰 아픔을 느낄지도 모르지만 바람직한 진전이다. 마취의 효과가 풀리고 있다는 뜻이다.

7. 순수 의식을 경험하라. 명상은 자신의 단단한 내면, 흔들리지 않는 정체성을 인지하게끔 도와준다. 또한 큰 노력 없이 순수 무의식의 상태로 들어가게 해준다. 적어도 가끔은 그렇다. 생각이나 인식, 감정(평화로운 행복감 제외)이 없는 순수한 의식과 깊은 휴식의 순간이다. '어머니와 아버지가 집에 있는' 느낌을 주는 매우 만족스러운 상태다. 얼마나 안정적이겠는가?

◆

큰 걸음 내딛기

항해하는 법을 배우려면 책 읽기만으로는 충분하지 않다. 직접 바다로 나가 배를 띄워야 한다. 마찬가지로 친밀함의 두려움을 극복하려면 실제로 친밀한 관계를 맺으면서 솔직함과 진실함, 연약함을 드러내는 위험을 무릅써야 한다. 친밀함을 두려워하는 사람들은 "사람들에게 계속 내 이야기를 해요"나 "아내에게 항상 내 감정을 말해요"라고 한다. 하지만 알고 보면 '감정'이 아니라 '생각'일 뿐 사실은 노출과 분노 공격, 유기 등의 두려움으로 감정을 거의 드러내지 않는다. 특히 민감한 사람은 친밀해질 기회를 놓치는 것이 거절이나 과각성, 삼켜짐 등보다 덜 위험하다고 여긴다. 하지만 누군가와 친밀해질 기회는 무한하지 않으니 꼭 시도해보자.

이 장을 시작하면서 소개한 맥스를 다시 떠올려보자. 그가 최근에

사랑, 두려움

일어난 일을 말해주었다. 그는 가까워지고 싶은 여성과 미술관에 갔다. 그 후 그녀가 춤을 추러 가자고 했다. 맥스는 부담을 느꼈다. 하지만 따분하거나 너무 예민한 사람처럼 보일까 봐 두려워 다른 일이 있다고 해버렸다.

일주일 후에 다시 만났을 때 실수로 그날 밤에 그냥 집에 있었다는 사실을 밝히고 말았다. 당황한 그는 여성이 그냥 넘어가주기를 바랐다. 그녀에게 거짓말을 했다는 사실을 도저히 인정하기 어려울 듯했다. 저녁 내내 초조했고 집중도 되지 않았으며 자신을 향한 혐오와 그런 상황을 '강요한' 그녀를 향한 분노 사이를 왔다 갔다 했다.

한편 그녀의 태도가 차갑게 변했다. 그의 거짓말과 달라진 분위기를 눈치챘을지도 모른다. 흥미로운 남자가 아니라고 결론지었을지도 모른다. 하지만 맥스는 진실을 말하지도, 밤의 유흥을 즐기지도 못하는 자신의 변변치 못한 성격 때문에 그녀가 물러선다고 추측했다.

우리도 맥스 같은 행동을 하지만 그가 어떻게 해야 했는지는 안다. 그는 그날 밤에 피로와 민감함을 인정했어야 한다. 충분히 이해되는 일이지만 어쨌든 그러지 못했으니 다음 주에 만났을 때 솔직하지 못했던 이유를 밝혔어야 했다. 나는 맥스에게 지금이라도 그녀에게 전화를 걸어 대화를 해보라고 했다. 쉽지 않겠지만 쉽게 포기하면 안 되는 가치가 있는 여성이라면 그의 솔직함을 인정해주리라 생각했다. 맥스는 전화를 걸었지만 그녀는 거짓말에 화를 내며 그를 용서해주지 않았다. 어쩌면 그녀는 아직 자신의 '그림자'를 만나보지 못해서 그에게 공감하기 어려웠는지도 모른다. 아니면 과거에도 거짓과 배신을 경험했기 때문일 수도 있다. 솔직함은 초기의 관계를 이어주는 데 항상 효과적이지는 못하지만 이어갈 가치가 있는 관계인지 판단하는 데는 쓸모가 있다.

솔직하게 받아들이기가 좀 더 쉬운 감정들도 있다. 두려움, 슬픔, 애정, 분노, 낙관주의, 호기심, 부정직함, 성욕, 죄책감, 자부심 등 다양한 감정을 인정할 때 자신의 기분이 어떤지 알아가보자. 그리고 이런 감정들이 집안에서 어떻게 다루어졌는지 생각해보라. '불법'과도 같은 감정들이 있었는가? 가족 중 누군가 그 법을 어기면 어떤 일이 생겼는가? 누군가와 점점 친밀해질수록 서로 어떤 감정에 '예민'한지 대화를 나누는 것이 중요하다. 그래야 자신이 숨겨야 한다고 느끼기 쉬운 감정이 무엇인지 두 사람 모두 주의를 기울일 수 있다.

◆

상대방이 친밀함을 두려워할 때

나는 일반적으로 민감한 사람이 '후천적'이건 훌륭한 양육 덕분이건 안정형일수록 남들보다 더 친밀한 관계를 원하며 타인 또한 친밀함으로 이끈다고 생각한다. 그렇다면 친구나 파트너가 당신보다 더 친밀함을 두려워하면 어떻게 해야 할까? 예를 들어 상대방이 당신의 존재와 두 사람의 관계를 중요하게 여김은 분명한데 두 사람이 그다지 친밀하지 못하다면?

사랑, 두려움

당연하지만 믿음을 가지라고 장광설을 늘어놓는 방법은 도움이 되지 않는다. 그보다 결과가 어떻든 당신이 더욱 친밀하고 솔직하고 연약한 모습을 보여주는 것이 최선의 전략이다. 물론 쉽지는 않다. 친밀함을 두려워하는 사람들은 쉽게 발끈하고 비판적이기 때문이다. 선인장이 그러하듯 최고의 방어법이긴 하다. 가능하다면 열린 태도를 보여야 한다. 분리와 개별화가 큰 도움이 될 것이다. 그러면 상대방이 어떻게 반응하든 내면의 안정감을 느낄 수 있다. 잃을 것도 적어지는 셈이다.

피터 크레이머(Peter Kramer)[27]의 『떠나야 할까? (Should You Leave?)』에도 파트너를 변화시키는 것과 관련해 비슷한 조언이 나온다. 파트너를 바꾸려 하지 말고 자신이 극적으로 그리고 일관적으로 변하라고, 자기 안에서부터 다리를 만들어야 한다고 말이다. 이 경우에 적용하자면 최대한 솔직하고 친밀한 모습을 보여야 한다. 이번 관계가 혹시 실패하더라도 괜찮다. 당신은 성장할 테고 다음 관계는 조금 더 나아질 것이다.

◆

걱정은 그만

민감한 사람은 친밀함의 기술이 탁월하지만 친밀한 관계에 신중할 수밖에 없는 이유도 충분하다는 사실이 전달되었기를 바란다. 나는 당신이 친밀함을 두려워하는 이유를 존중한다. 두려움 때문에 뒤로 물러나거나 깊은 속마음을 드러내지 않거나 가끔은 완전히 자기 스스로를 숨기는 자신에게 너무 가혹하지 말기를 바란다.

당신은 자신뿐 아니라 타인의 감정에도 밝으니 일단 그 통찰을 파고들기 시작하면 두려워할 필요가 없음을 알게 될지도 모른다. 그러면 특히 당신이 좋아하는 사람들이 당신에게 더 끌릴 것이다. 그런 사람들에게 당신의 민감함에 관해 설명하면 보통은 기꺼이 존중해줄 테다. 이 문제가 해결되면 다음으로 넘어가면 된다. 이제 사랑에 빠지는 것에 관해 이야기해보자.

4장

전쟁의 시작

드디어 사랑에 빠졌습니다

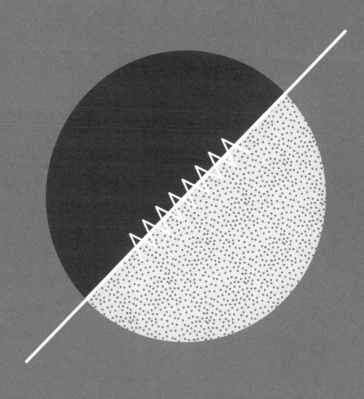

사랑에 빠지는 경험은
민감한 이들에게 신비로운 혼돈이다.

민감한 사람은 그렇지 않은 사람보다 더 강렬하게 사랑에 빠진다. 앞서 이야기한, 친밀함에 대한 두려움을 생각하면 모순처럼 느껴지기도 한다. 하지만 민감한 사람이라면 이 모순의 이유를 헤아릴 수 있을 테다. 우리가 더 강렬하게 사랑하고 더 많이 두려워하는 이유는, 사랑으로 분출되는 감정의 깊이와 복잡함에 끌리면서도 사랑이 절대로 유쾌하지 않은 예측 불가능한 상황 또한 초래한다는 사실을 알기 때문이다.

이 장에서는 그 불가사의하고 아름다운 세계 깊숙한 곳에서 길을 잃으면 어떤 일이 생기는지, 사랑의 복잡함을 헤아려 약간의 안도감을 얻어보자. 그다음에는 안전한 육지에서 사랑의 깊은 바다로 나아가는 방법을 살펴볼 것이다. 이 바다가 그다지 불가사의해 보이지 않게 되면, 사랑에 빠지는 방법에 관해 이야기해보자. 민감한 사람이 안정감을 느끼는 데는 실용적인 팁만한 것이 없다.

전쟁의 시작

사랑이란 무엇인가

'사랑은 특정한 타인과 친밀한 관계를 맺고 유지하고자 하는 욕구와 관련된 일련의 태도와 감정, 행동이다.'[1] 이것은 나와 남편이 학문적으로 정의하는 사랑이다. 하지만 개인적으로는 여전히 삶의 가장 큰 수수께끼가 아닐 수 없다.

남편과 나는 둘 다 스물넷이었던 1967년에 만나 사랑에 빠졌다. 1960년대의 캘리포니아 대학교 버클리 캠퍼스, 열정으로 가득한 나날이었다. 우리는 집단 감수성 훈련 그룹에서 만났다. 대학원생이자 조교였던 아트는 그 집단에서 진행자 역할을 맡고 있었고 학부생이었던 나는 평범한 참가자였다. 그에게는 그러한 역할이 처음이었던 반면, 나는 다른 환경에서 비슷한 역할을 맡아본 경험이 많았다. 내가 학기 내내 리더십 스타일을 비판했는데도 그는 아무 말이 없었다. 모임이 마무리된 후 아트는 "애정을 느꼈다"라면서 나에게 키스를 했고 그때부터 둘 사이에 불꽃이 튀었다.

우리의 만남은 매우 큰 변화를 일으켰다. 이 만남으로 맺어진 우리의 관계는 30년이 넘도록 이어졌고 사랑에 빠지면 어떻게 되는지 사랑의 영적, 사회적, 신체적, 개인적 영향을 알아보는 평생의 공동 연구까지 탄생시켰다.

첫해에 우리는 사랑과 관련된 문헌을 모조리 찾아서 읽고 끊임없이 대화를 나누었다. 다음 해에 아트는 사랑을 박사 논문 주제[2]로 선택했고, 사랑이 발생하는 사회적인 환경에 내재하는 흥분과 불가사의함과 힘이 어떤 영향을 끼칠 수 있는지 알아보는 여러 창의적인 실험을 고안했다. '개인의 화학작용'이나 특정한 성격끼리 끌리는 이유 같은 보편적인 질문을 던지지 않고 전공을 살려 사회심리학적인 접근법을 선택한 것이었다. 당시에는 관점을 막론하고 사랑에 빠지는 이유를 주제로 연구하는 심리학자 자체가 없었다. 그런 난제를 다룬다는 것은 매우 대담하고 심지어 거만하게 비추어졌다. 하지만 특히 아트의 '흔들다리 효과'는 사회심리학에서 가장 많이 인용되는 연구가 되었다.

그 후로 우리는 사랑에 빠지는 이유를 다루는 전문 서적을 저술하고[3] 여러 학회지에 논문도 썼다.[4] 대학원생들, 동료들과 수십 가지 실험을 했고 현재 아트는 열정적인 사랑에 관여하는 뇌의 영역을 찾는 연구를 하고 있다. 같은 분야의 연구에 뛰어드는 다른 사람들도 생겨났다. 현재 심리학자들은 사랑에 빠지는 경험에 관련된, 1967년에는 몰랐던 수많은 사실을 밝혀냈다. 하지만 사랑에 빠지는 경험은 여전히 신비로운 혼돈으로 남아 있다. 적어도 나에게는 그렇다. 사랑이 신비로워야 하는 것은 인간의 영혼에 매우 중요한 일일 것이다. 일상을 초월한 특별하고 멋진 세계로 들어가게 해주기 때문이다.

전쟁의 시작

사랑의 강도

나 자신이 민감한 사람이 사랑에 빠지는 모습을 보여주는 본보기가 될 수 있을까? 물론이다. 사랑에 빠졌을 때 우리는 둘 다 기쁨을 느꼈지만 나에게는 슬픔과 혼란, 잠 못 이루는 밤, 길을 잃은 듯한 기분도 찾아왔다. 그런 내 모습은 아트를 놀라게 했다. 그도 그럴 것이, 남편이 나를 보자마자 함께 가정을 꾸리고 싶은 여자임을 확신했던 반면 나는 갑자기 나 자신에 대해 아무것도 모르겠다는 생각이 들었기 때문이다. 놀라운 일은 아니었다. 감정에 압도당한 경험이 그때가 처음은 아니었으니까. 분명히 내 경험은 남들과 달랐다.

나중에 민감한 사람들을 연구하게 되었을 때 그들에게 남다른 강도로 사랑에 빠지느냐는 질문을 가장 먼저 던진 것도 놀라운 일은 아니었다. 당연히 민감한 사람들은 그렇다고 했다. 특히 문제 있는 어린 시절을 보냈고 불안정한 애착 유형이 나타날수록 더욱 강렬하게 사랑에 빠진다. 괜찮은 어린 시절을 보낸 사람도 마찬가지였다. 이 장에서는 그 강렬함을 먼저 이해해야 하는데 그 전에 게리의 이야기를 살펴보자.

용이 된 카멜레온

내가 인터뷰한 게리는 네다섯 가지 직업과 여러 사람과의 관계를 경험한 마흔네 살의 민감한 남성이었다. 3장에서 만난 엘리스처럼 그 역시 힘든 어린 시절을 보냈다. 오랫동안 병을 앓았고 부모도 무관심했기에 민감함을 이용한 관찰력으로 생존에 유리한 적응법과 타인의 마음에 드는 법을 익혔다. 오랜 병으로 남자다움을 증명해야만 하는 문제까지 추가되었으므로 청소년기에 좋아하지도 않은 스포츠에 매진해 인기 있는 선수가 되었고 고등학교 1학년 때는 학생회장도 했다. 고등학교를 졸업하고 나서는 공군에 입대해 여러 곳을 여행했고 '의사소통 능력을 키워야 한다'라는 생각으로 세일즈맨이 되었다. 인기도 많고 성공도 거두었지만 모든 상황에서 타인이 원하는 바에 맞추는 카멜레온이 된 기분이었다. 그는 죽어버린 듯한 무감각 때문에 살아 있음을 증명하려고 일부러 힘든 도전을 선택했다고 말했다. "하지만 단 한 번도 진정한 나로 인생을 살아보지 못했네요."

그러다 미카를 만났다. 테니스 클럽에서 강사로 일할 때(그가 거친 여러 직업 중 하나였다) 한 여성이 강습을 받고 싶다면서 찾아왔다. 미카는 '활동적이고 똑 부러지고 솔직하고 따뜻한 마음씨를 가진 지중해 스타일의 여자'였다. 그는 세상이 뒤집힌 듯한 기분을 느끼며 곧바로 열렬한 사랑에 빠졌다.

게리의 표현에 따르면 그는 미카를 처음 보았을 때 '되살아난' 기분이었다. 남을 만족시켜주기 위해 만들어진 것이 아닌, 그가 살면서 처음 보인 진실한 반응이었다. 미카와 있으면 언제나 살아 있는 기분이 들었다. 미카도 게리에게 '매력'을 느꼈다. 하지만 그녀는 유부녀였다. 그는 감정을 숨기려 노력했고 순응적인 자세로 돌아갔다. 오랫동안 만나지 않기도 해보았지만 그들은 서로 떨어져 살 수가 없었다.

전쟁의 시작

결국 미카는 이혼하고 그와 새로운 삶을 시작했다.

하지만 부부가 된 후 위기가 닥쳤다. 그에 따르면 "그녀의 성격이 변했어요. 요구가 많아졌죠." 결국 두 사람은 헤어졌고 미카는 또 다른 사람과 결혼해 아이를 낳았다.

게리의 불안정한 애착 유형과 친밀함에 대한 두려움이 두 사람의 이별에 어느 정도 영향을 주었으리라고 추측해볼 수 있다. 하지만 게리에 따르면 중요한 것은 아직 열정이 남아 있다는 사실이다. 미카는 여전히 그의 아이를 낳고 싶어 하고 그는 '그녀의 눈을 바라보면서 사라지고 싶은' 기분을 느낀다. 그녀와 한집에서 조화롭게 사는 방법은 모르지만 언제까지나 그녀를 사랑하리라는 것만은 확실하다. 카멜레온보다 용에 가까운 맹렬하고 자신만만한 모습이다.

◆

민감한 사람이 사랑에 빠지는 이유

사람이 사랑에 빠지는 이유를 살펴보면, 민감한 이들이 똑같은 상황에서도 더욱 강렬한 경험을 할 수밖에 없다는 사실을 이해하게 될 것이다.

_____ 소울 메이트라서 사랑에 빠진다

'바로 이 사람'이라는 생각이 드는 상대가 나타나 사랑에 빠진다는 것은 가장 일반적인 관점이다. 아트와 나는 연구의 일부분으로 참가자들에게 처음 사랑에 빠졌을 때 이야기를 들려달라고 했다.[5] 당연히 모두가 처음에 연인에게 큰 동경심을 보였다. "아름다웠어요.", "미남이었죠.", "성격이 무척 특별했어요"처럼 상대방의 별나거나 구체적인 특징을 매우 사랑스럽게 여겼다. 상대방이 자신을 사랑하거나 동경한다는 사실을 알게 된 순간 사랑을 느꼈다는 사람도 많았다. 친밀한 관계에서 감정에 솔직해야 하는 또 다른 이유다.

• 사랑에 빠지는 이유에 관한 이론들

누군가를 사랑하게 되는 이유를 설명하는 수많은 이론이 존재한다. 그중에는 무의식을 토대로 하는 이론도 있다. 오래전에 잊어버린 사람을 떠올리게 하거나 고통스러운 문제를 해결해줄 사람을 사랑하게 된다는 것이다. 특정한 방향으로 성장하도록 도와주는 사람에게 빠지기도 한다. 가르침을 주는 사람일 수도 있고, 그 사람의 행동에 대응하다보면 어떻게든 나를 성장하게 만드는 사람도 있다. 본능적 자아에 따라 산속에 있는 집에서 살고 싶지만 벌레와 어둠, 곰, 번개를 두려워하는 여성이 있다고 해보자. 캠핑을 좋아하고 밖에 나가 번개를 구경하는 남자가 나타났다. 당연히 그녀는 자연의 가이드가 되어줄 그를 사랑하게 될 것이다. 술을 많이 마시는 남성은 알코올 중독인 여성과 사랑에 빠지게 되고, 그런 연인의 모습에 대응하다 보면 자신의 알코올 중독 문제와도 맞서게 된다.

그런가 하면 사랑의 생물학에 관심 있는 사람들은 뇌에 사랑할 대

전쟁의 시작

상을 선택하는 일을 담당하는 특별한 시스템이 있다고 생각한다. 헬렌 피셔(Helen Fisher)의 설명에 따르면 그 시스템은 '선호하는 파트너에게 짝짓기 시도를 집중하도록'[6] 하며 유전적 우위를 가진 개체가 파트너로 선호되게 한다. 동물의 경우 이 시스템은 특정한 짝짓기 대상에게로 향하는 에너지를 증가시킨다. 인간은 끌림이 평생 이어질수 있고 짝짓기 없이도 끌리며 흥분감과 결합 욕구, 대상에 대한 지속적인 생각이 존재한다. 생물학자들은 집중할 대상을 어떻게 선택하는가 하는 문제에서는 페로몬을 제시했다.[7] 무취의 입자인 페로몬은 여러 종에서 공격성이나 성적 순응 상태에 대한 신호로 사용된다. 하지만 그것은 이메일이나 편지만으로 사랑에 빠지거나 화학작용에 따라 순식간에 차갑게 사랑이 식어버리는 이유를 설명하지 못한다.

사람들은 대부분 좋은 파트너에 대한 기준이 분명하고도 넓은 듯하다. 그 기준에 맞는 사람이 적절한 순간에 적절한 상황에서 나타나면 사랑에 빠지고 싶어 하고 상대방도 자신을 좋아한다고 믿는다. 특히 민감한 사람들은 숙고하는 성향 덕분에 자신이 원하는 바를 정확히 알고 미묘한 것까지 알아챌 수 있다. 타인의 외적인 특성과 내적인 특성도 민감하게 알아차리므로 올바른 대상이 나타나면 확신을 가지고 깊이 빠져드는 것이다.

• 기질이 어떻게 끌림으로 이어지는가

누구에게나 좀 더 끌리는 성격과 기질이 있다. 나는 특히 민감한 이들에게 상대방의 기질은 최소한 두 가지 상황에서는 매우 강렬한 끌림을 느끼게 하는 요소임을 확신한다. 같은 기질에게 특별한 끌림을 느끼는 것이 그 첫번째로, 마치 쌍둥이를 만난 듯 큰 안도감과 함께 즉각적으로 끌린다. 사람이 자신과 비슷한 사람에게 끌린다는 사실은 수많은 연구에서 밝혀졌다. 한 연구에서는 가장 기본적인 유사점인 DNA가 비슷한 사람일수록 서로 사랑할 가능성이 크다는 결과도 나왔다.

하지만 강렬한 끌림의 두 번째 이유는 정반대의 기질이다. 민감한 사람에게 그렇지 않은 사람은 (자신을 제외한 대다수처럼) 멋진 '정상인'이자 훌륭한 능력을 잔뜩 가진 사람처럼 보인다. 높은 자극에도 버티는 등, 자신에게 없는 그들의 능력이 마법처럼 느껴지기까지 한다. 자신도 그렇게 되고 싶거나 적어도 그런 사람과 함께하고 싶다고 느낀다. 그러면 온전한 존재가 되리라고 생각하는 것이다. 그런 사람이 나를 사랑한다니 영광으로 느껴지기까지 할지도 모른다. 물론 상대방도 민감한 나를 마법처럼 신비로운 존재로 여길 수 있다. 양쪽 모두 서로 강렬한 끌림을 느낀다. 저렇게 대단한 사람이 나를 사랑한다니, 기쁨이 넘쳐흐른다.

강렬한 끌림은 누군가와의 관계가 끝났거나 끝나가고 있을 때 일어나기도 한다. 우리는 흔히 마지막 파트너의 기질과 정반대인 사람에게 끌린다. 차이를 통합해 온전해지려는 욕구가 인간의 본능이라고, 좀 더 쉽게 말하자면 남의 것이 더 좋아 보이는 법이라고 말할 수 있을지도 모른다. 민감한 사람의 경우에는 그런 특징이 더욱 두드러진다. 마지막 파트너도 민감한 사람이었다면 다음번에는 자신과 다

전쟁의 시작

른 기질의 사람을 만나 온전해지고 차이를 받아들여 여러 장점을 취하고 싶을 테다. 그러나 마지막으로 만난 파트너가 민감하지 않은 사람이었다면, 이번에는 깊이를 접하고 싶어 자신과 비슷한 사람을 만나고 싶을 것이다.

즉 어떤 사람을 만나든 민감한 사람은 '바로 이 사람'이라고 생각하게 하는 상대의 특별한 자질을 더욱 민감하게 인지한다.

_____ 상대방의 장점을 곱씹다가 사랑에 빠진다

여기에서 장점이란 몸과 마음, 정신, 영의 아름다움을 뜻한다. 연구에 따르면 어떤 대상에 대해 감정적으로 숙고할수록 그 대상에 대한 감정도 강렬해진다.[8] 불쾌한 감정을 일으키는 사람을 오래 생각해볼 일은 당연히 없을 테다. 즉 사랑할 만한 사람에 대해 오래 숙고할수록 실제로 그 사람을 사랑하게 된다. 물론 연인의 결점이나 약점을 알게되면 사랑이 변하거나 아예 식기도 하지만 여기에서는 사랑에 빠지는 것만 다뤄보자. 처음 만나 호감을 느끼고 계속 생각하다 사랑하게된다.

그렇다면 민감한 사람은 어떨지 쉽게 예상할 수 있다. 민감한 사람은 정보를 더욱 깊이 처리하고 오래 숙고해서 미묘한 부분까지 알아차리므로 막 좋아하게 된 사람의 좋은 점을 곱씹다가 정말로 사랑의 감정이 더욱 커질 가능성이 높다.

하지만 불안정하든 그렇지 않든 민감한 사람은 '내가 그 사람을 사랑하는 만큼 그 사람이 나를 사랑하지 않으면 어쩌지?', '떨어져 있을 수밖에 없는 상황이 오면 어떡하지?' 같은 생각도 할 테다. 두려움은 상대방에게 특히 강렬한 감정을 느끼게 한다. 기쁨도 마찬가지다. 민감한 사람들은 기쁨과 두려움 등 다양한 감정을 더욱 강하게 느낀다. 더 많은 감정을 느끼고 더 깊이 처리하므로 사랑에도 열렬하게 빠질 수밖에 없다.

_____ 감정을 환기하는 상황에서 사랑에 빠진다

내게 딱 맞는 사람을 만나야 사랑에 빠진다고 가정하는 사람들에게 두 사람이 만나는 환경의 중요성은 다소 놀랍게 다가올 것이다. 하지만 앞에서 말했듯이 인간은 상황이 따라주면 상대가 완벽하지 않아도 언제든 사랑에 빠질 준비가 되어 있는 듯하다. 달빛이 쏟아지는 밤과 바람 부는 해변처럼 낭만적인 배경이 중요한 이유가 무엇이겠는가?

아트는 유명한 '흔들다리 효과'[9] 연구를 통해 그 사실을 일찍이 발견했다. 이 연구에서 남성들은 높은 협곡에 설치된 흔들리는 다리와 시냇물에 놓인 낮고 안정적인 다리에서 매력적인 여성과 만났다. 남성들은 흔들다리에서 만난 여성에게 더욱 끌렸다. 그 후 실시한 여러 연구에서도 비슷한 결과가 나왔다. 흥분되는 상황에서는 어떤 사람이든 흥미로워 보인다.

• 흥분과 자극이 열쇠?

이후의 여러 연구들로[10] 영화 보기, 심지어 실내 자전거 타기 등 거의 모든 종류의 흥분이 끌림을 일으킨다는 사실이 밝혀졌다. 만약 흥분이 사랑에 빠지는 열쇠라면 민감한 사람이 모든 새로운 경험에 흥분이나 자극을 느낀다는 점으로 볼 때 그런 순간을 함께하는 사람과 사랑에 빠질 기회가 더 많다는 뜻이다. 엘리베이터에 갇히거나 무인도에 표류하기까지 할 필요도 없다. 첫 도자기 수업에서 이루어지는 만남만으로도 충분하다.

• 심리치료사와 사랑에 빠지는 사람들

사랑에 빠지기 위해서는 상대가 아니라 상황이 중요하다. 심리치료 내담자들이 심리치료사와 사랑에 빠지는 일이 많다는 사실을 가장 먼저 언급한 사람은 프로이트로, 그것을 이상화 전이(idealizing transference)라고 불렀다. 이 용어 자체는 옛사랑이나 욕구가 살아나 다른 누군가에게 전이된다는 뜻이지만 민감한 사람에게는 그 이상이다. 심리치료는 보기 드문 깊이의 관심과 수용, 친밀함, 정신의 가장 신비한 측면을 파헤치는 기회를 제공하기 때문이다. 그런 상황을 제공하는 사람이라면 누구든 매력적으로 보일 테다. 심리치료사 에설 퍼슨(Ethel Person)은 『사랑과 운명적인 만남에 관한 꿈(Dreams of Love and Fateful Encounters)』에서 그런 상황을 고려할 때 '사랑은 탄생을 기다리는 영속적인 가능성인 듯하다'[11]라고 표현한다.

퍼슨은 심리치료를 받는 상황이나 거절당하지 않고 멀리서 바라만 보는 상황에서는 처음의 강렬한 감정이 더욱 오래 이어지기도 한다는 점도 지적한다. 앞에서 언급했듯이 일상적 '사실'에 방해받지 않고 타인의 좋은 점을 숙고할 때 사랑이 피어난다는 뜻이다. '흔들다리 효과'가 처음의 끌림을 보여준다면, 심리치료는 끌림이 상황에 따라 얼마나 지속되는지 보여준다. 퍼슨은 이렇게 설명한다. '거절당할 일이 없다는 안전함과 상대가 화답해주리라는 희망(또는 착각)이 보장되는 동시에[12] 충분한 구조적 분리가 허용될 때, 사랑에 빠지는 상상의 작업이 이루어질 수 있다.'

• 상황 + 상상력 = 사랑

상상력이 매우 뛰어난 HSP에게는 사랑에 빠지는 일에도 상상력이 큰 역할을 한다. 좋은 생각을 떠올리게 하는 상황일수록 상상력은 더욱 들썩인다. 희미한 달빛 아래 혹은 바람 부는 해변에서는 상상력이 더욱 활발해진다. 예를 들어 숲으로 둘러싸인 협곡의 흔들다리에서는 상상해볼 요소가 많다(저 여자는 왜 여기까지 왔을까, 케이블이 고장 나면 어떻게 될까?). 아트는 흔들다리 외에 다른 여러 상황에서도 실험을 했다.[13] 남성들을 역할 연기에 참여시켜 여성이 남성 피실험자의 이마에 산성 용액(사실은 물이었다)을 떨어뜨리는 고문을 하거나, 뭔가 신체 대결을 하면서 크고 작은 난관 끝에 남성이 이기도록 해주었다. 흔들다리와 고문극, 강인한 여성과의 신체 대결에서 이기는 일 모두 환기적이고 '전형적인' 상황을 만들려는 연구진의 다소 서툰 시도였다. 어쨌건 결과는, 평범한 상황에서보다 상대에게 더욱 강하게 끌리는 것으로 나타났다.

민감한 사람은 거리를 걸을 때나 개 두 마리가 노는 모습을 볼 때 혹은 책을 살 때 등 밖에 나가 있을 때 더 많은 상상을 하고 사물 이면의 심오하고 전형적인 측면을 의식한다. 가장 깊은 수준으로 상황을 인식한다고 말할 수 있을 것이다. 밖에 있을 때 집에서보다 더 많은 자극을 받는다는 말로도 설명된다. 어쨌든 중요한 점은 상황이 특별해야 사랑에 빠질 수 있다는 것은 모든 사람에게 중요한 일이지만 민감한 경우 더욱 그렇다는 것이다. 신체적인 자극을 일으키거나 낭만적이거나 깊은 수용을 느끼게 하거나 감정을 환기하거나 매우 전형적인 상황에서 사랑에 빠질 가능성이 크다.

_____ 무의식의 강력한 힘이 사랑에 빠지게 만든다

사랑하는 대상을 선택하는 데에 무의식적인 이유가 작용할 수 있다는 말은 이미 했다. 무의식에는 인간을 사랑으로 힘껏 떠미는 고유한 이유가 있을 수 있다. 특히 민감한 사람은 떠밀리기가 더욱 쉽다. 앞서 살펴보았듯이 무의식에 더욱 열려 있기 때문이다. 민감한 사람은 개인적이고 집단적인 기억과 상징, 개념, 두려움으로 억압된 트라우마, 인간의 본능이 제거된 현대적 생활방식 때문에 잃어버린 지혜 등이 들어 있는 무의식의 영역을 더욱 날카롭게 의식한다. 사랑에 빠지기 쉬운 감수성과 무의식을 감지하는 능력은 서로 연결된 듯하다. 사랑에 빠지는 것 또한 무의식에서 나오는 통제 불가능한 힘이기 때문일 것이다. 어떤 사람들은 그 힘에 다른 사람들보다 더욱 열려 있다. 예를 들어 게리는 사회화가 잘 이루어진 정상적인 남성이다가도 사랑하는 사람과 함께하기 위해서라면 사회 법칙을 무시하고 무엇이든 할 수 있는 남자가 되었다.

사랑과 무의식의 연결고리가 새로운 개념은 아니다. 프로이트파는 인간이 무한한 성적 만족감을 추구하는 유아기적인 소망 때문에 유아기로 퇴행, 사랑에 빠진다고 했다. 유아기에 더 큰 관심을 가지지만 인간의 본성에도 친절한 관점을 보이는 애착 연구자들은 인간이 유아기의 애착, 혹은 그때 가지지 못한 애착을 얻고 싶어 한다고 말한다. 융 학파는 이 두 가지 관점에 모두 동의할 테지만 인간이 사랑을 통해 신, 창조, 사랑받는 자(the Beloved)와 이어질 기회를 감지한다는 견해를 추가한다.

• 본질적 정신의 천국으로 돌아가다

이 모든 관점은 사랑에 빠지면 천국을 상상한다는 말과 들어맞는다. 민감한 사람은 상상력이 더욱 뛰어나다. 이성적으로는 천국이 존재하지 않는다는 사실을 알지만, 천국을 상상하고 찾으려는 시도는 삶을 더욱 거대하게 보이도록 만든다. 사랑에 빠지는 일이 좋은 이유는 이성적인 관점을 거부하고 매우 확장적이며 인간의 통제를 벗어나기 때문이다. 무의식처럼 말이다. 늑대들이 돌아다니는 성벽 밖의 숲처럼 야생이다.

사랑은 존 데스테이언(John Desteian)[14]이 말하는 본질적 정신(essential spirit)을, 우리 안에 회복시켜준다. 본질적 정신은 우리가 항상 갈망하지만 그가 우세적 정신(prevailing spirit)이라고 부르는 것에 순응하면서 점점 잃어가는, 다채롭고 지적인 측면의 삶을 말한다.

우세적 정신은 세상이 가르쳐주는, 대다수에게 효과적인 방식이다. 사랑에 대해 세상은 강력한 끌림이 평생 파트너를 선택하는 최선의 지침이 아니며, 결혼에서는 타협하거나 실망감을 받아들이기도 해야 하며, 배우자 이외의 사람을 사랑하면 현재의 관계를 해치는 충동적인 행동으로 이어지기 쉽다고 가르친다. 우세적 정신은 개인의 삶에 대한 관점이 되기도 한다. 특히 민감한 사람이 그렇다. 훌륭하고 필수적인 관점인 것이다. 하지만 건조하고 현실적인 우세적 정신에 자양분을 공급해주는 심오하고 본능적인 본질적 정신도 중요하다. 민감한 사람은 본질적 정신의 필요성도 직관적으로 알아차린다. 본질적 정신이 저 깊은 곳에서 삶의 표면으로 올라와, 자신과 사회를 부활시켜줄 통로 중 하나가 사랑에 빠지는 것임을 감지한다.

두 가지 정신에 모두 충실히 하는 민감한 사람이 일단 사랑에 빠지면 열렬하게 빠진다는 사실은 전혀 놀랍지 않다. 사랑과 비이성적인 행동에 저항하는 우세적 정신은 댐과도 같다. 댐이 높을수록 한번 무너지면 더욱 강력한 홍수가 발생하듯이 민감한 사람은 어떤 대가를 치러야 하건 기어코 사랑에 빠진다. 민감하다는 기질 그리고 사랑에 빠지는 일은 둘 다 본질적 정신의 표출을 의미하는 듯하다. 민감함과 사랑은 천생연분이다.

• 본질적 정신과 우세적 정신은 합쳐질 수 있을까?

본질적 정신의 관점으로 보자면 사랑에 빠지는 것은 민감한 사람이 특히 갈망하는 '결합'과 관련 있다. 깊은 본능 혹은 본질적 정신과 우세적 정신에 길든 일상적인 감정과 욕구와 가치와의 결합이다. 깊은 본능과 표면적인 감정이 합쳐지면 인간이 문명화를 통해 이성적인 존재가 되면서 잃어버린 온전함의 상태가 만들어진다. 특히 본질적 정신과 우세적 정신은 민감한 연인들의 관계 속에서 결합하여 생명을 잉태할 수 있다. 연인이 그런 식으로 새로운 생명을 만들면 모든 사람이 알아차린다. 한때 그들에게 중요했던 것에 흥미를 잃고 완전히 새로운 것에서 의미를 발견하는 모습을 보여주기 때문이다.

특히 민감한 사람에게 사랑을 통해 생명이 잉태되어 태어난다는 것은 강한 적응 의지를 가진 우세적 정신의 태도를 가진 고립된 개별적 자아의 종말을 보려는 본능과 욕구를 의미한다. 자아는 더 큰 것을 위해 자신을 희생하고자 한다. 사랑하는 사람뿐만 아니라 관계, 관계가 낳은 아이, 사랑받는 자, 우주적 존재를 위해 말이다.

• 새로운 유형의 사랑

융 학파 심리분석학자 존 하울레(John Haule)[15]는 저서 『신성한 광기(Divine Madness)』에서 수피파는 심오한 사랑이 파나(fana)라고 불리는 '다음 차원'의 감정, 즉 새로운 유형의 사랑을 탄생시킬 수 있다고 믿음을 설명한다. 파나는 자아를 잃고 신을 관조함을 말한다. 기독교와 유대교 신비주의자들도 신의 사랑을 통해 비슷한 행복 상태에 이를 수 있다고 한다. 하지만 낭만주의 음유시인들과 수피파는 타인을 통해 신의 영역으로 사라지는 방법으로도 파나에 이를 수 있다고 강조했다.

나는 민감한 사람이 사랑에 빠졌을 때 그런 경험을 할 가능성이 크다고 믿는다. 그것이 이성적이지 못하고 어리석은 일이 아니라 우리의 안과 주변에 항상 존재하는 천국이라고 타인에게 설명하는 일 말이다.

물론 파나는 민감한 사람이 그렇지 않은 사람보다 출구 없는 사랑의 열병이나 착각의 숭배에 잘못 빠질 가능성을 높일 수도 있다. 하지만 수피들은 진정한 파나라면 바카(baqa)로 이어지리라고 말한다. 바카는 사랑의 또 다른 '차원'인데, 이 상태에서는 자기 안의 더 거대한 성격 혹은 세상 속의 더 큰 힘에 둘러싸인다. 타자가 없고 오로지 하나(one)만이 존재한다. 이 관점대로라면 영적인 산물을 통해 진정한 사랑을 알 수 있다. 진정한 사랑은 가장 심오하고 초월적인 자아에 대해 알게 해준다.

◆

이루어질 수 없는 사랑

민감한 사람은 '이루어질 수 없는' 사랑에 빠질 가능성도 크다. 유난히 열렬하게 사랑에 빠지는 것과 똑같은 이유에서다. 이루어질 가능성이 있는 대상이 누구이고 누가 나에게 관심 있는지 같은 의식적이고 현실적인 문제를 무의식이 항상 존중하지는 않기 때문이다. 미묘한 신호를 감지해 상대방이 무의식적인 관심을 보낸다 생각하곤 관심을 기대하지만, 사실 상대방은 조금도 관심을 의식하지 못한다. 또한 의식적으로는 사랑하고 싶지만 무의식적으로는 친밀함을 두려워하기 때문에 이루어질 수 없는 사랑이 최선의 해결책으로 자리 잡았을 수도 있다. 특히 두려움형과 거부 회피형의 애착 유형을 보이는 사람들이 그렇다.[16]

상대방이 화답해줄 수 없거나 화답해주지 않을 사람을 사랑하게 되었다면 어떻게 해야 할까? 이루어질 수 없는 사랑이라는 호랑이를 다스리는 법을 배워서 변화를 일으켜야 한다. 그래야 굴욕감이나 영구적인 피해가 발생하거나 친밀한 관계를 아예 피하게 되지 않는다. 특히 그러한 사람과 외적인 관계를 맺으려는 의지를 억누르려면 강해져야 한다. 대신 내적인 측면에서 관계를 맺을 수 있는 선택권은 항상 존재한다는 깨달음이 가장 중요하다.

자신이 외적 연인의 실제적인 헌신과 관심, 보살핌을 받을 자격이 충분하다는 믿음도 필요하다. 내적 연인에게는 많이 기대할 수도 적게 기대할 수도 있다. 적은 기대는 육체적인 실체와 교감이 없음을 뜻하며, 많은 기대는 연인이 내적 존재일 경우 파나와 바카에 이르기가 쉬움을 뜻한다. 물론 균형 상태에 이르면 지혜가 늘어나고 내적 연인은 물론 실체 있는 현실 연인의 존재까지 더해져 기쁨과 안정감이 더욱 커진다.

이루어질 수 없는 사랑을 자신에게 필요한 것으로 변화시키는 가장 훌륭하고도 간단한 방법은 카를 융의 말에서도 찾을 수 있다. 그는 '인간이 최선의 능력을 발휘하지 않으면 안 되도록……또 의지와 기지를 포기하고 아무것도 하지 않은 채로 관계에 담긴 성장과 발달의 힘을 믿고 그저 기다리도록 만들기 위해'[17] 무의식이 끔찍한 상황을 만드는 것이라 했다. 따라서 그는 벽에 부딪혔을 때 벽 너머를 보려면 힘들게 올라가지 말고 나무처럼 뿌리를 내리고 더욱 깊은 곳에서 명료함이 나오기를 기다리라고 할 것이다.[18] 이루어질 수 없는 불가능한 사랑과 마주했을 때는 자신의 깊은 내면으로 들어가 그 열정의 목적이 드러날 때까지 기다리라고 말이다.

◆

사랑을 하고 싶다면

이 장을 시작하면서 예고했듯이 먼저 사랑에 빠지는 이유를 둘러보았으니 이제 실용적인 부분으로 넘어가보겠다. 조금 더 편하게 사랑에 사랑에 빠지는 방법을, 새로운 관계가 더 깊은 사랑으로 향하게 하는 방법을 알아볼 것이다. 물론 당신이 원할 때 말이다. 사랑이라는 불가사의한 존재를 과연 몇 가지 제안으로 축소할 수 있을까? 그러나 일단 한번 도전해보자.

앞으로 소개할 방법들은 직접 행동으로 옮기는 복잡함과 어려움은 전혀 고려하지 않고 간결하게 설명되어 있다. 실제로는 절대 쉽지 않다는 사실을 나도 인정한다. 그러나 단언컨대, 조금만 노력해도 당신의 삶에 사랑의 기회가 더 많이 찾아오게 할 수 있다. 하루아침에 지상낙원을 만들지 않아도 되며 만들 필요도 전혀 없다. 그저 한 사람과의 애정이면 충분하다. 세상에 애정을 원하지 않는 사람은 거의 드물다.

우선 상대가 '현명한 선택'인지 알려주는 나만의 방법을 먼저 소개하겠다. 이어서 소개할 방법들을 잘못된 대상과 나누는 로맨스에 활용하는 일은 없어야 할 테니 말이다.

_____ 사랑에 빠지지 말아야 할 대상

아래의 내용은 그 자체만으로 누군가와 관계를 맺거나 아예 피하거나할 이유가 되지는 않지만 내 경험상 놀라울 정도로 정확한 예측지표다. 지침은 민감한 사람에게 더욱 유용하다. 민감한 사람은 모든 사람에게 감정 이입을 하고 친절에 감사할 줄 아는 데다 '심각하게' 예민한자신을 사랑해줄 사람을 만날 수 있다는 확신이 없어 '주어진 상황에만족'하려고 하기 때문이다. 하지만 당신을 있는 그대로 받아들이고당신의 진가를 알아줄 사람은 반드시 어딘가에서 기다리고 있다.

- 일레인의 제1법칙: 상대가 어머니를 어떻게 대하는지 보라. 그어머니가 형편없는 대우를 받아도 마땅한 사람인지는 중요하지 않다. 상대가 어머니를 제대로 대우하지 않는다면 태어나최초로 경험한 관계가 그다지 친밀하지 못했음을 뜻한다.
- 따라서: 당신이 어떤 애착 유형이건 안정된 애착 유형을 가진사람을 찾아라. ('안정형'인지 알아보는 방법은 3장에서 설명했다.)
- 문화가 다른 사람과 우정을 쌓는 일은 멋지지만 평생의 파트

전쟁의 시작

너로서는 신중하게 생각하라. 상상하지 못한 의견 차이와 압박감이 있을 것이다.

- 상대의 커리어를 살펴라. 보통 민감한 사람은 남보다 커리어 변화를 자주 겪지만 열 번도 넘게 해고당했거나 피해 의식으로 그만두었다면 직장 관계가 원만하지 못하다는 뜻이다. 서로 힘을 합쳐 일하는 것은 커플 관계에서도 중요하다.

- 자기 이야기만 하고 당신에게 별로 감정 이입하지 않는 사람을 조심하라.

- 몸매와 외모에 집착하는 사람도 조심하라.

- 종류를 막론하고 무언가에 중독된 사람을 피하라. 이를 극복한다면, 그때 사랑에 빠져라.

- 비록 몇 번에 불과하더라도 과거에 폭력적으로 분노를 폭발한 경험이 있는 사람과는 가까이하지 마라. 앞으로도 얼마든지 그런 일이 생길 수 있다.

_____ **비슷한 사람을 만나는 방법**

1. 민감한 사람이 가는 곳에 가고 민감한 사람이 하는 일을 하라. 그러려면 그들과 같은 사고방식을 가져야 하는데, 민감한 당신에게는 쉬운 일이다. 당신이라면 너무 자극적이지 않지만 심오하고 흥미로운 경험을 원할 때 무엇을 하겠는가? 세미나 (사람을 만날 기회가 주어지는 긴 세미나)나 종교, 예술 및 문화 행

사에 참석하라. 하지만 사람이 많은 곳은 피해야 한다. 자연으로 나가 하이킹, 조깅, 수영, 사이클링, 카약처럼 혼자서 하는 활동을 시도하고 그런 스포츠를 즐기기에 적당한 장소에서 만나는 사람과 대화를 한다. 다른 HSP와 대화를 나누려면 당신도 혼자여야 한다는 사실을 기억하라. 민감한 사람은 사람들이 많은 장소에 잘 가지 않으니 그들을 만날 수 있는 곳도 없다는 생각을 버려라. 시도해볼 만한 장소는 얼마든지 많다.

2. 알아보는 방법을 익혀라. 일단 알아차리기 시작하면 그리 어렵지 않다. 민감한 사람에게는 특유의 외모나 분위기가 있다. 말로 형용하기 힘들지만 (기질도 그렇고) 성격은 몸과 얼굴에서 드러나기 마련이다. 습관적인 몸짓과 표현에 따라 근육이 자리 잡기 때문이다. 일반적으로 민감한 사람들은 생각이 깊고 약간 연약하며 심하게 경계하거나 회한이 있는 듯해 보인다. 보통 구석에 자리 잡는 경우가 많은데 주변을 관찰하고 숙고하는 매우 차분한 모습으로 비치기를 바라지만 과도한 자극으로 난처하거나 멍해 보일 수도 있다. 무리 안에서는 말수가 적지만 과각성 상태에 이르거나 관심을 피하고 싶을 때는 놀라울 정도로 날카롭거나 지루한 말을 하기도 한다.

3. 주변 사람들에게 소개를 부탁한다. '나처럼 예민한 사람'을 소개해달라고 하면 된다. 혹은 '외향적'이거나 '조용한' 사람이라고 표현할 수도 있다. 가장 외향적이고 사교적인 친구에게 부탁하면 더욱 좋다. 그런 사람들은 흥미롭다고 생각해서 민감

한 사람들과 알고 지내는 경우가 많은데 미처 당신에게 소개해줄 생각을 못 했을지도 모른다.

4. 민감한 사람에게 접근할 때는 신중하고 꾸준해야 한다. 모임에서 우연히 만나거나, 주변에서 소개를 받거나, 누군가와 대화를 나누던 모습을 봤다고 해보자. 분명 그 사람은 모르는 사람을 만나볼 생각은커녕 어떻게 하면 빨리 자리를 뜰지를 궁리하고 있었을 테다. 그럴 때는 누군가 나에게 이런 식으로 다가오면 좋겠다고 생각하는 방법으로 타인에게 접근하면 된다. 배려 있고 너무 노골적이지 않은 태도로 상대방이 당신을 관찰하고 숙고할 여지를 충분히 남겨라. 함께 보고 있는 무언가를 언급해도 된다. 이를테면 어떤 장면에 담긴 미묘한 아름다움이나 무리 안에서 벌어지는 상황에 대한 발언처럼 민감한 사람들이 할 만한 말을 하라. 상대방에게 한숨 돌릴 여유와 깊은 대화를 제공한다고 생각하라. 대화 주제는 어떤 모임인지에 따라 달라질 수 있다. 모임의 성격에 따라 상대가 어떤 사람인지도 짐작할 수 있을 것이다.

하지만 대화를 시도했는데도 상대방의 얼굴에 '벗어나고 싶은' 표정이 역력할 수도 있다. 상대방에게 매우 시끄러운 상황이라는 사실을 이해하고 그냥 자리를 뜰 수도 있겠지만, 조용한 장소를 찾아보는 방법도 있다. 나중에 조용한 장소에서 만나 대화를 나누면 좋을 것 같은데, 연락처를 교환하지 않겠는지 물어도 된다.

민감한 사람을 알아갈 때는 상대방을 성가시게 하지 않는 선에서 꾸준하게 노력해야 한다. 만약 중립적이거나 집중하지 못하는 듯한 반응이 돌아와도 명백한 거절은 아니므로 다시 시도해본다. 가능성 없는 지표들 앞에서는 위험을 무릅쓰지 않는 당신의 평상시 성격에 어긋나는 행동이겠지만, 반드시 극복해야 할 일이다. 상대방은 잠깐 멈추어 당신에 대해 숙고해볼 것이다. 시도하면 그들의 마음이 바뀔 가능성이 몇 번이나 있지만, 시도하지 않는다면 기회조차 없을지도 모른다.

_____ **반대의 사람과 만나고 싶다면**

1. 민감하지 않은 사람들이 갈 만한 장소에 간다. 단, 당신도 감당할 수 있는 곳이어야 한다. 사실, 민감하지 않은 사람은 어디에서든 마주칠 수 있다. 교향곡 콘서트나 환경운동 단체의 하이킹처럼, 당신이 좋아하는 장소에서 비HSP를 찾아보는 것도 좋은 방법이다. 그런 곳에서 만나는 사람이라면, 분명히 공통점이 있을 것이다.

    가능하다면 자극적이지 않은 장소에서 대화를 나누어야 한다. 당신이 집단이나 낯선 사람과의 만남에 불편함을 느낀다면 굳이 무리 안에서 모르는 사람에게 말을 걸려고 하지 마라. 최선의 모습을 보여주기 어려울 테니 말이다. 되도록 집단에서 벗어나라. 예를 들어 하이킹할 때 상대방과 둘이 뒤처지거나 앞서갈 기회를 엿본다. 수업이나 파티 등 집단 환경에서 만나 따로 산책이나 식사를 제안할 수도 있다.

2. 심한 자극이나 불안감이 느껴지면 상대방에게 질문하고 귀 기울인다. 첫 만남이든 언제든 자극이 심해지면 당신에게서 상대방에게로 화제를 돌린다. "어느 지역 출신이세요?"나 "여행지로 어디를 좋아하세요?" 등 단순히 예, 아니오로 대답하기 어려운 질문들을 미리 생각해둘 수 있다. 상대방은 별 초조함 없이 자유롭게 말하기 시작할 테다. 상대방의 말에 귀 기울이다 보면 걱정도 잊게 될 것이며 당신이 성의 있게 들어주는 모습에 상대방이 좋은 인상을 받을 수도 있다.

3. 너무 듣기만 하지 말고 자기 이야기도 해야 한다. 당신의 가장 흥미로운 측면을 상대방의 흥미를 유도하는 쪽으로 언급하는 방법을 미리 생각해둔다. 내 연구에 따르면 보통 민감한 사람들은 첫인상보다 두 번째 인상이 훨씬 좋다. 우리에게는 미리 준비된 재치는 없을지라도 첫 만남에서 드러나기 어려운 깊은 생각이 있다.

하지만 민감하지 않은 사람 모두가 당신이 하는 생각의 깊이를 달가워하지는 않을 것이다. 이럴 때는 상대방의 반응을 파악하면서 계속 대화를 이어가야 하는지 판단하라. 상대방은 당신이 듣기만 하면 처음에는 좋아할 것이다. 하지만 연인으로 발전하면(당신은 고마운 마음에 받아들일 테니까) 당신은 항상 듣기만 하는 일방적인 관계가 되어버린다.

4. 둘의 차이를 예상하라. 머지않아 두 사람의 차이가 수면 위로 떠오를 것이다. 처음부터 준비가 되어 있어야 한다. 당신부터 있는 그대로의 자신을 옹호하고 두 사람 모두가 당신의 민감함과 성별, 뿌리를 당신의 일부로 존중해야 한다. 그와 동시에 상대방의 기질과 성별, 뿌리도 존중한다. 두 사람의 차이가 가져오는 결과를 전부 좋아할 필요까지는 없다. 거슬리는 부분이 있다면 상대방에게 드러내 거슬리는 감정을 존중해야 한다. 하지만 그렇다고 상대방이 바뀌어야만 한다는 뜻은 아니다.

당신의 직관과 빠른 통찰에 상대가 위협을 느낄지도 모른다는 사실을 잊지 마라. 두 사람의 차이가 서로 보완적인 역할을 한다는 사실을 언급하고, 상대방의 능력이 드러날 때마다 칭찬하라.

관계를 발전시키는 방법

상대가 민감한 사람이건 아니건, 사랑에 빠지고 싶으면 관계를 발전시켜야 한다. 미리 계획된 친밀함이라니, 상대방을 조종하는 듯해 보이는가? 상대방에 대한 관심이 진심이라면 그렇지 않다. 미리 계획하는 것은 낭만과 거리가 멀지 않은가? 사랑은 자연스럽게 이루어져야 하지 않나? 모두 당신의 인내심에 달린 문제지만 나는 사회심리학자로서 상황과 그 상황에서 뭘 하는지(개인이 통제할 수 있는 부분)가 사랑을 크게 좌우한다고 믿는다. 첫 만남과 달리 관계의 발전은 더더욱 당사자들에게 달린 문제다.

전쟁의 시작

1. 상대가 마음에 든다면 마음을 전하라. 솔직한 감정을 전하는 일은 사랑에 뛰어들기 위한 가장 위험한 모험이다. 너무 부담을 주거나 마음을 과장하면 안 된다. 어쨌든 감정이 커지면 결국 둘 중 한 사람은 인정하게 될 테고, 그러려면 당신 자신의 마음부터 솔직히 인정해야 한다. 영원한 헌신을 약속해야 하는 것도 아니고 그저 현재의 감정을 솔직하게 전하면 된다.

2. 창의적이거나 감정적인 의미가 있는 상황에서 함께 시간을 보내라. '같이 엘리베이터에 갇힐 기회라도 만들라는 건가'라고 생각할지도 모르겠다. 물론 사랑에 빠지기 위해 장소를 선택하라는 말이 계산적으로 들릴 수도 있다. 하지만 사람들은 누군가와 밖에서 만날 때마다 계획을 세운다. 로맨틱한 계획이다. 그러니 창의성을 발휘해보면 어떨까? 실내에서 즐기는 소풍이더라도 껍데기만 번지르르한 프랜차이즈 음식점에서 점심을 먹는 것보다 훨씬 흥미진진하다. 동물원에서 사자를 구경하며 도시락을 먹는 것은 어떤가? 창의성과 상상력이라는, 민감한 사람이 갖고 있는 재능을 사람과의 관계에 보태어보라.

   강렬한 경험을 함께할 때 관계가 가장 깊어진다. 학생들은 시험공부를 함께 하고, 운동선수들은 플레이오프전을 함께 뛰며, 부모들은 임신과 육아 경험을 다른 부모들과 나누면서 유대감을 키운다. 타인들의 유대 관계가 담긴 영화나 영상을 같이 본다고 유대감이 자라지는 않는다. 위기가 닥쳤을 때 상대방에게 함께해달라고 부탁해보자. 당신이 치과에 가거나 어머니의 수술이 끝나기를 기다릴 때 같은 상황이 될 수 있다. 애완견을 잃었을 때 대화를 나누는 방법도 있을 것이다. 상대방에게 위기가 닥치거나 만날 시간도 없을 정도로 바쁠 때는 도와줄 일이 있는지 묻는다. 원하지 않는 수준까지 도와줄 필요는 없지만, 빨래나 고양이 화장실 청소 같은 일을 도와주는 것은 함께 레스토랑을 고르는 일보다 상대방의 생활 속으로 들어가는 훨씬 친밀한 교류다.

3. 정신분석에서 말하는 전이를 적용하라. 상대방에게 큰 수용의 자세를 보인다. 사랑에 빠진 사람에게는 무척 쉬운 일일 테다. 애정 어린 돌봄과 배려로 상대방이 의지하고 유쾌해지고 아이 같아질 수 있도록 해준다. 고립, 즉 둘만의 세계도 잊으면 안 된다. 시나 신화 속의 사랑 이야기를 서로 읽어주며 원형을 접할 수도 있다. 무엇보다 친밀함, 드러냄, 믿음, 진정성을 가꿔나간다.

4. 솔직해져라. 이 말이 지겨울지도 모르지만 감정에 솔직할수록 관계의 친밀함도 커진다. 물론 솔직함에는 한계가 있다. 대개는 관계가 어느 단계에 머물러 있는지와 상관있다. 관계가 발전함에 따라 친밀한 자기 노출도 이루어지는데 민감한 사람들은 대개 어느 단계에서 어느 정도가 적절한지 감지한다. 때가 되어 관계를 다음 단계로 발전시키는 데 앞장선다는 것은 상대방에 대한 마음을 먼저 고백한다는 뜻이다. 심오한 반응을

전쟁의 시작

일으킬 수 있다.

사랑하는 마음 말고 또 무엇에 솔직해야 할까? 상대방의 반응이나 두 사람의 미래에 대한 두려움을 털어놓아도 된다. 상대방 때문에 실망하거나 거슬렸던 일을 고백할 수도 있다. 그런 일들을 해결해놓으면 대부분은 유대감이 깊어진다. 커플로서의 두 사람에 대한 인식이나 (불과 몇 시간밖에 안 되었더라도) 두 사람의 '역사' 이야기를 해볼 수도 있다. 두 사람만의 습관이나 만날 때마다 하게 된 말도 좋다. 관계가 나아갈 준비가 되었다면 상대방도 당신과 비슷한 감정과 생각을 드러낼 것이다.

5. 성급하게 잘못된 결론에 도달하지 마라. 가까운 사람이 거짓말을 하면 어쩔 수 없는 상황이거나 예외적인 일이라고 생각하는 반면, 잘 모르는 사람이 하는 거짓말은 정직하지 못한 성격 탓으로 여긴다는 것은 심리학 분야에서 널리 알려진 사실이다.[19] 누군가에게 메시지를 남겼는데 연락이 없다고 해보자. 상대가 친구라면 바쁘거나 자동응답기가 고장 나서라고 생각할 테다. 상황으로 설명이 된다. 하지만 아직 잘 모르는 사람에게 데이트 신청을 했는데 연락이 없다면 나 따위에 관심이 없거나 무례하거나 무심해서라고 생각한다. 성격으로 설명하는 것이다. 하지만 생각해보자. 너무 바쁘거나 자동응답기가 고장 나서 연락을 하지 못할 확률은 친구건 잘 모르는 사람이건 똑같다. 다시 연락하라.

그런데 수많은 민감한 사람들을 포함해 자존감이 낮은 사람들은 자신과 타인에 대한 결론에서 이 오류가 뒤집힌다. 자신이 실수하면 성격적 결함 때문이라고 하고, 남이 실수하면 우연히 그렇게 되었다고 상황으로 설명한다. 자신이 잘 모르는 사람이 한 연락에 답하지 않으면 비겁하고 부끄러움 많은 성격 때문이라고 생각한다. 타인이 연락에 답하지 않으면 내가 마음에 들지 않거나 너무 바빠서라고 생각한다. 전화를 건 쪽은 당신이다. 이것은 분명한 사실이다. 당신의 상황을 고려해보자. 당신이 전화 걸기를 망설이는 이유는 상대방이 첫 만남에서 친절하지 않았기 때문일 수도 있다. 하지만 자신이나 타인에게 성격 탓을 하지 않을수록 자기애와 타자애가 모두 커진다. 부끄러움이 많거나 무례하거나 너무 민감하다는 꼬리표로 사람을 완전히 설명하기는 불가능하며, 상황은 매우 복잡하고 다채롭고 종종 예측하기 어려운 데다가 매우 흥미진진하다는 사실을 알아야 한다.

6. 여유를 가져라. 일반적인 고정관념과 달리 첫눈에 사랑에 빠지는 경우는 전체의 약 11퍼센트에 불과하다.[20] 익숙함이 점점 사랑으로 변하는 경우가 더 많다. 특히 민감한 사람은 상대방에 관한 판단을 내릴 때까지 시간이 필요하다. 상대도 민감한 사람이라면 마찬가지로 시간이 필요할 것이다. 함께 시간을 보내면서 두 사람의 관계에 대해 생각해볼 시간 역시 필요하다. 감정은 바뀔 수 있다. 평소에도 얼마나 자주 바뀌는가. 상대방에 대한 감정이 커질 수도 사그라질 수도 있다. 하지만 시

간은 당신 편이다. 상대에 대해 많이 알수록 어떤 결과가 나오든 최선일 수 있다.

◆

사랑에 빠지지 말아야 할 때

사랑에 빠지기 싫을 때가 있을지도 모른다. 아무리 굴곡이 많더라도 현재 파트너와의 관계를 지키고 싶다면 모든 출구를 닫은 채 대안을 무시해야 한다. 사랑에 빠지기를 막는 방법은 다음과 같다.

1. 상대방에게 이성의 감정을 표현하지 마라. 상대방은 그런 감정에 쉽게 화답한다.
2. 매력적인 사람과의 흥분되고 친밀하고 자극적인 상황을 피하라. 만약 그런 상황에서 상대방에게 매력을 느꼈다면 있는 그대로 받아들인다. 상황 때문이라고.
3. 특정한 기질에 끌릴 수 있음을 인정하라. 파트너의 기질에 따라, 당신은 그 반대의 사람에게 로맨틱한 충동을 느낄 수 있다. 하지만 전부 다 가질 수는 없는 법이다. 가진 것에 감사하고 끌림을 행동으로 옮기지 말아야 한다. 파트너에게 없는 기질을 가진 사람과 순수한 우정을 쌓으면 더 좋다.
4. 누군가를 사귈 의향이 분명한 사람과는 친밀해지지 마라. 친

밀함은 파트너 혹은 연인 관계로 변할 가능성이 없는 친구들과 나눈다. 친밀해지지 말라는 말은 개인적인 생각을 나누거나 솔직함과 수용, 친절로 신뢰를 쌓거나 둘만의 시간을 보내지 말라는 뜻을 포함한다. 특히 '치료사 놀이'는 하지 마라! 이상화 전이가 일어날 수 있다.

5. 하지만 나쁜 것을 피하려고 좋은 것까지 막아서는 안 된다. 사랑에 빠지고 싶은 충동은 정신세계에서 보내는 중요한 신호다. 당신의 상상과 갈망인 것이다. 그 충동을 그냥 무시해버리면 다음번에 더욱 강력해져서 돌아온다. 행동은 미루고 감정을 제대로 짚어보면서 지금 상황에서 이 사람에게 왜 사랑을 느끼는지 헤아려보라. 무슨 불균형을 바로잡으려는 것일까? 감정을 이해할수록 행동으로 옮길 가능성이 줄어든다.

◆

사랑에 빠진 후에

사랑에 빠졌던 순간이 무척 오래된 일처럼 느껴지는 사람들이 많을 테다. 그 이후에 일어난 일을 이해하고 싶을 것이다. 사랑이 왜 희미해졌고 어떻게 되살릴 수 있을지 궁금할 수도 있다. 처음 몇 달의 행복은 모든 개체의 짝짓기를 성공시키려고 자연이 인간의 생리 작용에 부리는 속임수일 뿐일까?

5장

서로 다른 두 사람

정반대의 사람과 사랑을 이어가는 법

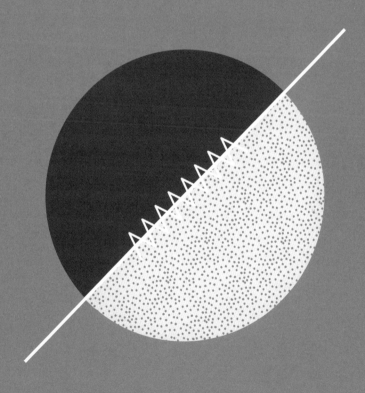

누군가를 선택한다는 것은
그의 문제도 같이
선택하는 것임을 알아야 한다.

기질의 차이와 그에 따른 오해는 기질이 친밀한 관계에 일으키는 가장 큰 문제가 분명하다. 내 연구에 따르면 민감한 사람 중 절반에 해당하는 이들이 반대 기질을 가진 파트너를 만난다. 흥미로운 사실은, 파트너가 민감한 사람인데 그렇지 않다고 오해하는 경우가 절반 이상이라는 점이다. 두 사람의 키가 완전히 똑같지 않듯이 커플 가운데 한 사람이 좀 더 민감하기 마련이다. 혹은 특정한 측면에서는 내가, 다른 측면에서는 파트너가 좀 더 민감한 식이다. 따라서 이 장과 다음 장을 커플 모두가 읽기를 추천한다. 우선 패트릭과 코니 부부를 만나보자.

패트릭과 코니의 이야기

민감한 패트릭과 무던한 코니는 서로를 무척 사랑하는, 결혼한 지 30년 된 부부다. 그들은 소통 능력과 인내심이 탁월하고 서로를 존중한다. 둘만의 시간도 자주 보낸다. 살면서 문제와 위기가 닥칠 때마다 서로를 지지해주었다. 하지만 두 딸이 10대가 된 후부터 두 사람 사이에는 갈등이 커졌다.

특히 같은 고등학교에서 근무하게 된 후로는 서로를 비교하게 되었다. 패트릭에게 학생들을 가르치는 일은 보람도 있지만 큰 노력을 해야 하는 일이기도 하다. 그는 성실한 교사다. 행정실과 학부모, 학생 들에게 존경받고 전문적인 조언을 구해오는 사람들이 많아 일과가 끝나면 기진맥진해진다. 반면 코니는 업무를 제대로 처리하지 않아 행정실에서 한소리를 들을 때가 많다. 하지만 해마다 학생들에게 가장 인기 있는 선생님으로 뽑힌다. 학생들은 에너지 넘치는 그녀를 사랑한다. 그녀도 아이들을 가르치는 일을 좋아하고, 수업 시간마다 특별 활동을 빼놓지 않는다. 패트릭이 생각해냈지만 너무 부담스러워서 직접 실행하지 못하는 아이디어들을 그녀가 활용할 때도 있다.

패트릭은 주말에 밀린 업무를 처리할 뿐만 아니라 집안일도 아내 못지않게 많이 한다. 하지만 양심상 거리낌이 없을 정도로만 하고 나머지 시간에는 작업실에 틀어박혀 취미로 그림을 그리거나 정원에서 잡초를 뽑으며 생각에 잠긴다. 그런가 하면 코니는 예전부터 주말마다 항상 두 딸과 만들기 놀이를 했다. 몇 년 전부터는 본격적으로 동물 봉제 인형 만들기를 시작해 친척들에게 선물하거나 자선단체에도 보냈다. 그러던 중 어느 선물 카탈로그 제작 업체에 근무하는 임원이 그녀가 만든 기린 인형을 보고 많은 양을 주문했다. 현재 코니는 교사 일 말고도 지역 여성들을 직원으로 고용해 작은 기업을 성공적으로 운영하고 있다.

부부는 추가 수입으로 주말에 여행을 자주 다니기로 했다. 현재 패트릭은 조금 이른 은퇴를 생각하고 있다. 하지만 두 사람이 너무도 다르다는 사실의 장단점이 지금처럼 두드러진 적은 없었다. 나이가 들면서 부부에게 흔히 나타나는 일이다. 저마다 진정한 자아에 충실해지고 싶어지기 때문이다.

◆

관계가 주는 이로움이 있다

_____ 두 사람의 차이를 지혜롭게 활용하는 방법

1. 한 사람은 민감하고, 다른 한 사람은 그렇지 않은 커플의 경우 둘은 다른 커플보다 더 많이 성취하고 즐길 수 있는 유연한 가능성이 존재한다. 이 커플에게는 '서로 다른 기질이 합쳐진(hybrid) 활력'이 있다. 당신이 미묘한 부분을 알아차리고 파트너는 그 정보를 행동으로 옮기는 일을 맡아 한 팀으로 활약할 수 있다. 과각성과 피로감이 닥쳐도 파트너가 나서서 지켜주리라는 것을 알기에 당신은 한계까지 밀어붙일 수 있을 테다. 예를 들어 패트릭이 두 딸에게 좀 더 엄격해져야 할 필요가 있음을 알아차리면 코니는 이를 실행으로 옮긴다.

2. 이 커플의 관계는 두 사람 모두에게 흥미진진하다. '정반대인 부부'의 삶은 지루할 틈이 없다. 서로에게 모험할 기회를 제공

서로 다른 두 사람

하고 비슷한 사람과는 불가능할 간접적인 경험을 할 수 있다. 코니는 패트릭을 통해 예술가의 미묘한 비전을 접하고 패트릭은 코니를 통해 기업 운영의 흥분감을 경험한다.

3. 서로의 차이에 대처하면서 인성이 함양된다. 더 큰 잠재력을 발휘할 수 있다. 차이는 지구상에서 가장 큰 문제다. 나와 파트너의 차이를 받아들이는 법을 배우는 일은 심한 비판과 분노, 실망 없이 차이를 인정할 수 있는 인류의 집단적인 지식에 이바지하는 것이나 마찬가지다.

4. 이 커플은 서로를 변화시킨다. 서로에게 가르침을 주고 타인을 자신의 일부로 포함할 것이다. 연구에 따르면 서로 다른 커플은 평생 서로의 성격에 영향을 끼치고 서로 닮아감으로써 새로운 면을 더하지만, 서로 비슷한 커플은 계속 그대로인 경우가 많다.[1]

5. 자신의 '그림자'에 대해 더 많이 알게 된다. 융 학파에 따르면 그림자는 자신의 이상에서 벗어남에 따라 거부당한 자아를 말한다(7장에서 자세히 설명). 서로 비슷한 두 사람은 상대방의 그림자를 간과할지도 모른다. 하지만 서로 기질이 다른 커플은 그림자도 달라서, 상대방의 그림자를 의식하기 쉽다.

   패트릭은 너무 많은 일을 맡기만 하고 책임을 지지 않는 코니의 성격을 바로 알아보고 지적한다. 그것이 코니의 그림자다. 하지만 다른 남성, 특히 민감하지 않은 남편이라면 그런 모습을 알아차리지 못하거나 심지어 똑같을지도 모른다. 코니는 패트릭이 학교에서 실속은 차리지 않고 사회·정치 문제에만 집착한다고 지적한다. 역시나 그녀가 민감한 사람이었다면 알아차리기 어려웠을 부분이다.

──────── 민감하지 않은 사람과의 관계가 민감한 사람에게 주는 이로움

1. 좋아하지 않는 일에 도움을 받을 수 있다. 민감한 사람은 그 사실에 죄책감을 느끼기도 한다. 하지만 당신에게 어려운 일이 파트너에게는 비교적 쉬울 수 있으며, 파트너는 도와줄 수 있어서 오히려 매우 기뻐할 것이다. 이 역할은 파트너에게 적절한 수준의 자극을 유지해주기도 한다. 이동할 때 남편은 마지막에 급하게 기차 시간을 알아보고 표를 구매하기를 선호한다. 나는 남편이 그럴 때까지 그냥 조용히 기다린다. 둘 중 누구도 죄책감을 느낄 필요는 없으니까.

2. 비HSP 파트너가 주는 사랑을 통해 존중받는 치유의 경험을 할 수 있다. 민감한 사람은 비HSP에게 차선으로 밀려나거나 존중받지 못하는 기분을 느껴봤을지도 모른다. 어쩌면 오히려 민감함을 이유로 당신을 사랑해주는 사람을 만났으니 얼마나 행운인가.

3. 많은 모험을 할 수 있다. 행동을 망설이지 않는 파트너 덕분이다.

   나는 예전부터 간절하게 말을 갖고 싶었는데, 불가능한 일이

서로 다른 두 사람

라고만 생각했다. 그런데 결혼하고 잠시 시골에 살 때 남편이 "말을 사지 그래?"라고 하는 것이었다. 나는 말을 가져보지도 않았고 돌보는 방법도 모르는 데다 말은 덩치도 크고 복잡한 동물인데 울타리 있는 목초지도 없고 그렇잖아도 바쁜데 괜히 일을 만들 필요가 없다는 등 이유를 댔다. 그러자 남편은 말했다. "도서관에서 책을 찾아 읽어보고, 필요한 준비물을 사고, 다른 사람에게 도움을 조금 받아서 좋은 말을 골라 집에 데려오면 되잖아. 그러면 나는 결국 울타리를 만들 수밖에 없을걸!" 결국 나에게 말이 생겼다.

덜 극적인 사례도 있다. 평소 아트는 영화나 발레, 콘서트를 보러 가자고 나를 구슬릴 때가 많다. 나 혼자라면 절대로 하지 않을 일들이지만 그가 즐기는 취미 생활이므로 '남편을 위해' 따라나선다. 하지만 한편으로 외출 기회를 만들어주는 남편이 고맙다. 나 혼자서는 밖에 나가는 일이 매우 드물기 때문이다.

4. 유연성이 커진다. 자신의 모습을 그대로 유지하면서 파트너와 약간 닮아가기 때문이다. 오랜 세월 동안 남편과 함께 외출했던 나는 이제 혼자서도 영화나 발레를 보러 간다. 생각보다 더 그런 일들을 좋아하게 되었다. 비HSP는 HSP에게 자발성 모델이 되어준다. 따라서 민감한 사람은 자신의 고유 일과에만 얽매이지 않고 좀 더 자유를 추구할 수 있다.

1. 작은 부분까지 알아차리는 민감한 사람은 좋은 것은 즐기고 거슬리는 것은 바꾸므로 삶과 환경을 개선한다. 우리 부부는 최근에 새 아파트로 이사했는데 나는 첫날부터 더러운 창문이 무척 신경 쓰였다. 아트는 알아차리지도 못했지만 나에게 듣고 나서 청소법을 알아 왔다. 창문 청소를 마치고 나서 그는 새집이 너무 좋다며 칭찬을 늘어놓았다. 새집을 장식하는 일도 비슷하게 진행되었다. 나는 너무 산만하다는 이유로 그가 내놓은 여러 아이디어에 퇴짜를 놓았다. 하지만 그는 평화로운 느낌으로 완성된 지금의 인테리어에 매우 만족하고 있다.

2. 민감한 사람은 파트너로 하여금 'HSP 스타일'의 모험을 하게 해준다. 우리 부부는 프랑스 도보 여행을 좋아한다. 우리가 사용하는 지도는 매우 자세한데, 가장 최근에 갔던 여행에서 나는 지도에 아주 조그만 십자가 그림으로 표시된 예배당이나 암자를 여러 번 예리하게 찾아냈다. 내가 가보자고 해서 우리는 그것들을 보려고 외진 산길을 몇 킬로미터나 걸었다. 아트는 무척 좋아했다. 앞에서 소개한 패트릭은 정치적 불의에 관심이 많아 자주 이야기를 꺼낸다. 코니 역시 패트릭 덕분에 그 문제에 관심을 가지기 시작했고 지금은 더 열성적인 사회 운동가가 되었다. 패트릭의 영향으로 가능한 일이었다.

3. 민감한 사람들은 상대가 알아차리지 못하는 부분을 미리 경고

해 문제를 막아준다. 코니와 아트는 모두 자신의 파트너가 문제를 경계하고 앞서 생각한다고 말할 것이다. 민감한 사람들은 누군가의 거슬리는 행동을 가장 먼저 알아차리고 문제가 터지기 전에 고쳐야 할 필요성을 파악한다. 민감한 사람인 패트릭과 나는 각자의 파트너에게 은퇴 계좌를 만들라고 했다. 낙관적이며 앞일을 예측하지 못하고 즉흥적인 아트와 코니는 미리 준비하라는 '암울한' 잔소리를 귀찮아한다. 물론 패트릭과 내가 맞기도 하고 틀리기도 한다. 하지만 아트와 코니는 파트너가 하는 경고를 귀담아듣고 큰 대가가 따르는 문제를 예방한 경험이 있어서 우리의 잔소리를 고마워하기도 한다.

4. 민감한 사람들은 파트너에게 건강한 생활방식을 제공한다. 무던한 사람들은 숙면이나 영양, 운동, 휴식이 필요하다는 신호를 무시하기도 하지만 HSP에게는 어림없는 일이다. 커플은 생활방식이 비슷해지는 경우가 많아, 자동적으로 상대는 좀 더 분별 있고 민감한 삶을 살게 된다. 예를 들어서 나는 일주일에 하루는 꼭 쉬어야 한다. 아트는 혼자 있으면 절대로 쉬는 날이 없지만 나와 함께 있을 때는 하루의 휴식이 매우 이롭다는 데에 동의한다.

서로 달라서 생기는 문제

민감한 사람의 관계 만족도에 관한 연구 자료에 따르면, 파트너가 민감하지 않은 경우 만족도가 약간 낮다. 하지만 약간의 차이일 뿐, 수많은 HSP/비HSP 커플이 민감한 커플만큼 행복을 느낀다.

하지만 현실적으로 난관도 있다는 사실을 직시하고, 어떤 어려움이 왜 존재하는지도 알아야 한다. 정신과 의사 버턴 애플퍼드(Burton Appleford)는 『민감함: 고통인가 황홀경인가(Sensitivity-Agony or Ecstasy?)』에서 서로 민감함 정도가 다른 부부에게서 나타나는 문제는 서로 IQ가 크게 다른 부부에게서 나타나는 문제와 비슷한 정도의 심각성을 보인다고 주장한다. 지능이 높은 파트너가 자신보다 지능이 낮은 파트너는 이해하지 못하고 그렇기에 공유할 수 없는 일도 있다고 생각하듯이 HSP도 비HSP 파트너에 대해 똑같이 생각한다. 하지만 파트너가 당신보다 지능이 낮은 것이 아니라 서로 다른 유형의 '지능'과 자산을 가졌을 뿐이다. 이것은 서로 다른 기질의 커플이 겪는 난관을 파헤칠 때 꼭 기억해야 하는 사실이다.

_____ '최적'의 차이에 따른 문제들

인간과 동물은 최적 수준의 자극을 유지하려는 강한 본능이 있다. 기질이 비슷한 커플은 최적 수준에 큰 차이가 있더라도 일시적일 뿐이다. 이를테면 한쪽은 잠깐 초과근무를 하지만 한쪽은 온종일 집에 있는 경우다. 이처럼 일시적인 상황일 때는 타협을 하거나 한 사람이 다른 사람에게 맞추기가 쉽다. 초과근무를 한 사람이 집에서 최대한 휴식을 취하도록 집에 있는 사람이 혼자 외출을 한다거나 말이다. 하지만 최적 수준의 차이가 기질에 따른 선천적이고 영구적인 차이라면 더 힘들어진다. 한쪽이 다른 쪽에 계속 맞추지는 못할 테니 타협이 더욱 중요하다. 하지만 민감한 사람은 과도한 자극을, 무던한 사람은 지루함을 느끼게 하는 타협이라면 둘 다 불만족스러울 것이다. (이 장에서 살펴보겠지만) 매우 창의적인 해결책이 필요하다.

한번은 패트릭이 코니를 즐겁게 해주려고 스쿠버다이빙을 시도했다. 그들은 심해 다이빙 체험이 포함된 값비싼 패키지여행을 떠났다. 그런데 갑자기 코니가 아팠다. 패트릭은 돈이 아깝기도 하고 도전을 피하고 싶지 않은 마음에 혼자 다이빙을 하러 갔는데, 내내 엄청난 공포를 느꼈으며 여행 온 자체를 후회했다. 그 후로 그는 즐기기 힘든 일을 즐겨보려는 시도를 그만두었다. 하지만 그들은 여전히 환상적인 스쿠버다이빙을 할 수 있는 해외로 여행을 떠난다. 코니는 자신과 딸들이 다이빙을 즐기는 동안 남편은 해변에서 휴식을 취할 수 있도록 알아서 계획을 세운다.

하지만 서로의 최적 각성 수준에 따라 분리된 생활을 하면 자칫 관계가 소원해질 위험이 있다. 패트릭은 아내의 부업을 자랑스러워하고, 그 수입으로 삶이 더욱 윤택해진 것도 사실이었다. 하지만 지금 그들은 매우 분리된 생활을 하고 있다. 서로 분리된 것을 넘어 정반대의 삶을 사는 것처럼 느껴질 때가 많다. 이처럼 서로 다른 최적 각성 수준은 다음과 같은 문제들도 일으킨다.

1. 민감하지 않은 사람은 둘만의 시간을, 민감한 사람은 혼자만의 시간을 더 많이 원한다. 친밀함에 대한 두려움이 강하지 않고 서로 애착 유형이 비슷하더라도 민감한 사람이 그렇지 않은 사람보다 친밀함을 덜 원할 수 있다. 친밀함은 각성 수준을 크게 올리기 때문에, 힘든 하루를 보낸 후 민감한 사람은 혼자 있고 싶어 할 가능성이 크다. 사람들로 북적거리는 레스토랑에서 맛있는 음식을 먹고 시끄러운 나이트클럽에서 춤을 추면서 보내는 (비HSP 기준의) '로맨틱한 저녁' 따위는 생각도 나지 않을 것이다. 따라서 민감하지 않은 쪽은 거절당한 기분은 둘째 치고 무엇보다 실망이 클 것이다. 온 마음과 영혼을 다해 누군가와 교감할 준비가 되어 있는 사람이 집에 와서 벽을 쳐다보며 가만히 앉아 있고 싶어 하는 사람과 커플이라니.

2. 당신을 과각성 상태에 이르게 하는 상황에 대해 파트너와 함께 대책을 세워야 한다. 둘 다 타고난 한계를 알지 못하면 민감한 쪽의 과각성 상태가 계속 이어질 것이다. 짜증, 폭발, 우울증, 잦은 염증과 부상, 정신이 딴 데 팔려 저지르는 실수, 불면증, 강박적인 걱정 같은 결과가 나타난다. 지나친 각성 상태를 누그러뜨리고자 음식이나 알코올, 약물에 의존하게 되기도 한다. 상습적인 과각성은 방금 언급한 결과들도 상습적으로 일어나게 만든다. 당신은 자신이 정신병 혹은 건강염려증 환자

라고 느끼고 파트너는 항상 감정을 억누르고 상황을 진정시키고 구원자로 나선다는 점에서 의사나 치료사가 된 듯한 기분을 느낄 것이다.

3. 다른 기질을 가진 파트너의 경험을 간접 체험함으로써 발생하는 문제를 해결해야 한다. 당신이 마감기한이나 직장에서의 비판, 자극이 심했던 하루 때문에 스트레스를 받으면 파트너도 약간 불안감을 느낀다. 반대 상황도 마찬가지일 테지만 민감하지 않은 사람은 당신이 별 것 아닌 일에 스트레스를 받는 듯해 피로해질 수 있다.

    파트너가 과도한 업무로 과각성 상태에 가까워지면 민감한 사람은 영향을 받을 수밖에 없다. 집안일과 학교 일에 회사 경영까지 해야 하는 코니를 보면서 패트릭도 영향을 받는다. 그는 미친 듯이 바쁜 생활로 힘들어하는 아내를 보는 것만으로도 몹시 마음이 불편하지만 조금이라도 자유 시간을 주려고 되도록 불평을 삼간다. 하지만 아내가 너무 힘들다고 불평할 때마다 "당신이 자초한 일이잖아! 나보고 어떻게 하라는 거야? 그렇게 힘들면 그만둬!"라고 소리치고 싶은 기분이다.

4. 민감한 사람은 직장에서 더 심한 스트레스를 받으므로 당연히 파트너와의 관계에도 영향을 끼친다. 출퇴근 시간이 길거나 집에서 아이들이 기다리고 있으면 더욱 그렇다. 민감하지 않은 사람이 이해하지 못하는 여러 직장 문제가 있을 수도 있다. 민감한 사람에게는 일에 의미가 있어야 한다는 점이 매우 중

요하지만 자신에게 맞는 환경을 찾기가 쉽지 않다. 직장 환경은 나머지 80퍼센트의 민감하지 않은 사람들에게 더 잘 맞기 때문이다. 그래서 민감한 사람은 직장을 자주 옮기거나 아예 진로를 바꾸기도 한다. 당신이 변화의 고통을 겪을 때마다 파트너도 괴로워진다.

_____ **해결책**

1. 파트너에게 친밀함에는 여러 형태가 있음을 알려주어라. 앞으로 거듭 강조하겠지만 서로의 경험이 다르다는 사실을 믿어야 한다. 민감한 사람은 바쁜 시간을 보내고 난 뒤에는 반드시 휴식을 취해야 한다. 이것은 사랑과 관련 없는 지극히 생리적인 일이다. 완전히 혼자 있고 싶지는 않을지도 모른다. 실제로 조용한 분위기만 유지된다면 파트너와 함께하는 휴식이 더 편안할 수 있다. 하지만 과각성 상태에서는 휴식을 먼저 취한 후에 파트너와 친밀한 시간을 보내야 한다. 그쪽이 현실적이다.
    당신이 언제 친밀함을 느끼는지 파트너에게 꼭 이야기해준다. 파트너는 그냥 같이 '독서'를 하는 것뿐이라고 느낄지도 모르니 조용하게 함께 책 읽는 시간을 통해 행복을 느낀다고 말해주면 파트너도 친밀함을 느낄 것이다.
    가능할 때마다 파트너가 생각하는 친밀한 시간도 함께한다. 그것이 록 콘서트나 자동차 레이스를 함께 관람하는 것이라면

서로 다른 두 사람

조용히 귀마개를 챙기면 된다. 희생이라고 생각하지만 않는다면 그런 장소에 함께 가는 것은 상대방에게 사랑을 보여주는 좋은 방법이다. 상대방이 사랑 표현이라고 생각하지 않아도 화내지 말고 유머를 담아 설명해준다. 상대방에게 맞춰주는 행동이 얼마나 큰 사랑의 표현인지 아는 것이 정말로 중요하다. 당신에게는 록 콘서트 관람이 파트너만큼 즐겁지 않고 파트너에게는 조용히 함께 책을 읽는 시간이 당신만큼 즐겁지 않을 테니까 말이다.

2. 서로의 최적 각성 수준이 다르다는 사실을 받아들이고 계획을 세워라. 우선 서로의 다른 한계를 더는 부정하지 말아야 한다. 왜 부정하는가? 파트너는 당신에게 맞추기 위해 뭔가를 포기해야 한다. 자극은 여러 곳에서 나온다. 자극이 하나 더해지면 하나는 없어져야 한다. 아이가 태어났다면? 육아를 위해 일을 줄이거나 아예 그만두어야 할지도 모른다. 수입도 줄어든다. 직장을 옮겼다면? 처음 몇 달 동안은 집안일도, 둘만의 여가 활동도 거의 하지 못한다. 하지만 당신 못지않게 파트너에게도 힘든 시간이다.

서로의 차이를 받아들이면 그에 따른 계획을 세우기는 쉬워진다. 지금 제안하는 아이디어들은 두 사람의 동의를 거쳐서 적용해야 한다.

- 우선순위를 정하고 몇 가지 꿈은 내려놓는다. 자녀를 한 명만 낳거나 낳지 말아야 할 수도 있다.

- 나만의 공간이 필요하다. 방이 아니라 구석 공간이어도 좋다. 차분한 분위기로 꾸며놓고 파트너가 어떤 이유에서건 정신없이 굴면 그곳을 찾는다.
- 가능하다면 조용한 곳으로 이사하거나 적어도 방 하나에는 방음 장치를 해놓는다.
- 종종 자연으로 나간다.
- 불필요한 의사결정과 선택을 피하고 결정을 내린 후에는 그 결정에 따른다. 만약 잘못된 선택이었다는 점이 드러나더라도 받아들인다.
- 파트너는 거슬리지 않는 범위 내에서 당신의 정해진 일과를 존중해주어야 한다.
- 예산 계획을 잘 지킨다. 민감한 사람은 빚이 생기면 특히 괴로움을 느낀다. 만약을 위한 경제적 여유를 갖추어 돈이 삶에 끼치는 영향을 최소화한다.
- 시간적 여유를 확보해야 한다. 항상 여유 있게 출발한다. 민감한 사람은 대부분 급하거나 늦었을 때 엄청난 스트레스를 받는다.
- 휴일을 소박하고 의미 있게 보낸다. 특별하고 요란할수록 과도한 자극을 받아 제대로 즐기지도 못한다.
- 충분한 숙면과 운동, 휴식으로 삶의 균형을 추구한다. 민감한 사람에게 삶의 기본 토대가 되어주는 것이므로 우선순위로 삼아야 한다.

서로 다른 두 사람

3. 파트너의 최적 각성 수준을 유지하는 노력도 함께 하라. 물론 시급한 문제는 아니다. 세상에는 민감하지 않은 사람으로서 할 수 있는 일들 또한 너무도 많기 때문이다. 하지만 자극이 부족한 상태를 그냥 넘기면 안 된다. 파트너에게도 라디오를 틀어놓거나 지저분한 서류 더미를 그대로 놓아두고 이른 시간이나 늦은 시간에 일하고 아무 때나 빈둥거려도 괜찮은 자신만의 공간이 필요할지도 모른다. 또 파트너는 매일 밤 똑같은 일과를 보내는 대신 가끔은 잠자리에 들기 전에 카페에 가서 책을 읽고 싶어 할 수도 있다.

4. 창의적인 방법으로 둘만의 시간을 보내라. 사랑이 식어버리지 않게 하려면 함께 행복한 시간을 보내야만 한다. 나는 대도시를 돌아다니기를 절대 좋아하지 않지만 아트는 좋아한다. 다행히 미술관과 맛있는 레스토랑이라면 나도 하루 이틀쯤은 즐길 수 있다. 내가 정말로 좋아하는 일은 숲이나 바다에 가거나 멋진 자연 풍경을 보면서 걷는 것인데, 그래서 우리는 종종 (나에게 너무 이국적이지 않고, 그에게는 너무 익숙하지 않은) 유럽의 도시에서 둘 다 좋아하는 일을 하면서 며칠을 보낸다. 도시에서 머무는 시간 동안은 아트가 간단하게 계획을 세운다. 그다음에는 탁 트인 시골 지역으로 이동해 도보 여행을 한다.

5. 서로의 차이가 두 사람이 함께하는 모든 일에 영향을 끼친다는 사실을 확인하라. 무슨 일로 어떻게 언쟁을 하고 어떻게 사랑을 나누는지조차 서로 다른 신경계의 영향을 받는다. 문제

가 발생했을 때 서로의 기질 차이로 설명 가능한지 생각해보라. 커플의 갈등에서 가장 큰 문제가 되는 탓하기와 방어적 태도가 사라질 것이다.

6. 서로의 기질 차이를 '싸움'에서 이용할 때는 신중하라. 나와 상대방의 차이점을 의식하고 나면 힘겨루기에서 우위를 차지하기 위해 이를 이용하고 싶어질지도 모른다. 모든 커플이 힘겨루기를 한다. 하지만 두 사람의 기본적인 측면을 무기나 손쉬운 표적으로 활용하면 안 된다. 예를 들어 싸우는 도중에 파트너가 일부러 자극적인 상황을 만들어 당신이 자기주장도 제대로 못 하고 물러나게 한다면 공평하지 않은 일이다. 파트너가 욕구와 짜증, 불만을 드러냈을 때 당신이 타협하고 싶지 않은 마음에 심한 자극으로 기절하거나 폭발할 것 같다고 위협한다면 그것 또한 불공평하다. 이런 전략들은 자신도 모르는 사이에 행동으로 스며들 수 있으니 싸울 때 '비겁한' 행동을 하지 않는지 가끔 돌아봐야 한다.

_____ **미묘함을 알아차림으로써 발생하는 문제들**

서로 다른 기질의 커플 관계에서 민감함 때문에 발생하는 또 다른 문제는 린다와 마크 커플이 잘 보여준다.

린다와 마크 이야기

린다는 어릴 때 어머니와는 사이가 좋았지만 아버지는 그녀가 여섯

서로 다른 두 사람

살 때 어머니와 이혼하고 어머니의 사촌과 결혼했다. 그 후 린다와 어머니는 다른 곳으로 이사를 했다. 새 학교에서 그녀는 친구를 잘 사귀지 못하는 조용한 아이였다. 스스로 겉돈다고 느꼈다. 여덟 살 즈음에는 '극도로 예민한' 자신이 남들과 다르다고 판단했고 어느 정도 받아들였다. 대학에서 그녀에게 처음이자 유일한 남자인 마크를 만났다. 린다는 처음부터 다정한 그의 성품이 마음에 들었다. 그는 그녀에게 애정과 위안을 주었다. "예의 바른 태도에, 정말 재미있는 사람이었어요."

린다에게는 재미가 중요했다. 매우 민감한 사람이자 감각 추구자인지라 쉽게 지루함을 느끼기 때문이다. 20대에는 '모험을 추구하는' 친구들하고만 사귀었는데 친밀한 관계를 유지하느라 체력 방전이 심했다. 마크는 린다와 정반대인, 흥미로운 유형이다. "그는 절대 지루해하지 않아요. 항상 새로운 일을 만들어내죠. 하지만 저와 비교하면 지루함도 잘 견디고 심한 자극도 잘 견디는 편이에요." 거의 무신경할 정도로 탄탄한 신경계와 지성과 높은 교육 수준까지 갖춘 마크는 훌륭한 가장이었다.

린다는 항상 그가 자신의 민감함을 '너무 심할 정도로' 존중한다고 느꼈다. 그와 달리 자신은 그의 민감하지 않은 모습을 존중하지 않았다는 사실을 깨달았다. 처음에 그녀는 무조건 대립을 피했다. 그의 가치관과 사고방식에 맞추었고 반대 의견이 있어도 절대로 드러내지 않았다. 그러다 린다는 1973년부터 명상을 시작했다. 마크는 명상에 관심이 없었다. 영적인 문제에 무관심한 그의 모습은 린다를 깊은 성찰로 이끌었다. 그녀는 자신에게 무척 중요해진 명상에 그가 관심을 보이지 않아서 솔직히 괴로웠다. 그를 좋아하는 마음도 사라졌다. 두 사람의 관계도 위기에 빠졌다. 그녀는 결국 바람을 피웠다. 마크와 별거도 세 번이나 했다.

그러다 린다는 지혜롭고 부드러운 성품의 스와미(swami, 힌두교 종교 지도자-역주)인 현재의 영적 스승을 만나게 되었다. 그녀의 가슴에는 사랑이 넘쳐흘렀지만 마크를 향한 사랑은 아니었다. 마크는 부부 사이에 제삼자가 침범한 사실에 분노했지만 둘이 모든 것을 함께 하던 예전으로 돌아가고 싶어 했다(즉 그녀가 무조건 그의 뜻을 따르던 시절). 하지만 영성의 길에 대한 그녀의 관심을 함께 나누지는 못했다.

린다의 스승은 그저 명상을 계속하고 마크를 영성의 길 일부분으로 보라고 조언했다. 마크는 린다의 스승을 만나고 나서 한층 부드러워진 태도를 보였다. 그녀가 스승에게 큰 애착을 느끼는 이유가 여섯 살 때 떠나버린 아버지의 부재 때문이라는 사실을 깨닫기 시작한 것이다.

하지만 그녀 안에서의 변화가 필요했다. 린다는 자기 자신을 존중하라는 스승의 조언에 따라 남편에게 부부 상담을 받자고 제안하고 '반박'도 하기 시작했다. 화를 내는 것이 아니라 '상처를 받으면 뒤로 물러서 단호하게 "그것은 당신의 방법이지 내 방법이 아냐"라고 말했다. 그에게 느끼는 분노와 실망도 줄어들었다. 하지만 자신의 인생에서 매우 중요한 것을 그와 나누지 못한다는 사실은 여전히 슬프다.

게다가 린다는 자신과 마크가 서로를 보완해준다는 중요한 사실

서로 다른 두 사람

도 깨달았다. "저는 많이 성장했고 그가 가르쳐준 것도 많아요." 서로의 닮은 점도 눈에 들어오기 시작했다. "제 약점이 그의 약점이기도 해서 싫어요. 하지만 우린 장점도 비슷해요. 제가 그를 선택한 것이 아닐 수도 있지만 저에게 맞는 사람이에요."

• 서로의 차이점-사랑의 이유도, 경멸의 이유도 된다

린다와 마크는 미묘한 부분을 알아차리는 민감함의 차이 때문에 서로 끌리는 전형적인 HSP/비HSP 커플이다. 그녀는 미묘하고 영적인 것까지 경험하지만 그는 표면의 현실을 직시한다. 이러한 차이는 처음에 서로를 사랑하고 동경하게 했지만 나중에는 커다란 실망과 짜증의 원인이 되었다. 최악의 시기에는 서로를 경멸하게까지 만들었으리라 짐작한다.

　부부 관계를 연구하는 전문가들과 상담치료사들은 두 사람의 차이점이 그런 양상을 보이는 경우가 많다는 사실을 발견했다. 기질 차이처럼 거의 접근 불가능한 성격적 측면이면 더욱 그러하다. 처음에 A는 성공을 거두었다는 이유로 B를 좋아하고(B는 전혀 야망이 크지 않다) B는 멋진 가정을 만들어줄 수 있다고 생각해 A를 좋아한다(A에게는 그런 재능이 없다). 시간이 지나면 B는 항상 일만 하는 A에게 지치고 A는 B가 따분하다고 여긴다. 특히 한 명은 미묘함을 알아차리는 사람이고 한 명은 실용적인 사람이라는 차이까지 있으면 서로를 향한 경멸감이 더욱 클 수 있다. 서로 반대되는 재능의 거리감이 하늘과 땅 차이이기 때문이다.

당신은 미묘한 부분까지 의식하지만 파트너는 그렇지 못할 때 발생하는 다른 문제들을 살펴보자.

1. 결혼생활의 현실에 부딪히면서 당신의 민감함은 파트너에 대한 비판으로 변하고 파트너는 방어적인 태도를 보이게 된다. 당신은 파트너의 '얄팍함'에 실망할 것이다. '눈치 없고' '전혀 생각이 없다'고 생각한다. 그런 모습이 일단 눈에 들어오기 시작하면 매번 가차 없는 판단으로 이어진다. 모든 일에 (적어도 당신의 눈에 결점으로 보이는) 파트너의 '결점'을 끌어들여 판단한다. 파트너는 평소 날카로운 직관을 가진 당신이 결점이라고 말하니 사실일지도 모른다는 생각에 수치심을 느끼지만 잘못되고 불공평한 일이라고 생각한다. 실제로도 그렇다.

   사람은 누구나 약점이 있다. 민감한 사람은 친밀한 관계에서 상대방의 특유한 성격을 너무도 생생하게 체험한다. 친밀하지 않은 관계에서는 겪어보지 못한 일이다. (모든 문제가 다 눈에 들어오므로) 상대방이 사소한 문제가 있을 뿐 괜찮은 사람인지, 아니면 정말로 문제가 있는 사람인지 구분하기가 어려워진다. 게다가 민감한 사람은 파트너의 결점을 훨씬 더 많이 알아차린다. 린다가 아버지에게 그랬듯이 어릴 때 부모에게 실망한 경험이 있는 사람은 상대방에게서 더욱 결점을 찾으려고 하고 실망을 느낀다. 린다는 어느 정도 무의식적으로 마크에게서 실망스러운 모습을 찾으려 했다.

서로 다른 두 사람

파트너의 '나쁜 점'을 일일이 지적하는 당신의 모습이 파트너에게 어떤 영향을 끼칠지는 쉽게 알 수 있다. 파트너는 자기 자신의 가치가 위협받는다고 느낄 것이다. 평소 매우 예리한 데다 자신을 잘 아는 사람이 하는 말이지 않은가. 그러니 당신은 신중해야 한다. 반격을 포함해 강력한 방어 태세를 보이지 않고 그런 공격을 오래 버텨낼 사람은 없다.

2. 당신은 파트너의 눈에 띄는 결점을 전혀 입 밖으로 내지 않는 정반대의 극단적인 태도를 보일 수도 있다. 왜 그럴까? 민감한 사람은 모든 정보를 심오하게 처리하는 경향이 있으므로 타인의 비판에도 큰 상처를 받는다. 따라서 자신이 비판받는 일이 없도록 파트너를 비판하지 않기로 할 수도 있다. 서로를 비판하지 않는다는 암묵적인 합의가 존재한다고 생각할지도 모른다. 하지만 그런 태도는 장기적인 관계일수록 문제가 된다. 서로에 대한 불만이 생겨나기 마련이라 꼭 대화를 해야 한다. 그러지 않으면 억울함이 쌓이고 억압된 분노는 결국 진정한 친밀함을 해친다. 운이 좋으면 분노가 터지고 친밀함이 회복될 수도 있지만 미룰수록 쓸데없는 고통을 겪어야 한다.

약간 다른 상황이 펼쳐지기도 한다. 파트너끼리 서로를 아예 비판하지 않으면 한쪽이 (혹은 둘 다) 상대방을 지나치게 수용하고 아이 취급하는 분위기가 만들어진다. 충분히 합리적인 성인을 자기만 아는 어린아이 같은 존재로 만들어버리는 이런 상황도 뒤늦은 분노를 폭발시킨다.

누구나 머리로는 알아도 민감한 사람이 포함된 관계에서 필연적으로 발생하는 문제들이다. 민감한 사람은 아무리 좋은 어린 시절을 보냈더라도 비판에 민감하기 때문에 비판을 아예 막으려고 하기 쉽다. 서로 비판하지 않는 시간이 오래 이어지면 언젠가는 댐이 터져버리고 관계는 끝나거나 완전히 새로운 형태로 부활한다. 계획이나 한 것처럼 그런 결과로 이어진다.

3. 파트너의 마음을 읽을 수 있는 당신과 달리 파트너는 당신의 마음을 읽지 못하는 것처럼 보여 온갖 소통의 문제가 발생한다. 파트너는 당신이 전적으로 이해해주리라고 기대하지만, 실제로 당신이 보여주는 이해심에는 엄청난 차이가 있을 것이다. 그런가 하면 당신은 자신이라면 분명히 알아차렸으리라는 생각에 파트너가 무언가를 깨달았다고 착각하지만 상대가 이해하지 못했음을 깨닫고 실망할 것이다. 혹은 당신이라면 분명히 알아차렸을 신호를 파트너가 알아차리지 못해 매번 말해줘야 한다는 사실이 피곤하게 느껴질지도 모른다.

4. 여러 사람과의 대화에서 당신은 주제에 대해 깊이 생각하느라 말수가 줄어드는 반면 파트너는 '얄팍한' 잡담을 늘어놓으며 당신의 빈자리를 채울 것이다. 대화의 주제가 불쑥불쑥 바뀌기도 한다. 누군가가 허리 통증 이야기를 꺼내서 당신이 척추 통증에 대해 생각하고 있을 때 갑자기 화제가 다이어트로 바뀌고 당신은 영양에 대해 생각한다. 그 후에도 레스토랑, 여행, 외교, 정치 등으로 화제가 계속 바뀐다. 당신은 그동안 거의 아

무 말도 못 한다. 당신이 보기에 사람들이 의미 있는 말을 하지도 않는다. 당신은 민감하지 않은 사람들이 아무런 성찰도 없이 되는대로 말하는 듯하다고 느끼기 때문이다. 당신의 적은 말수가 그들에게 부끄러움이나 무관심으로 해석될지도 모른다. 어쨌든 사람들은 당신이 관심이 없다고 생각하고 잡담으로 대화를 채워나갈 것이다. 하지만 사실 당신은 하고 싶은 말이 많고, 소외감이나 분노를 느낀다.

5. 당신은 속상할 때 먼저 감정을 억누르고 숙고하지만 파트너는 남김없이 다 드러내 긴장감을 풀려고 할 것이다. 예를 들어 여행을 앞두고 짐을 챙길 때 당신은 조용하게 집중하지만 파트너는 마치 중계방송하듯 "날씨가 어떨까?" "표는 어디 있지?" 같은 온갖 질문을 던지며 부산스럽게 굴지도 모른다. 위기 상황에서도 상반되는 행동을 보인다. 당신은 조용하고 침착하게 있으려고 하지만 파트너는 온갖 질문과 걱정을 입 밖으로 꺼내고 일이 잘못될지도 모른다고 말한다. 성실하고 양심적인 당신은 파트너의 모든 질문과 걱정에 답해주지만 사실 파트너는 답변을 기대하는 것이 아니다. 말을 함으로써 당신에게 위안을 얻고 싶어 하는 것이다. 하지만 당신은 계속되는 말에 신경이 과각성되어 집중력이 약해져서 끝내 짜증과 갈등을 느끼고 만다.

6. 당신이 느끼는 환멸이 비판으로 이어지고 파트너가 방어적인 태도를 보이면 두 사람 모두에게 '분열(splitting)'이 자주 나타

난다. 분열은 특히 유아가 자신을 보호하기 위해 사용하는 방어기제다. 대상을 처리할 필요가 없도록 자신이나 타인을 완전히 좋은 대상 또는 완전히 나쁜 대상으로 나누는 것이다. 처음에는 그 덕분에 삶이 수월해진다. 사랑에 빠지면 상대방의 나쁜 점을 '떼어놓고' 좋은 점만을 보려고 한다. 그러다 환상이 깨지거나 공격받았다고 느끼면 상대방의 좋은 점을 전부 떼어놓고 나쁜 점만 본다.

물론 분열은 내면에서도 나타난다. 상반되는 경험을 전부 떼어놓고 자신을 완전히 좋거나 완전히 나쁜 존재로 느끼는 것이다. 이러한 맹목적인 태도를 지속하고자 거부한 자아를 타인에게 투영해 '제거'하려고 한다. 자신과 많이 다른 파트너가 손쉬운 투영 대상이 된다.

이론적으로 민감한 사람은 부인이나 자기합리화에 능숙하지 않기 때문에 분열과 투영의 방어기제를 자주 사용하지 않는다. 분리나 불안의 확산, 신체적 증상으로 무의식을 쉽게 알아차리기 때문이다. 하지만 민감한 사람은 자기 자신이나 자신이 이상화한 대상에게서 결점을 발견하면 괴로움을 크게 느낀다. 그 결점에 너무도 많은 의미가 함축되어 있음을 느끼기 때문이다. 그래서 처음에는 그 결점을 '분리하고' 새로운 현실에 적응한다.

예를 들어 양심적이고 성실한, 민감한 남성이 아내로부터 자신이 너무 바빠 아내에게 소홀한 것 같다는 말을 들었다고 해보자. 처음에는 아내의 말이 사실이라고 느낄지도 모르지만 이내 그 말에 담긴 함축적인 의미가 그에게 홍수처럼 쏟아진다. 이미 남는 시간을 모두 아내와 보내고 있고 직장 업무도 감당하기가 힘들어 마치 자신이 무능한 남편처럼 느껴질 것이다. 하지만 이는 견디기 힘든 관점이므로 자신을 방어하려고 한다. 이번에는 요구가 너무 많거나 통제적이고 의존적이라고 아내의 잘못으로 돌리기로 한다. 내가 어쩌다 저렇게 형편없는 사람과 결혼했지? 아내는 완전히 나쁘고 자신은 완전히 좋은 사람인 것이다. 얼마나 안심이 되는 일인가? 어느 정도 숙고한 후에는 두 사람 모두 큰 문제가 없고 아내의 불평이 타당하다는 생각에 이를지도 모른다. 아내가 그리 화나지 않았음을 알 수도 있을 테다. 아내와 보내는 시간을 늘리고 삶과 일의 균형을 맞추면 되는 것이다.

친밀한 관계 내에서는 분열의 흥미로운 형태 하나가 꼭 나타나는데, 일종의 매우 극단적인 전문화(specialization)다. 전문화는 한 사람은 지도 읽기나 지시사항 따르기에 뛰어나지만 다른 사람은 형편없다면 그리 문제가 되지 않는다. 하지만 한 사람은 돈 관리에 뛰어난데 다른 사람은 그 부분을 완전히 포기해버려서 경제적 자립심이 발달하지 못한다면 문제가 된다. 그렇지 않아도 차이점이 많은 이런 커플은, 전문화의 분열이 일어날 가능성이 크다. 예를 들어 민감함이 덜한 쪽은 아예 둔감하다고 낙인찍는다.

_____ **해결책**

1. 모든 결점을 의식하려 하지 마라. 정신의학자 피터 크레이머

는 민감한 사람이 관계를 시작하려면 '매우 정확하게 인지되는 바를 무시하려고 의식적으로 노력해야 한다'[2]고 말한다. 파트너가 가지고 있는 너무나도 두드러지는 수많은 결점 말이다. 결점을 너무 깊이 처리하다 보면 삶의 모든 측면에 영향을 주는 듯이 느껴질지도 모른다. 하지만 당신의 민감함이 파트너가 가진 결점의 개수와 심각성을 부풀린다는 사실을 깨달으면 보완이 이루어질 테다. 파트너의 강점에 집중하고 심오하게 처리하라. 파트너의 결점에 관해 이 사실을 꼭 기억하라. 파트너를 선택할 때는 파트너의 문제도 함께 선택하는 것임을 말이다.[3] 주변을 둘러보자. 파트너보다 함께 살기 수월해 보이는 사람이 있는가? 같은 민감한 사람들이라면 가능하다고 생각할지도 모르겠지만, 그들이라고 평화롭지만은 않다. 이어지는 다음 장에서 이 문제를 다룬다.

잘 알지 못하는 사람을 이상화하기는 쉽다. 에설 퍼슨의 말처럼 사랑의 열병은 '사랑에 빠지는 상상의 작업이 일어날 수 있도록'[4] 분리를 필요로 한다. 그렇다면 불에는 불이다. 민감한 사람 특유의 상상력으로 같은 기질의 사람과 살면 어떨지, 민감하지 않은 파트너의 어떤 점이 그리워질지 상상해보라.

2. 자신을 파트너와 어느정도 분리하라. 파트너의 약점은 곧 당신의 약점이 아니다. 친밀한 관계일수록 혼란스러울 정도로 파트너를 자신과 통합시키는 일이 발생한다. 화재가 발생한 건물에서 파트너를 구할지, 파트너에게 신장 하나를 떼어줄지

서로 다른 두 사람

결정할 때는 좋은 일이다. 하지만 자신의 행동이 남을 성가시게 하지 않을지를 걱정하는 것도 모자라 파트너의 행동이 남을 성가시게 하지 않을지까지 걱정하는 것은 전혀 도움이 안 된다. 낮은 자존감이 당신과 파트너에게 모두 퍼져서 커플 자존감마저 낮아진다. 파트너가 세상에서 가장 무신경하고 문제투성이인 사람이라는 생각이 들 수밖에 없다.

남들이(혹은 당신이) 지루함이나 짜증을 느낀다는 사실을 알아차리지 못하고 계속 떠들어대는 파트너가 '아무런 의식도 없는' 것처럼 보인다면 새로운 관점으로 바라보자. 당신이라면 말을 그만하겠지만 파트너가 그러면 좀 어떤가? 그런데 정말로 파트너가 남들을 짜증나게 하긴 하는가? 다른 사람들은 오히려 좋아하지 않을까? 정말로 필요하다면 사람들이 파트너에게 주의를 환기해주지 않을까? 당신이라면 친구의 파트너를 비판할 텐가? 그들이 말을 좀 많이 한다고 비판하는가? 그러지 않을 테다.

3. 분열을 줄이려면 거부당한 자아를 되찾아라. 분열은 정신세계가 견딜 수 없는 진실에서 자아를 보호하려는 목적으로 사용하는 수단이지만 사실은 정신도 그 해결책을 별로 좋아하지는 않는 듯하다. 머지않아 의식 속으로 돌아오도록 분열된 부분에 압박이 가해진다. 린다처럼 사건 이후에도 파트너와의 관계가 계속 유지될 수 있다면 좋은 일이다. '흑백 논리'가 감지되면 결정을 보류해야 한다. 파트너의 거슬리는 결점 혹은 이

상화된 미덕이 자신에게 해당하지 않는지 생각해봐야 한다.

4. 분열을 줄이려면 부정적인 측면과 긍정적인 측면을 동시에 생각해보라. 파트너의 특징을 부정적인 쪽으로만 처리하지 말고 상황에 따라 긍정적인 측면과 부정적인 측면, 중립적인 영향에 대해 골고루 생각해본다. (7장에서 더 자세히 살펴보겠다)

5. 파트너에게 다른 사람들과 대화할 때 당신의 적은 말수를 채우려 하지 말고 당신을 대화에 이끌어달라고 부탁하라. 파트너가 당신의 견해를 물어보거나 당신의 전문적인 분야나 관심사 쪽으로 대화를 유도해줄 수도 있다. 파트너에게 4인 대화가 2인 대화로 나뉘게 해달라는 부탁도 해보자. 민감한 사람에게는 일대일의 대화가 더 즐거운 법이기 때문이다.

6. 정말로 필요하다면 침묵해달라고 부탁하라. 당신은 파트너와 달리 침묵이 필요하고 말도 행동처럼 무게감 있어야 하며 그 사실이 관계에 어떤 영향을 끼치는지도 대화를 통해 전달할 필요가 있다. 당신에게 침묵이 필요할 때 파트너가 눈치 없이 말을 한다면 피로와 짜증을 느낄 테고 파트너에게도 영향을 끼칠 것이다. 하지만 파트너가 당신을 위해 항상 침묵을 지킨다면 분명히 그 익숙하고 편안한 말소리가 그리워질 것이다. 또한 민감한 사람은 타인이 침묵할 때 속으로 무슨 생각을 할지 걱정할 수밖에 없지만 민감하지 않은 파트너에게는 그런 걱정을 할 일이 별로 없지 않은가.

7. 파트너가 귀 기울일 정도의 볼륨으로 말하라. 당신은 미묘하

서로 다른 두 사람

고 부드럽고 간접적인 어조를 선호하겠지만 민감하지 않은 사람은 그런 어조에 항상 귀 기울이지는 않는다. 남편이 자주 하는 농담이 있다. 내가 그에게 뭔가를 부탁할 때 볼륨 1~10 중에서 1~2 수준으로 말하다가 남편이 듣지 않으면 갑자기 10으로 볼륨을 올려 화내고 비난한다는 사실이다. 부담스럽겠지만 처음에 5 정도로 말하는 것이 좋다. 여기에서 볼륨이란 문자 그대로 목소리의 크기뿐만 아니라 얼마나 직접적이고 단호하게 말하는가도 뜻한다. "휴, 이제 좀 춥다"가 아니라 "보일러 온도 좀 올려줄래?"처럼 말이다. 민감한 사람들은 미묘한 신호를 잘 알아차리지만 그렇지 않은 사람들은 놓칠 때가 많다. 직장에서도 마찬가지다.

_____ **낮은 자존감에 따른 문제**

앞서 그 이유들을 살펴보았듯이, 민감한 사람은 사회에서 요구하는 이상적인 기준에 부합하지 않는다. 당신을 가장 사랑하는 사람들조차도 자신을 위해 덜 민감할 필요가 있다고 부드럽게 암시했을 테니 당신은 당연히 자신에게 문제가 있다고 생각하며 자랐을 것이다. 바꿀 수도 없는 문제였다. 그래서 아무리 많은 성취를 이루어도 뿌리박힌 낮은 자존감은 그대로일 수 있다.

처음에는 낮은 자존감이 진정한 사랑에 얼마나 큰 장애물로 작용하는지 알기 어렵다. 자신에게 근본적인 결함이 있다는 생각은 우울증과 자기 파괴에 가까워지게 만들므로 자아에 매우 위험하고 정신

세계는 무슨 일이 있어도 연약한 자아를 지켜야만 한다. 따라서 누구를 사랑하고 얼마나 친밀해지고 구애나 거절에 어떻게 반응하는지 모두 자존감을 올려주는지 아니면 더 떨어뜨리는지에 따라 결정된다. 자신의 반응이 파트너에게 어떤 영향을 끼치는지는 다음 순위로 밀려난다.

그리고 당신은 자신의 어항을 타인의 어항과 감히 합치지도 못한다. 자신의 어항에 물고기도 별로 없고 멋지지도 않다고 생각하기 때문이다. 어항에 화려한 물고기가 가득해 보이는 사람을 선택할 수도 있다. 자신에게 부족하다고 생각하는 부분을 채워주리라는 기대 때문이다. 상대방의 어항도 변변치 못하다는 사실이 밝혀지면 속으로 기뻐하면서도 낮은 자존심에 떠밀려 다른 어항을 찾으려 할지도 모른다. 자신의 자존감을 올리거나 적어도 누군가 옆에 있다는 안도감을 느끼고자 어항이 거의 텅 빈 사람을 찾기도 하지만 결국 불만족하게 된다.

한마디로 낮은 자존감은 잘못된 파트너를 선택하거나, 사랑하는 사람에게 솔직하지 못하거나, 그 사람을 배신하게 만든다. 당연히 자신에 대한 평가가 올라갈 리가 만무하다. 특히 낮은 자존감은 비HSP 파트너를 둔 민감한 사람에게 큰 문제가 된다.

1. 민감한 사람에게 그렇지 않은 파트너의 존재는 추가적이면서도 위험한 의미가 될 수 있다. 이미 설명했듯이 적어도 무의식적으로 당신은 파트너를 자신과 달리 정상적이고 훌륭하고

서로 다른 두 사람

운이 좋고 존중받을 만한 사람으로 여기는 경향이 있을 것이
다. 이러한 흑백 논리는 자신의 장점과 타인의 단점을 알아차
리지 못한 채 파트너에게 너무 큰 영향력을 내어주게 한다. 힘
은 타락하기 마련이므로 당신의 지나치게 순종적인 태도는 파
트너가 당신을 통제하고 비판하는 것을 스스로 정당화하게 만
든다. 처음에는 망설이던 파트너도 당신이 계속 자신을 낮추
면서 무의식적으로 장단을 맞추게 만듦에 따라 독재자 역할에
솔깃해지고 만다. 당신 위에 군림할 확실한 방법을 직접 알려
주는 셈이다.

자존감이 낮은 HSP는 비HSP를 이상화하면서 엄청난 질투심
도 느낀다. 일반적으로 질투가 무의식에 자리한다는 사실은
더욱 파괴적인 결과를 초래한다. 그들은 '좋은 것'을 갖고 싶어
하고, 만약 실패하면 그것을 지닌 사람과 함께 아예 파괴하려
고 한다.

2. 친구와 친척들의 생각에 너무 큰 비중을 둔다. 스스로 관계에
   대한 확신이 없어서 그들의 조언과 통찰을 얻으려고 한다. 하
   지만 그들은 당신과 파트너를 잘 알지도 못할 뿐더러 이미 당
   신과 파트너에 대해 나쁜 인식을 심어준 고정관념과 선입견을
   굳힐 뿐이다.

   아트는 어렸을 때부터 활력이 넘쳤다. 생후 6개월 때는 아기가
   엄마를 너무 힘들게 한다면서 의사가 그의 어머니에게 휴식을
   권유했을 정도였다. 어머니가 집을 비운 동안 무려 친척 다섯

명이 매달려 그를 돌보았다. 나쁜 아이가 아니라 그저 기운 넘치는 아이였다. 사람들은 아트가 한 시간을 어떻게 보내는지 지켜보는 것만으로도 피로감을 느낀다. 무슨 일이든 급하고 치열하게 처리하는 그의 성격이 신경증 때문이라고 그들은 해석한다. 그와 다른 기질을 가진 나도 자칫하면 사람들의 관점에 휘둘릴지 모른다. 사람들이 그런 사람과 어떻게 사냐고 물을 때, 확신이 부족한 날이라면 나도 모르겠다면서 나 자신이 안쓰러워지기 시작할 것이다.

하지만 그의 기질이 그럴 뿐이다. 그도 나를 견디며 살고 나도 그를 견디며 산다. 활력이 넘치는 덕분에 나를 위해 해주는 일도 많다. 하지만 주변 사람들이 그의 기질에 대한 선입견과 오해를 쏟아낼 때면 나는 그런 사실을 쉽게 잊어버리기도 한다. 마찬가지로 아트 역시 정신세계에 심취하고 항상 노심초사하고 예민하며 사람들과 즐겁게 어울리는 일에 적극적이지 않은 사람과 어떻게 사느냐는 말을 많이 들었다. 죄다 민감한 사람들의 장점을 무시하는 선입견이다. 하지만 그는 서로의 차이에 휩쓸리지 않도록 신중할 필요는 있다고 고백한다. 특히 그 자신에 대한 믿음이 약해져서 나를 선택한 일에 의구심이 드는 때일수록 말이다.

3. 민감한 사람은 기질을 바라보는 사회의 선입견, 특히 네 가지 성별 구분에 큰 영향을 받는다. 선입견을 그대로 믿으면 안 된다. 파트너는 사회의 이상적인 기준에 부합하는데, 나는 열등

서로 다른 두 사람

하다는 생각은 두 사람 모두에게 해롭다. 파트너는 당신을 선택한 일이 잘못이라고 여기고 고정관념에 따른 이미지 때문에 솔직한 모습을 보여주지도 못할 것이다.

_____ **해결책**

1. '실패'를 재구성하고 자신의 기질을 인정하는 방법으로 자존감을 회복하라.

2. 자신의 기질에 어떤 선입견을 품고 있는지 알아차려라. 과거에 민감함이 결함이라고 느끼게 만든 사람을 떠올리면서 내면의 목소리를 듣고 반박한다. 부모와 학교생활, 미디어, 자기계발서 등이 끼친 영향을 짚어본다. 자신의 민감함을 제대로 아는 것이 파트너를 사랑하는 일이기도 하다는 사실을 기억하라.

3. 질투를 현실주의로 바꿔라. 당신은 분명히 '좋은 것'을 많이 가졌으니 항상 장점을 보려 노력하고 파트너를 비롯한 타인의 어려움도 기억한다. 그들의 삶이라고 생각만큼 대단하거나 멋지지 않다. 정말로 질투할 만한가?

4. 타인의 영향력을 주의하라. 기질과 부끄러움 많은 성격, 내향성 등에 대한 정보를 접할 때는 비판적으로 사고한다. 기질에 관한 선입견을 마주하면 자기주장을 하라. 그래야 선입견이 당신의 신념 속으로 흘러 들어가지 않는다.

5. 파트너의 기질에 관한 당신의 선입견을 알아차려라. 자신의

기질에 만족하게 될수록 비HSP 파트너의 결점이 더욱 눈에 띌 것이다. 하지만 이런 방식의 선 긋기는 자신을 존중하기 위해서도 바람직하지 않다. 그런 파트너를 선택한 자신을 다시 비판하게 만들 것이기 때문이다. 당신과 파트너는 별개의 존재이며 서로 다를 뿐 둘 다 괜찮은 사람들일 것이다. 파트너가 세상의 선입견에도 당신을 사랑할 수 있었던 이유는 선입견을 무시했기 때문인지도 모른다는 사실을 기억하라. 파트너는 민감함을 당신의 일부로 보았고 주변에서 아무리 결점이라고 말해도 멋지다고 생각했다. 그 사실을 떠올리며 당신도 파트너의 기질을 받아들여야 한다.

◆

상대에 대한 오해

이 장의 맨 첫 문단에서 말했듯이 민감한 사람들은 자신의 파트너가 비HSP라고 오해하는 경우가 많다. 흔히 여성이 남성 파트너에 대해 잘못 알고 있다. 전형적인 성별 전쟁에서는 여자가 남자의 감정에 예민하고 그 무심함에 지쳤다고 한다. 하지만 파트너가 사실은 어려서부터 '남자 행동 강령'(2장 참고)을 강력하게 주입받아 민감함을 숨긴 채 살아왔다고 가정해보자. 거기에 힘든 어린 시절을 보내기까지 했다면? 거부형 애착 유형으로 감정에 무심해지는 방법을 선택할 가능

서로 다른 두 사람

성이 커진다. 특히 자신에게 누군가가 필요하다는 사실에 무감각해질 것이다.

그런 남성에게는 민감한 여성이 매우 위협적으로 느껴지기도 한다. '남성적'이지 못한 연약한 측면이 드러나는 위험한 영역으로 빨려 들어갈까 봐 두려워할 것이다. 당신은 그가 울거나 당신을 간절하게 필요로 하면 떠날 것인가? 혹은 절대로 그런 모습을 보이지 않는다면 떠나겠는가? 아니면 당신의 민감함을 이용해 그의 방어적 태도를 알아차리고 민감함과 연약함을 드러내게 도와주겠는가? 만약 그가 완전히 마음을 열지 않으면 심리치료를 받아보라고 설득할 수 있겠는가? 물론 당신은 그 사람들 모두를 혹은 파트너를 도와줄 의무는 없다. 하지만 그가 도와주려는 당신의 노력을 고마워하고 당신의 고충에 귀 기울이며 조금이라도 보답하려고 하는 사람이라면 그는 당신과 잘 어울리는 파트너일 것이다.

◆

받아들일 수 없는 것을 바꾸기, 바꿀 수 없는 것을 받아들이기

무엇보다 바꿀 수 있는 차이와 바꿀 수 없는 차이를 아는 지혜가 필요하다. 당신은 변화와 성장을 원하고 파트너도 마찬가지일 수 있다. 당신은 두 사람 모두를 위해 상대방에게 변화를 촉구할지도 모른다. 하지만 성장하기 위해서는 파트너의 본질적인 한계에 대한 실망을 받아들이고 세상의 모든 사람은 '패키지 상품'과도 같기에 파트너를 선택할 때 그의 문제도 같이 선택하는 것임을 알아야 한다. 삶의 유한함을 받아들이고 하루 동안 주어지는 사랑과 의식의 순간에 감사하는 것이 지혜의 본질이다.

서로 다른 두 사람

6장

비슷한 사람끼리의 문제

하나의 콩깍지 안에서, 평화롭게

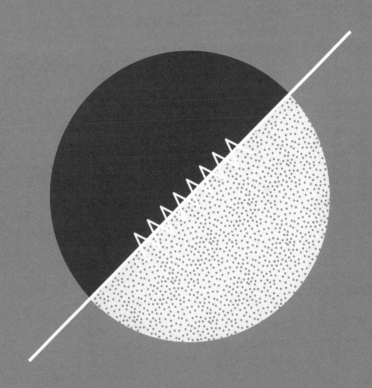

너그러움과 희생은
종이 한 장 차이다.

비슷한 기질을 가진 커플의 문제는 따로 다룰 필요까지 없을지도 모른다. 지금까지 기질의 유사성이 아니라 차이점이 친밀한 관계를 성공적으로 만드는 데 끼치는 영향을 강조했으니 말이다. 하지만 장점만 가득할 듯한 민감한 커플은 다름 아닌 민감성이 두 배라는 이유로 고유한 문제를 겪는다.

게다가 앞에서 언급했듯이 내 연구에 따르면 다수의 민감한 사람이 파트너를 잘못 알고 있다. 더 민감한 쪽보다 덜할 뿐, 파트너 또한 매우 민감한 사람일지도 모른다. 차이에 대한 이러한 착각은 앞장에서 설명한 분열 때문에 발생한다. 두 사람 모두 민감하더라도 한쪽이 좀 더 민감하기 마련이므로 한 사람은 민감하고 다른 사람은 민감하지 않다고 결론 내려졌을 테다. 안타까운 일이다. 더 민감한 쪽이 나서서 엄청난 도움을 줄 수 있는 상황에서도 파트너가 실제로 민감한지 아닌지를 몰라서 도움을 주지 못하기 때문이다.

당신과 파트너가 사실은 매우 민감한 커플일지도 모르니, 적어도 가능성을 고려해보는 편이 좋다. 그렇지 않더라도 장차 민감한 사람을 만날 수도 있으니, 다음에 나올 내용 역시 알아두면 유용할 것이다.

◆

큐피드는 있을까

이미 밝혔듯이 민감한 사람은 파트너가 같은 기질일 때 관계에 더 만족하는 편이다. 특히 민감한 남성의 경우, 더욱 그렇게 느끼는 것으로 나타났다.

일반적으로 내향적이고 부끄러움이 많고 주말에도 집에 있기를 좋아하는 이들이, 같은 HSP 파트너를 만날 수 있었던 것은 좋은 소식이라고 할 만하다. 그런 의미에서 세 쌍의 민감한 커플이 어떻게 만나 사랑에 빠졌는지 소개하겠다. 민감한 사람들을 만나게 해주는 임무를 맡은 큐피드나 수호천사가 존재하는 것은 아닌지 생각하게 해주는 사연들이다.

비슷한 생각과 감정을 가진 사람들의 만남

케이트와 알렉스는 20대일 때 이메일로 처음 알게 되었지만 커플이 되기까지는 오랜 시간이 걸렸다. 그들은 서로에 관한 글을 읽고 사진을 교환하고 편지를 썼지만 실제 만남은 훨씬 나중에 이루어졌다. 마침내 만났을 때 케이트는 알렉스의 하이톤 목소리가 마음에 들지 않았다. 만나자마자 자신을 너무 좋아하는 그의 모습도 부담스러웠다.

케이트는 누군가가 자신을 좋아하는 일에 익숙하지 않았다. 그녀는 대여섯 명과 사귀었는데 모두 비HSP였고 하나같이 그녀를 탓하며 이별을 고했다. 그녀는 무의식적으로 '남자다운 남자들은 나를 좋아하지 않아'라고 생각하게 되었다. 반면 알렉스는 케이트가 자신에게 완벽하게 어울리는 사람이라고 생각했다. 그래서 그녀는 그가 좀 이상하다고 생각했다.

케이트에 따르면 자신과 알렉스 사이의 모든 것이 과거의 경험과 달랐다. 그를 향한 감정은 처음에는 과거의 남자친구들에게 느낀 것처럼 강렬하지 않았지만, 서로에 대한 만족감이 몇 년에 걸쳐 꾸준히 커졌다. 케이트의 가족은 그녀가 예전에 사귄 남자친구들을 모두 마음에 들어 했지만 이번에는 아니었다. 케이트와 알렉스는 가족들의 의견을 무시할 수밖에 없었다. 가족들은 지금도 두 사람이 서로를 좋아하는 이유를 이해하지 못한다. 하지만 고등학교 때부터 시끄러운 음악과 나이트클럽을 싫어하는 자신이 민감하다는 사실을 깨달은 케이트는 자신의 선택을 확신한다. 이제는 민감한 사람이 아닌 상대는 생각할 수도 없다.

30대인 테레사와 후안은 대학에서 만났다. 테레사는 열정적인 연애를 여러 번 했지만 항상 나쁘게 끝나는 바람에 갈수록 남자를 경계하게 되었다. 그녀는 마치 희열과 위기에 중독된 양 누군가를 사랑한다는 사실을 깨달았다. 같은 수업을 듣는 후안과 만났을 무렵에는 다시는 연애를 하고 싶지 않은 마음으로 괴로워하고 있었다. 하지만 평생을 함께할 동반자와 아이들을 원하는 마음은 간절했다.

비슷한 사람끼리의 문제

심리학 수업을 들은 테레사는 상대가 자신의 욕구를 가장 잘 충족해줄 수 있는 사람인지 과학적이고 이성적인 방법으로 살펴보면서 딱 한 번만 더 연애를 해보기로 했다. 몇 번의 데이트를 거쳐 후안이 그런 사람임을 알아차렸다. 비록 달콤한 말과 행동도 할 줄 모르고 외모도 그리 멋지지는 않았지만 생각이 깊었다. 두 사람의 관계는 차분했다. 현재 그녀는 후안이 자신과 마찬가지로 확실히 민감한 사람임을 깨달았다.

7년이 지난 지금 테레사는 자신이 사랑에서 원했던 희열감이 느껴지지 않아 과연 후안을 선택한 것이 옳은 일인지 걱정스럽기도 하다. "하지만 후안은 항상 저를 위해줘요. 변화를 부탁하면 노력하죠. 좋은 아빠이기도 하고 정신적으로도 건강해요. 우리 관계는 해마다 더 좋아지고 있어요."

다이앤과 스탠은 2장에서 처음 소개했다. 다이앤은 민감한 기질 때문에 독립적인 생활을 감당할 수 없어 대학 졸업 후 안식처를 찾아 비HSP인 론과 결혼했지만 불행했다. 그녀는 이혼 후 세미나에서 스탠을 처음 만났고 1년 후 요가 프로그램에서 재회했다. 그들의 관계는 민감한 커플 대부분이 그러하듯 천천히 발전했다. 서로의 시간을 존중해주기 위해 같이 살지 않고 일요일 내내 그리고 월요일과 화요일 저녁만 함께 보낸다.

사실 그들은 고독의 필요성 때문에 커플이 되지 못할 뻔했다. 데이트를 시작하고 얼마 후 다이앤은 스탠이 출근하지 않는 날에도 출근한다고 거짓말을 한다는 사실을 알게 되었다. 쉬는 날에 그녀와 함께 시간을 보내고 싶지 않다고 솔직히 말하지 않고 거짓말을 한 것이었다. 그녀는 괴로웠다. 하지만 스탠에게는 과거에 오랜 관계를 유지한 파트너가 그녀를 두고 혼자 시간을 보낸다고 자신에게 화를 낸 경험이 있었다. 그 후로 싸움을 피하려고 거짓말하는 습관이 생겼다. 사실 다이앤은 그에게 혼자만의 시간이 필요하다는 사실을 그보다 더 빨리 알아차리는데 말이다.

이 커플들의 공통점은 파트너가 자신과 비슷하다는 사실이 주는 자유에 적응해야만 했다는 것이다. 문제를 제기하고 설명하고 고군분투할 필요성이 훨씬 적다는 사실 말이다. 그와 동시에 그들의 사랑은 서서히 커진다. 민감한 사람이 사랑에 열렬하게 빠진다는 점에서 약간 모순이라고 할 수 있다. 하지만 민감한 사람은 사랑에 빠르게 빠지지는 않는다. 적어도 같은 민감한 기질의 사람들에게는 그렇다. 머리로는 상대방이 좋은 사람이라는 것을 곧바로 알아차리지만, 케이트와 알렉스 커플처럼 사회의 선입견 때문에 진심으로 인정하기까지는 시간이 걸린다.

민감한 사람을 만나 서로를 알아갈 때는 이 사실을 꼭 기억해야 한다. 사랑에는 시간이 걸리고 서로에 대한 감정이 생각보다 클 수 있다. 둘 사이의 애정이 점점 깊어지는 이유를 한번 살펴보자.

_____ 비슷한 사람들끼리의 만남이 좋은 이유

1. 서로를 이해하기 때문이다. 어디까지 이해할 수 있는지 확인

비슷한 사람끼리의 문제

할 수 있는 궁극적인 테스트는 바로 상대가 거짓말을 했을 때조차 이해하고 용서할 수 있는가 하는 문제일 것이다. 물론 다이앤은 쉬는 날을 숨긴 스탠에게 화가 났지만 전적으로 이해할 수 있었다. 그에 대한 신뢰가 무너지지 않았다. 상대방의 실수가 상황이 아닌 성격적 결함 때문이라고 성급한 결론에 이르는 것에 대해 살펴본 3장의 내용을 기억하는가? 다이앤은 스탠이 자신과 매우 비슷하기에 혼자만의 시간이 필요함을 이해할 수 있었고 그의 거짓말이 성격적 결함이 아닌 상황 때문이라고 생각했다. 과거에 (그녀의 전남편 론 같은) 비HSP 때문에 느낀 압박감이 만든 자동적인 반응이라고 말이다. 그녀 자신도 그런 이유로 거짓말을 한 경험이 있을지도 모른다. 비HSP라면 이해해주지도, 이해할 수도 없었을 것이다.

2. 함께 있으면 편안하기 때문이다. 몸이 편안함을 느끼는 수준의 자극이 비슷하다. 한 사람이 올려놓은 볼륨을 다른 사람이 낮추는 일이 없다. (물론 두 사람의 감수성이 완전히 똑같을 수는 없다.) 가치관과 의식도 다른 커플보다 비슷한 편이다. 한 명이 "그거 느꼈어?"라고 하면 상대방도 "뭐? 미쳤어? 당신은 너무 민감해"가 아니라 "물론이지"라고 반응할 것이다. 얼마나 기쁜 일인가. 사회 정의와 환경 보호, 영성 수련, 존재의 의미에 대한 성찰을 중요하게 여긴다는 점도 비슷할 것이다. 관심사 때문에 싸우거나 고립감을 느낄 일이 없다.

3. 서로 철저하게 소통하기 때문이다. 스탠과 다이앤은 한동안은

매주 '점검' 시간을 가졌다. 둘 사이의 잠재적인 문제를 알리는 '적신호'에 대해 토론하는 시간이었다. 일부러 그런 시간을 냈고 '적신호'라는 구체적인 용어까지 사용했다는 사실은 민감한 커플이 관계에 꼼꼼하게 주의를 기울인다는 사실을 보여준다. 좋은 관계를 유지하려면 노력이 필요하고 좋은 소통은 복잡한 법이라고 상대방을 이해시킬 필요가 없다.

_____ 비슷한 사람과의 관계가 HSP에게 주는 이로움

1. 파트너가 당신의 자존감을 올려줄 것이다. 서로를 사랑한다고 자동으로 가능한 일은 아니지만 HSP 대부분이 자신을 좀 더 사랑하게 된다. 이 사회에서 HSP의 자존감을 올리는 일은 평생에 걸친 작업이 될지도 모른다. 사랑을 지키기 위해 가족들의 반대를 무릅써야 하는 알렉스와 케이트를 보라. 알렉스는 케이트의 부모님이 자신을 마음에 들어 하지 않는다는 사실에 자신에게 근본적으로 문제가 있다고 생각했을 것이다. 케이트도 마찬가지였으리라. 하지만 알렉스는 그녀의 가족들이 마음에 들어 한 과거의 비HSP 남자친구들보다 케이트가 자신을 더 좋아한다는 사실을 알고 있었다. 덕분에 그는 자신의 가치를 깨달았고 두 사람은 기질에 대한 선입견이 내면화되지 않도록 주의할 수 있다.

2. 치유와 완전한 이해가 필요한 감정을 깊이 파헤쳐볼 수 있다.

같은 문제가 있는지에 상관없이 파트너가 당신의 말에 귀 기울이고 치유를 도와줄 것이다.

그렇다면 지금까지와 같은 축복 말고 문제점은 무엇일까?

◆

너무 닮아서 생기는 문제

앞에서 말했듯이 민감한 사람은 파트너가 같은 기질일 때 약간 더 행복하다. 하지만 일반적으로 민감한 사람은 파트너의 기질과 상관없이 관계에 대한 만족도가 비HSP보다 낮은 편이다. 따라서 둘 다 민감한 커플은 파트너가 비HSP일 때보다 약간 더 행복할지라도 평균적으로는 둘 다 민감하지 않은 커플보다 행복도가 낮다.

민감한 사람들의 만족도가 약간 낮은 이유는 관계 만족도에 관한 질문을 더욱 깊이 숙고하기 때문인지도 모른다. 외부인들이 보기에 민감한 사람들의 만족도는 그렇지 않은 사람들과 같거나 그보다 더 높은데도 민감한 사람들의 답변이 다층적이고 모호하고 심각하고 꼼꼼하기 때문일 가능성이 있다.

하지만 그들의 약간 낮은 관계 만족도는 민감한 사람들 중 절반가량이 힘든 어린 시절을 보냈고 어른이 되어서 불안정한 애착 유형을 보이며 민감한 사람은 그 영향 또한 훨씬 많이 받는다는 사실을 반영하기도 한다. 부부 관계 만족도를 연구한 결과에서도 분명히 나타난다. 한쪽 파트너가 불안정감과 부정적 감정, '신경증'(불안과 우울증)을 보일수록 부부 관계에 만족도가 낮다.[1] 그런 증상을 보이는 사람뿐만 아니라 파트너의 만족도까지 낮아진다.

민감한 커플 관계에는 둘 사이를 방해하는 부정적인 감정이 더 많이 자리함이 분명하다. 관계 만족도가 약간 떨어지는 이유도 그래서인지 모른다.

_____ 둘 다 최적 각성 수준이 낮아서 생기는 문제

1. 타인과의 대립이 필요한 사소한 불편함을 바로잡을 사람이 없다. 민감한 커플은 택시 기사가 운전을 이상하게 하거나 레스토랑이 너무 시끄럽다는 사실에 동의하며 즐거워한다. 하지만 택시를 세워 요금을 내지 않고 내리는 자극적이고 불안한 상황을 누가 무릅쓸 텐가? 둘 중 누가 조용한 테이블로 옮겨달라고 하거나 그게 불가능하면 죄책감 없이 그냥 나가자고 말할 텐가? 민감한 사람들이 필요할 때 대담하게 행동하지 못한다는 말은 아니다. 다만 행동은 그들에게 자극적이고 힘든 일이라, 웬만하면 그냥 넘어가는 편이다. 비HSP 파트너가 있다면 기꺼이 맡기겠지만 말이다. 하지만 작은 문제들이 해결되지 않으면 둘 다 괴롭고 상대방이 용감하게 나서주기를 바라는 마음이 생길지도 모른다. 특히 민감한 커플의 여성 쪽이 그

비슷한 사람끼리의 문제

런 감정을 자주 느낄 테다.

2. 둘 다 '이런저런 일들'을 좋아하지 않는다. 예를 들어 모르는 사람에게 '연락'하기를 싫어할 것이다. 단순히 정보를 얻으려는 목적이라도 마찬가지다. 사람들과 대립하는 것도 당연히 싫어한다. 정신없이 바쁜 하루나 큰 변화도, 밖에 볼일을 보러 나가는 것이나 쇼핑도 싫어할지 모른다. 하지만 비HSP도 그런 경우가 많다. 그들에게는 재미나 도전 정도라서 힘들지 않을 뿐이다. 파트너가 민감한 사람인 경우 당신이 곤란한 일을 더 많이 처리해야 할 수 있다. 그래서 파트너가 덜 민감했으면 하고 바라기 쉽다.

3. 둘 다 긴 근무 시간이나 아이들이 시끄럽게 떠들어대는 집을 견디지 못한다. 그래서 한 명 혹은 둘 다 무던한 커플과 생활방식이 다를 수 있다. 자신들의 한계가 초래하는 일들을 타인과 비교하게 될 테고, 그에 실망할 수도 있다.

4. 갈등을 해결하기를 피하려는 경향이 있다. 세상에는 '유익한 싸움'을 즐기는 사람들도 있지만 당신과 파트너는 그렇지 않을 것이다. 의견 차이가 불가피하고 불만은 표현해야 하며 논쟁이 상황을 개선한다는 사실을 머리로는 알지만 계속 미룬다. 아무런 문제도 없다고 합리화할 수도 있다.

5. 함께 보내는 시간은 긴장을 풀기 위한 목적으로 이용하고 흥분감은 다른 곳에서 얻을 가능성이 크다. 흥분되는 일은 밖에 얼마든지 있으니 집에서는 그저 휴식을 취하고 싶다고 생각할

테고 그래서 둘이 함께 휴식을 취하고 만족한다.

처음 만났을 때는 당연히 서로에게 흥분감을 느꼈을 것이다. 상대방을 통해 새로운 관점과 기회, 기쁨을 얻었다. 삶이 풍성해지고 자아도 넓어졌다. 시간이 지날수록 익숙함 때문에 서로를 알아가는 흥분감이 줄어들지만 당신은 파트너와의 관계가 계속 자아 확장을 가능하게 해주기를 바랄지도 모른다. 희망과 두려움, 통찰, 꿈에 관해 이야기하는 내면 작업을 파트너와 함께하면서 이미 자아 확장을 이루었을 수도 있다. 하지만 온전함을 느끼려면 가끔 세상 밖으로 나가야 한다. 바깥세상에서 느끼는 편안함이 민감한 사람들에게 가장 훌륭한 자아 확장 수단이 되어주는 경우가 많다. 집 안에서뿐만 아니라 밖에서도 자아를 넓혀주는 관계가 되어야 한다.

_____ **해결책**

1. 직관과 창의성을 이용해 두 사람이 좋아하지 않는 일을 피하는 방법을 찾아라. 삶을 단순화하면 된다. 너무 큰 노력을 들이지 않고 수입을 약간 늘리는 방법을 찾아 두 사람이 되도록 피하고 싶은 일을 처리해줄 아르바이트생을 고용할 수도 있다. 똑똑한 고등학생이나 대학생을 최저임금으로 고용해 전화 걸기, 각종 볼일과 공과금 처리 등 번거롭거나 직접 대면하고 싶지 않은 일들을 맡기면 된다.

비슷한 사람끼리의 문제

2. 자녀를 많이 낳지 마라. 이미 자녀가 여럿 있다면 한 사람이 직장을 그만둘 수 있도록 계획을 세운다. 집안일을 맡기로 한 사람이 휴식을 취할 수 있도록 도와줄 사람도 필요하다. 민감한 커플은 양쪽 파트너에게 혼자만의 시간도 주어지도록 육아를 분배하는 것이 최선이다.

3. 서로의 차이를 최대한 활용하라. 각자의 선호에 따라 일을 배분한다. 둘 중 한 사람이 어떤 일을 더 수월하게 해내기 마련이다. 민감한 사람은 자신에게 가장 쉬운 일이 아니라 가장 어려운 일을 맡는 경향이 있다. 스스로 힘들다고 느끼는 일을 타인에게 맡기는 데에 죄책감을 느끼기 때문이다. 상대방에게는 전혀 힘든 일이 아닐지도 모르는데 말이다. 당시 기분에 따라 일이 한결 수월해지기도 한다는 사실도 기억한다. 서로 그런 기분이 될 때까지 얼마나 기다릴 수 있는지 미리 합의해놓는다.

4. 어떤 일들은 당신에게 무척 어렵게 느껴지지만 바로 그렇기 때문에 그중 몇 가지는 당신이 반드시 해보아야 할 일들이다. 전화 걸기나 각종 볼일 처리는 나중에 스트레스 받지 않으려면 꼭 해야만 하는 일상적인 과업이지만 자기계발을 위한 내면 작업의 일부가 되어주기도 한다. 예술을 통한 자기표현이나 몸담은 분야의 고등교육, 성찰적 사고, 영적 수련 등 당신이 자연적으로 잘하는 일들과 마찬가지로 말이다. 힘든 일도 가끔은 필요하므로 돌아가면서 처리한다. 파트너가 처음에는 불평하고 미루어도 죄책감을 느끼거나 나서지 마라. 두 사람 모

두에게 필요한 연습이다.

5. 갈등의 해결 방법을 사전에 상의하고 사후에 검토하라. 테레사와 후안 커플은 특히 논쟁을 불편해한다. 테레사는 어느 날 한 시간 반에 걸쳐 싸운 일을 무척 충격적이라는 듯 전했다! (이만큼 오래 싸운 것이 결혼 7년만에 처음인 부부는 HSP/HSP 커플밖에 없을 것이다.) 싸우는 동안 그녀는 자극에 압도당하지 않으려고 갖은 애를 다 썼다. 말도 하고 과도한 반응을 보이지 않으려 노력하고 '심리치료사 역할'을 하면서 후안에게 말을 유도하기도 하고 전부 자신의 잘못으로 돌리지 않았다. 싸움이 끝난 후 그들은 각자 다른 방으로 갔다. 그녀는 심호흡과 기도를 하고 그날 있었던 일도 되짚었다. "평상시로 돌아가기까지 몇 달이나 걸렸어요." 두 사람은 그 싸움을 다시는 입에 올리지 않았다.

다이앤과 스탠은 대화 자체를 하려고 들지 않았던 파트너들과의 경험을 통해 갈등을 예방하는 기술을 익혔다. 그들은 매주 '적신호'를 점검하고 대화를 나눈다.

민감한 사람들은 다이앤과 스탠처럼 별도의 계획이 마련되어 있지 않으면 갈등을 괴로워하고 앞으로 더욱 피하려고 한다. 감추거나 좋게 넘기거나 실망과 짜증을 억누르기보다 드러내어 대화를 나눌수록 갈등과 싸움이 줄어든다. 많은 사람이 힘들게 깨달은 값진 교훈이다.

민감한 커플은 둘 다 논쟁을 두려워하므로 갈등 상황을 처리하는 방법을 의논해야 한다. 이를테면 잠시 생각하는 시간을 가진다거나, 가장 거슬리는 싸움 전략을 찾고 사용하지 않기로 약속한다. 부부 상담치료사의 도움으로 심한 싸움에서 자신을 '억누르는' 방법을 배울 수도 있다. 문제를 꼭 한 번에 해결하지 않아도 된다. 여러 번에 걸쳐 문제를 다루면 깊이 숙고하기를 좋아하는 두 사람의 성향이 빛을 발할 테다.

6. 에너지를 아껴두었다가 파트너와 흥미진진한 경험을 함께하라. 이를테면 서로 책을 읽어주거나 방금 본 영화에 관해 이야기할 수 있다. 매일 밤 똑같은 일과에 관해 이야기하다 잠자리에 들거나 (혹은 나쁜 소식으로 서로의 각성 수준을 높이거나) 혼자 책을 읽지 않아도 된다는 뜻이다. 부담스럽지 않은 변화를 가져다줄 만한 일들을 미리 계획했다가 함께 실행에 옮기면 저녁 시간을 의미 있게 보낼 수 있다.

미묘함을 알아차리기 때문에 발생하는 문제들

상황의 모든 디테일과 함축적 의미를 알아차리면 의사결정이 답답할 정도로 느려진다. 민감한 사람이 그렇다. 또한 너무 많은 디테일과 미묘함이 과각성을 일으켜서 너무도 명백한 사실을 놓치기도 한다. 깊은 생각에 잠겨 늘 딴 데 정신이 팔려 있고 열쇠와 우산을 잃어버리는 이들이 바로 HSP다. 민감한 커플은 둘 다 상황을 깊이 인식하므로 장점과 문제도 두 배가 된다.

1. 쉽게 의사결정을 내리지 못한다. 모든 커플이 그렇다고 생각할지도 모르지만 그렇지 않다. 커플 대부분은 둘 중 한 사람이 의사결정을 맡는다. 그런데 민감한 사람은 의사결정에 따르는 모든 책임을 감당하기도, 타인에게 위임하기도 힘들어한다. 또한 커플 대부분은 때로 충동적인 선택에 뛰어든다. 하지만 민감한 커플이 마음 놓고 뛰어들 곳은 따뜻한 수영장뿐이다. 민감한 커플은 의사결정을 두려워한다. 두 사람이 함께하는 삶의 중요한 부분을 겁낸다는 뜻이다. 레스토랑 하나도 제대로 고르지 못해 저녁 내내 이탈리아 음식을 먹을까, 중국 음식을 먹을까 고민하는 한 쌍의 패배자라는 생각에 커플 자존감도 떨어지기 쉽다. 여성은 남성이 과감한 리더가 되어주기를 바라고 남성은 여성이 공주나 영화배우처럼 자기주관이 확실하기를 바랄지도 모른다. 사실은 숙고할 틈 없이 상대방이 대신 결정하는 상황을 원치 않는데도 말이다.

2. 파트너의 사소한 욕구까지 민감하게 알아차려 충족해주려고 하므로 둘 다 지치고 상대방이 조금이라도 불편해하면 죄책감이 느껴져 책임감이 약해질 수 있다. 테레사의 말은 이 문제를 실감 나게 한다. 그녀는 받는 것과 주는 것의 균형을 맞추고 자신과 후안의 욕구를 별개로 두는 법을 배워야 한다고 말했다. 모든 커플은 각자의 선호도에 따라 분리-상호의존의 균형을 맞춰야만 한다. 하지만 테레사와 후안 같은 민감한 커플은 너무 쉽게 상호의존적이 되기 때문에, 선호하는 균형을 선택할

비슷한 사람끼리의 문제

기회가 아예 없어지기도 한다. 앞서 말했듯이 민감한 사람은 타인의 아주 사소한 욕구까지도 알아차려 의도적으로 자제하지 않는 한 대부분 충족해주려고 노력한다.

예를 들어 테레사는 저녁 식사 준비를 항상 자신이 해야 한다고 생각했다. 어려서부터 어머니가 아버지를 위해 요리하는 모습을 본 데다가 후안이 퇴근해 돌아오면 항상 배고파하고 매일 비슷한 시간대에 식사를 하고 싶어 하며 음식에 까다롭다는 사실을 잘 알기 때문이었다. 하지만 테레사가 요리하기를 싫어한다는 사실을 아는 후안은 음식을 마냥 즐겁게 먹지 못했다. 그런데도 몇 년 동안 두 사람은 그런 이야기를 입 밖으로 꺼내지 않았다. 마침내 대화를 나누고 나서야 테레사는 하고 싶을 때만 요리를 하고 후안도 두 사람을 위해 요리를 하며, 혼자 배고플 때는 알아서 먹기로 합의했다.

또한 테레사는 이따금 모임에 나가기를 좋아하지만 후안은 그렇지 않다. 함께 나갈 일이 있을 때면 테레사는 그가 불편해하는 모습이 신경 쓰여 원치 않아도 일찍 자리를 뜬다. 마찬가지로 후안은 테레사에게 중요한 자리임을 알기에 자신이 원하는 것보다 오래 머문다. 그들은 이 문제에 대해서는 아직 대화를 나누지 않았다.

너그러움과 희생은 종이 한 장 차이다. 그 경계를 결정하고 결정에 책임을 지고 필요하다면 협상을 해야 한다. 항상 상대방에게 맞추기만 하면 시간이 갈수록 억울함이 쌓인다. 물론 파트너의 욕구를 충족해주는 것은 다정한 일이고 파트너는 편해질 수 있겠지만 의무는 아니다. 파트너는 계속 안고 있어야 하는 아기가 아니라 어른이다. 그에 맞게 대우해야 한다.

3. 민감한 커플은 세상사에 실용적이거나 사실적이지 못할 수 있다. 민감한 사람은 뛰어난 직관을 이용하기를 선호하지만 직관이 절대적으로 확실하지는 않다. 의식적이건 무의식적이건 신중하게 정보를 처리해 현재나 앞으로의 상황을 파악하는 앎의 한 방식일 뿐이다. 앎의 방식은 또 있다. 정보를 더 얻는 것이다. 하지만 민감한 커플인 당신과 파트너는 직관을 선호한다. 물어보거나 직접 밖으로 나가 살펴보는 방법은 HSP의 본능과 거리가 있다. 자극도 심하고 더 큰 노력이 필요하다. 품격이 떨어지거나 현명하지 못한 일처럼 느껴질 수도 있다. 하지만 경험을 토대로 하지 않는 직관은 추측일 뿐이다.

직관에 과도하게 의지하는 성향이 민감한 커플에게 어떤 영향을 끼칠까? 직관이 정보와 경험에 미치지 못해 사업이 실패하거나 오랫동안 공부한 분야에서 구직에 실패하거나 하면 두 사람 모두 스트레스를 받는다. 전화를 걸어 알아보지도 않고 일요일에 문을 닫는 가게를 찾았다가 낭패를 보기도 한다. 두 사람 혹은 타인과의 사이에서 소통 문제가 발생하기도 한다. 신체, 경제, 직업, 사회적인 측면에서 낭패를 겪으면 둘 다 패배자라는 생각이 들어 커플 자존감까지 낮아진다.

4. 둘 다 지나치게 예민해지거나 쉽게 상처받거나 쉽게 숙이고 들

비슷한 사람끼리의 문제

어갈 수 있다. "미안해, 다 내 잘못이야.", "아니, 내 잘못이야. 네가 원하는 대로 해.", "아니야, 난 네가 원하는 대로 하고 싶어." 사소한 문제를 너무 심각하게 받아들여, 자신이나 상대방이 받는 영향을 너무 부풀려 생각하기도 한다. 비판이나 타인이 느끼는 불편함 등을 포함해 감정적인 측면을 너무 세세하게 처리하므로 결과적으로 더 많은 감정이 자극된다. 예를 들어 케이트는 잘못을 지적할 때 알렉스가 (그녀 기준으로) 너무 과도하게 사과하는 점이 무척 거슬렸다. 그래서 가벼운 불만이나 짜증도 표현하기가 어려워졌다.

해결책

1. 의사결정을 내릴 때 가지고 있는 정보가 직관이 아닌 사실에 근거하는지 확인하라. 전문가의 도움을 받아도 된다. 인생에 관한 결정이라면 상담을 받아보고 비즈니스 관련 결정이라면 전문 컨설턴트를 고용하라. 여행 관련 결정은 경험 있는 주변 사람들에게 조언을 구한다. 물건 구매라면 소비자 보고서를 읽고 참고한다. 이런 방법들은 민감한 커플의 의사결정을 크게 도와줄 수 있다. 조언을 구할 때는 당신의 결정과 이해관계가 없는 사람을 찾아야 한다. 조언자의 기질도 고려해야 한다. 무작정 돌진하고 보는 성격은 피하라.

2. 가능하다면 시간적 여유를 가지고 선택에 도달하라. 민감한

사람들은 무의식적이거나 즉흥적으로 결정을 내릴 때가 많다. 어찌해야 좋을지 모르다가 어느 날 갑자기 알게 된다. 물론 그동안 잠재의식 속에서 '우유부단'하고 위험한 여러 가지 선택지를 시험해보았을 테다. 하지만 일반적으로는 어느 날 갑자기 퍼뜩 알게 된다. 직관적으로 확신할 수 있으려면 불확실한 긴장감이 오랫동안 이어져야 한다.

성급하게 결정하는 일을 피할 수 없다면 일이 잘못 흘러갈 때 결정을 되돌리거나 영향을 줄이는 방법을 준비해놓는다. 성급한 결정이 가져올지도 모르는 최악의 상황이 실제로 일어나면 어떻게 해야 하는지 함께 생각해둔다. 물론 그렇게까지 나쁜 결과는 나오지 않을 수도 있다. 하지만 의사결정 스트레스는 민감한 커플에게 매우 큰 타격을 줄 수 있다.

3. 충분한 시간적 여유를 가지고도 확실히 모르겠다면 가진 정보를 최대한 활용해 결정하라. 두려움, 특히 변화와 새로운 것에 대한 두려움 때문에 절대로 확신하지 못할지도 모른다. 두려움이 직관에 영향을 끼친다고 생각된다면 '의식의 기능'을 바꿔보라. 자료와 논리, 직관이 전진하라고 말해준다면 파트너와 서로 두려움을 이기도록 도와주어야 한다.

한 사람의 개인적인 문제인지 두 사람의 문제인지 상관없이 마침내 결정에 도달하고 나면 거기에서 정보 처리를 멈춘다. 파트너도 그럴 수 있도록 더는 이야기를 꺼내지 않는다. 결정한 후에는 손에서 놓는다. 잘못될 수도 있지만 원래 어려운 결

비슷한 사람끼리의 문제

정은 필요한 정보가 다 있지도 않고 결과를 예측할 수도 없는 법이다. 잘못된 결과로 이어졌다면 어쩔 수 없다. 더 많은 정보 없이 잘못될 수 있는 방향을 전부 다 예측하기란 불가능하다. 참고로 민감한 사람들은 일반적으로 최선의 결정을 내리는 편이다. 당신도 파트너도 과거의 성공적인 결정 경험을 떠올릴 필요가 있다.

지금 내려야 하는 결정이 매우 중대하게 느껴진다면 그것이 힘든 업무이고 당신이 그 업무의 전문가라고 생각해보라. 내가 자주 지적하는 사실인데 대개는 오래 걸려서 내린 올바른 결정보다 신속하게 틀린 결정을 칭찬한다. 민감한 사람들은 오래 고민해서 올바른 결정을 하는 편이지만 스스로 전문가라고 생각하면 평소처럼 오랫동안 숙고할 필요가 없을 것이다.

4. 정보 처리가 너무 과해지면 서로 자제시켜라. 미묘한 정보를 적게 처리하라니 이상하게 느껴질 수도 있지만 그래야만 할 때도 있다. 예를 들어 비판을 그저 하나의 불만 정도로 받아들이고 심오하게 처리하지 말아야 한다. 그래야 자신이 끔찍하게 잘못된 존재라는 생각에 빠지지 않을 수 있다. 당신의 잘못이 아닐 수도 있다. 만약 잘못이라면 실수로 받아들여라. 물론 힘들겠지만 대단히 중요한 일이다. 당신은 매일 하루에 한 번쯤은 실수를 한다. 지나치게 방어적이어지거나 자기혐오에 빠지지 않는다면 파트너와 둘의 관계에도 훨씬 이롭다. 방어적인 태도와 자기혐오를 보인다면 나중에 꼭 사과하고 다음에는

더 나은 관점을 지키기로 다짐한다.

비판과 '실패'를 천천히 받아들이는 방법도 도움이 된다. 파트너에게도 도움을 받도록 하라. 사소하거나 용납할 수 있거나 되돌리기 어렵지 않은 일이거나 전혀 실수라고 할 수 없을 때가 대부분이다. 나도 매우 힘들게 깨우친 사실이다. 박사학위 시험을 보고 3주가 지난 어느 날 밤에 집에 가보니 탈락 통지서가 와 있었다. 모두가 최우수 학생이라고 말하는 나였다. 정말로 끔찍한 밤이었다. 하지만 다음 날 아침이 되자 착오일지도 모른다는 생각이 들었다. 알고 보니 정말로 실수였다. 탈락이 아니었다.

5. 서로의 미묘한 정보 처리에 유연성을 더하라. 융에 따르면 의식에는 네 가지 기능이 있다.[2] 세상에 접근하는 네 가지 방법이다. 각각의 기능은 일종의 지능과 같으며 개인에게는 저마다 지배적인 기능이 있다. 전부는 아니지만 민감한 사람 대부분은 직관형에 속한다. 직관형은 미묘한 것들을 전부 듣고 보고 무의식적으로 처리한 후 주어진 정보를 초월하는 직관의 도약을 시작한다. 직관형의 반대는 감각형인데, 그저 주의 깊게 보고 들으며 '표면적인' 정보를 처리한다. 감각형은 직관형과 달리 보거나 들은 것을 숙고하기보다 실제로 존재하는 것을 알아차리는 데 많은 시간을 쏟는다. 추가적인 가능성을 직관하지 않고 있는 그대로만 본다. 마술사들에게는 고마운 존재다. 그들은 마술의 속임수를 궁금해하지 않는다. 감각형은

비슷한 사람끼리의 문제

방향을 읽고 방법을 따르고 그저 '사실'만을 필요로 한다. 서식을 깔끔하게 작성하면서 희열을 느끼기도 한다.

다른 두 기능은 사고 기능과 감정 기능이다. 이 두 가지도 서로 반대인데 정보 처리보다는 의사결정의 이유와 더 관련이 깊다. 민감한 사람들은 두 기능이 거의 비슷하게 발달되어 있다. 사고형은 모호한 원칙이나 이론을 의사결정의 규칙으로 이용한다. 감정형은 감정적으로 결정을 내리는 것이 아니라 정서적 영향을 포함하는 인간적이고 개인적인 영향을 평가한다. '사고형'과 '감정형'은 모두 연민이 강할 수 있는데(혹은 이기적이거나) 남을 도와주는 방법에서는 차이가 난다. 감정형은 다친 아이를 보면 우선 일으켜서 달래주지만 사고형은 응급처치 방법을 확인하고 구급차를 부를지 결정할 것이다. 세상을 살아가는 데는 두 가지 기능이 모두 필요하다.

여러 테스트로 자신의 지배적인 기능 유형뿐 아니라 가장 약한 기능도 알 수 있다. 가장 약한 기능을 이용할 때는 무력감과 절망감, 예민함, 수치심을 느낀다. 지배적인 기능은 그 반대다. 당신의 지배적인 기능이 직관이라면 감각 기능은 평생에 걸쳐 발달시켜야 할 것이다. 균형 잡힌 사고와 감정을 활용하면 직관이 커지기도 한다. 예를 들어 어떤 결정에 따르는 결과를 생각해보면 바로 직관에 따라 움직이기보다 더 많은 정보를 수집해야 함을 알 수 있다.

친밀한 관계에서는 서로의 네 가지 기능을 파악하면 약점을 보완하고 강점을 활용할 수 있어 큰 도움이 된다. 민감한 커플은 둘 다 직관 기능이 지배적이므로 더욱 그렇다. 지배적인 기능이 똑같으면 서로 그 기능을 더욱 강화하고 다른 열등한 기능들을 연습하는 일은 줄어들게 된다. 하지만 서로에게 열등한 기능을 무시하다가는 결국 큰 문제가 닥치고 만다.

열등한 기능을 개선하는 일을 자기계발이나 심리 프로젝트, 심지어 영성의 길, 삶의 의미라고까지 생각하라. 보통 HSP에게는 이런 식의 틀 짓기가 동기를 유발한다. 게다가 맞는 말이기도 하다고 나는 생각한다. 카를 융은 열등한 기능을 무의식에 이르는 문이라고 보았다. 예를 들어 당신이 직관형이고 음악이나 섹스, 음식 같은 관능성에 탐닉한다면 무의식에 더욱 다가가기 쉽다. (감각형은 이미 '익숙하기' 때문에 감각을 통해서는 쉽게 무의식으로 이동하지 않는다.) 융은 열등한 기능의 발달이 온전함에 이르기 위해 중요하다고 보았다. 그저 바라보면서 현재에 머물고, 의미를 탐구하지 않으면서 귀 기울이는 감각적인 존재 방식은 직관형에게 새로운 깨달음을 뜻한다.

파트너가 열등한 기능을 이용할 때는 나서서 도와주지 않는 것이 가장 도와주는 방법이다. 직관형인 파트너가 아무런 도움 없이 끙끙대며 지도를 읽도록 그냥 놔두어라. 파트너가 무수한 가능성에 허우적거리며 불필요한 가정을 하면 그저 현재에 집중하라 말해주어라. 파트너가 감정형이라면 혼자 상황을 논리적으로 분석하도록 내버려둔다. 사고형이라면 자신이 선호하는 것에 대해 실용성을 따지지 않고 느껴보게 하라. 감각형 파트너라면 표면을 넘어 무한한 가능성까

비슷한 사람끼리의 문제

지 바라보게 한다.

낮은 자존감이 일으키는 문제

민감한 커플은 한 사람이 민감함에 관한 내면화된 선입견을 의식하고 없애려 한다면 서로의 자존감을 올려줄 수 있다. 그러지 않으면 소용돌이처럼 둘 다 자존감이 점점 낮아진다. 두 사람의 낮은 자존감은 다음과 같은 문제를 일으킨다.

1. 서로를 존중하지 못한다. 누군가를 사랑할 때 자기애가 중요하다는 말은 이미 했다. 민감한 사람은 파트너를 거의 자신의 일부분으로 바라보고 심지어 자신의 특징과 합치기도 하기 때문이다. 특히 파트너가 자신과 여러모로 비슷하다면 더욱 그렇다. 따라서 당신이 스스로가 '지나치게' 민감하다고(혹은 열등하거나 패배자라고) 생각하면 같은 HSP인 파트너까지도 그렇게 느끼기 쉽고 그런 파트너를 선택했다는 사실을 후회하게 된다. 당신의 선택이었고 자신과 똑같은 사람을 선택했기 때문이다.

   낮은 자존감은 5장에서 설명했듯이 자신이 가지고 있는, 싫지만 마주하지도 못하는 부분을 파트너에게 투영한다. 민감한 자신에 대해 무의식적으로 약하고 신경증적이라거나, '진정한 남자'나 '자신감 있는 여자'가 아니라고 생각한다면 그런 감정을 없애고자 자신과 비슷한 파트너를 약하고 신경증적이며 남자답지 못하거나 여자답지 못하다고 여기게 된다. 예를 들어 파트너가 자기연민에 빠져 있다고 불평하는 사람은 괴로움을 무시하고 눈물을 삼켜야만 했던 경험이 있을 것이다. 따라서 자기 자신에게 그러기를 용납하지 않았듯이, 자기연민에 빠진 파트너의 모습을 용납하지 못한다.

비록 투영에 상당한 '타당성' 또는 객관적인 진실이 존재한다고 할지라도 두 사람 모두에게 연민을 가져야 한다. 당신이나 파트너가 '약하거나' '신경증'인 이유는 힘든 어린 시절이나 살아오는 동안 일어난 너무 많은 스트레스가 민감한 신경계와 합쳐졌기 때문일 수도 있다. 당신이 자신을 받아들이면 파트너에게도 더 큰 아량을 베풀 수 있을 것이다.

2. 한 사람 또는 두 사람 모두 불안이나 우울함에 시달려 서로 영향을 끼칠 수 있다. 낮은 자존감은 일반적으로 부정적인 감정을 일으킨다. 세상이 자신을 어떻게 대할지, 과연 대처할 수 있을지에 대한 두려움이나 무력감이다. 우울하고 불안정한 HSP가 직장이나 친구 관계에서는 거의 정상적으로 행동하지만 파트너, 특히 같은 기질의 파트너에게는 솔직한 감정을 숨기지 못하는 경우가 많다. 그 감정을 아무리 조심스럽게 거두어들인다 해도 파트너는 알아차릴 것이다. 당신이 그런 문제를 보일 때 파트너는 상황을 바로잡아줄 수도 있고 자신을 지탱하던 닻이 사라졌다고 느낄 수도 있다. 어느 쪽이든 두 사람은 점점 나락으로 빠질 것이다.

비슷한 사람끼리의 문제

_____ 해결책

민감함을 존중해야 하는 이유는 이미 강조했다. 다음의 추가 내용은 특히 민감한 커플을 위한 것이다.

1. 자신뿐만 아니라 파트너의 민감함도 존중하라. 민감한 사람들은 가끔 자신이나 파트너 둘 중 한 명의 민감함에만 불만을 토로할 때가 있다. 하지만 의식을 곤두세우지 않은 수준에서 두 사람 모두를 함께 판단해야만 한다. 기질에 관한 생각은 텔레비전에서 본 이야기나 과거의 기억, 지인이 한 말 등 온갖 사건에 따라 널을 뛸 수 있다. 케이트는 나이트클럽과 시끄러운 음악을 즐기지 않지만 즐기고 싶다고 생각한다. 하지만 알렉스는 그런 것들을 즐기지 않는다는 사실을 개의치 않는 것처럼 보인다. 케이트가 시내에서 저녁 시간을 신나게 보내는 커플과 비교하며 외출을 자주 하지 않는 알렉스를 원망하는 모습을 쉽게 상상해볼 수 있다.

   민감한 파트너에게 자신과 똑같은 수준의 민감함을 부여하고 그 사실에 격분하기 쉽다. 그러면 자신에게 낙담할 필요가 없기 때문이다. 하지만 진정한 해결책은 패키지 개념을 기억하는 것이다. 민감함의 장점을 가치 있게 여기고 거기에는 누군가에게는 신나는 밤이지만 파트너는 그것을 즐기지 않는다는 단점도 따라온다는 사실을 받아들이면 자신과 파트너에 대한 인식이 개선될 것이다.

2. 최대한 상처를 치유하라. 심리치료와 다양한 내면 작업은 매우 민감한 파트너에 대한 사랑 표현이자 도덕적 의무이기도 하다. 그런 파트너는 당신의 기분에 쉽게 영향을 받을 수밖에 없다. 따라서 당신은 자신의 안정감과 희망적인 태도 늘리기를 평생의 목표로 삼아야 한다. 파트너가 불안이나 우울증을 보인다면 서로 약간 분리되는 것이 좋다. 파트너가 내면 작업을 할 수 있는 방을 따로 마련해주고 파트너의 기분을 개인적으로 받아들이거나 두려움과 무력감에 전염되지 마라. 우울한 파트너 앞에서 침착한 표정을 잃지 않는 개별적인 안정감을 유지하려면 당신에게도 치유와 꾸준한 내면 작업이 필요하다. 단순한 의지의 문제가 아니다. 하지만 파트너를 위해 흔들리지 않는 모습을 보여준다면 파트너 또한 그럴 테고 함께 기쁨과 삶의 의미를 찾아나갈 수 있다.

3. 약물치료를 고려하라. 당신이나 파트너가 불안과 우울을 느끼고 약물치료가 도움이 될 것이라는 조언을 들었다면 이 방법이 두 사람의 관계를 구할 수도 있다. 민감함이 병이라서가 아니다. 만약 의사가 그런 식으로 말하면 다른 의사를 찾는다. 약물치료를 하거나, 심리치료도 병행한다면 자신과 파트너에 대한 인식뿐만 아니라 민감함에 대한 인식도 나아질 것이다. 하지만 불안과 우울증 치료에는 여러 방법이 있으므로 정보를 충분히 인지할 필요가 있다. 하나를 선택해 꼭 행동에 옮겨라. 불안과 우울함이 이삼 주 동안 지속될 경우 재발 위험이 있으

므로 반드시 조처해야 한다.

케이트와 알렉스 커플의 케이트가 좋은 본보기다. 그녀는 대학교 때 심한 우울증에 걸렸다. 자지도 먹지도 못하는 상태가 되자 우울증약을 복용하기 시작했다. 약을 끊으면 증상이 돌아오지만 계속 먹으면 아무런 문제가 없다. 케이트의 우울증은 '매우 예민하고 불안한 성격'이었던 어머니에게 유전되었거나 어린 시절에 어머니의 우울증 때문에 느낀 극도의 스트레스가 신경생리학적 유연성에 영향을 끼쳤기 때문일 가능성도 있다. 케이트는 어머니의 부재에 대한 감정을 살펴볼 필요가 있을지도 모른다. 원인이 무엇이건 우울증은 약물치료로 단순명료하게 조처하는 것이 맞다.

하지만 피터 크레이머는 『떠나야 할까?』에서 한 가지 주의점을 경고한다(크레이머는 『프로작에 귀 기울이다(Listening to Prozac)』라는 책도 썼으며 우울증에 조예가 깊다). 관계의 전적인 토대가 서로의 불안과 우울증을 함께 이겨내는 일에 있을 수도 있다. 한 사람이 나아지기 시작했을 때 파트너도 따라서 나아진다면 그들에게는 행복한 결말이 기다릴 테다. 하지만 여러 가지 이유로 상대방은 거부해서 나아지지 못할 수도 있다. 그러면 나아지고 있는 쪽은 매우 힘든 선택에 직면한다. 우울증으로 얼룩진 삶에서 벗어나고 싶은 충동이 견딜 수 없을 정도로 강하지만 파트너를 버린다는 생각 또한 견디기 힘들다. 따라서 두 사람 모두 불안이나 우울증이 있으면 함께 치료 방법을 찾아야 한다.

◆

민감한 커플을 위한 당부

마지막으로 자신과 비슷한 사람을 만났다는 사실에 기뻐하라. 민감한 두 사람의 만남이니만큼 과거와 세상의 선입견 때문에 더 많은 치유 작업이 필요하다면, 민감함에 따르는 '패키지 상품'처럼 생각하라. 한 사람은 민감하고 다른 한 사람은 민감하지 않은 커플에게도 똑같이 장단점이 있다. 둘 다 민감한 커플이야말로 상대방의 미묘한 심리와 관계를 다루는 전문가가 되어 서로를 도와줄 수 있는 조합이 될 수 있다.

7장

계속 사랑할 수 있을까

민감한 사람을 위한 몇 가지 조언들

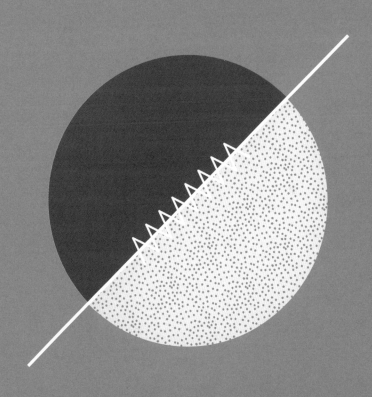

타인의 문제에
당신의 기질을 탓하지 마라.

결혼을 앞둔 어느 민감한 남성의 이야기로 시작해보자. 민감한 사람답게 제대로 된 시작을 원한 그는 결혼 상담 전문가, 친구, 인터넷 검색 등을 통해 추천받아 남녀 관계를 다룬 '최고의 책' 몇 권을 읽었다. 당연히 결혼식 계획에도 개입하고 약혼녀와의 관계를 가꾸는 데도 충실했다. 예전에 민감함 문제로 나에게 상담 치료를 받았던 이 남자는 예비 남편으로서 자신을 평가해달라고 나에게 전화를 걸었다. 그는 좋은 남편이 되지 못할까 봐 두려웠다. 책에 나온 신호들이 자신에게 다 있었다. 어린 시절의 가족 문제, 무의식적인 문제의 조짐들, 게다가 점점 커지는 짜증과 불안, 감정 기복, 모두가 행복한 결혼생활에 문제를 일으키는 신경증의 확실한 신호였다.

엄청난 대혼란 속에서 단순하고 즉각적이지만 더욱 심각한 문제는 그가 인생에서 가장 큰 새로운 시작을 앞두고 과각성 상태에 빠졌다는 사실이었다. 이는 그를 불행하게 만들었고 약혼자도 불행하게 만들었다. 불행한 사람은 아무리 외부에서 훌륭한 조언을 받아도 약혼이나 결혼으로 행복해지지 못한다. 그래서 나는 그에게 파트너 선

계속 사랑할 수 있을까

택에 조금이라도 의구심이 드는지 물었다. 그는 그렇지 않다고, 오히려 자신과 결혼을 하겠다고 마음먹은 파트너의 선택에 의구심이 든다고 했다. 나는 결혼생활이 어떻게 될지는 누구도 확실히 알 수 없으며 불안감은 불확실함 때문에 드는 자연스러운 삶의 일부분이라고 말해주었다. 결혼을 몇 년 미루고 책들을 다 읽거나 가장 중요한 우선순위를 최적 각성 수준에 머무르게 조율할 수도 있다고 했다. 약혼녀와 함께 노력해보는 것도 좋은 방법이었다. 불안해하는 그의 모습에 그녀도 그만큼, 혹은 더 많이 당황하고 있음이 보였기 때문이다. 두 사람이 서로를 위해 배워야 하는 많은 것들 가운데에서도 그것이 가장 중요하다고 말해주었다.

이 이야기를 하는 이유는 당신도 불안에 압도당하지 않기를 바라기 때문이다. 이번 장에서는 행복한 관계를 유지하는 수많은 방법 가운데 민감한 사람들과 가장 관련있는 여섯 가지를 소개한다. 당신과 파트너의 기질이 일치하는지 여부와 상관없이 적용 가능한 방법들로 민감한 사람들이 꼭 기억해야 할 중요한 내용이다.

그 다음에는 훌륭한 부부 상담 전문가를 선택하는 방법을 소개할 것이다. 모든 커플에게 가족 주치의만큼 꼭 필요한 전문가인데 특히 사랑에 대해 깊이 사고하는 민감한 사람들에게는 더욱 필요하다. 관계를 회복하려는 노력을 그만두고 떠나야 할 때가 언제인지도 알아보겠다. 민감한 사람들이 특히 어려워하는 일이다.

예전에 접해보지 못했을 새로운 방법을 가장 먼저 소개하겠다. 나와 남편의 새로운 연구에서 나온 결과다.

흥미진진한 경험을 함께하라

앞장에서 민감한 커플은 두 사람의 관계를 평화로운 피난처로 만들기 때문에 지루함이 찾아오기 쉬우니 주의해야 한다는 말을 했다. 사실 둘 중 한쪽만 민감한 경우에도 이 문제를 피해가긴 어렵다. 둘 다 민감한 커플은 주로 집에만 있어 관계가 지루해지지만, HSP/비HSP 커플은 비HSP 파트너 혼자 외출하는 일이 잦아 그렇게 된다. 이 경우 비HSP 파트너는 최적 각성 수준을 유지할 수 있지만 관계 자체는 더 이상 확장되거나 흥미로워질 일이 없어진다.

처음 사랑에 빠질 때는 두 사람 모두 본질적 정신에서 비롯된 흥분감과 활력을 느끼고, 삶의 새로운 일부가 된 상대방의 영향으로 자아가 확장한다. 시간 가는 줄 모르고 밤새 대화를 나누면서 서로의 이야기와 자기 자신의 새로운 통찰에 매료된다. (아트와 나는 사랑이 자아를 확장하는 효과를 확인하고자 사랑에 빠진 미혼 남녀에게 7개월 동안 매주 자신을 묘사하게 했다.[1] 사랑에 빠진 그들은 다양한 개념을 이용해 자기 자신을 긴 글로 표현했다.)

물론 서로를 알아갈수록 흥분감과 확장은 줄어든다. 민감하든 아니든 커플 대부분은 시간이 지날수록 관계에 대한 만족도가 꾸준히 떨어지는 모습을 보인다.[2] 커플들은 거의 본능적으로 여행이나 새로운 장소 탐방, 서로의 친구들 만나기 등 흥미로운 일을 함께함으로써 떨어지는 만족도를 바로잡으려 한다. 함께 가정을 꾸리는 것도 흥미

계속 사랑할 수 있을까

로운 일이다. 집을 꾸미고 아이를 낳고 함께 어떤 프로젝트를 추진하는 일들 말이다. 하지만 이렇게 흥미진진한 일들을 함께하지 않는 커플은 관계에 불만을 느낄 가능성이 크다. 지루함을 문제로 인식하지 않을지 모르지만 문제가 된다. 파트너와의 관계 밖에서는 커리어나 친구 관계 등을 통해 아무리 흥미로운 경험을 한다고 해도 말이다.

_____ 새로운 영역 개척에 관한 혁신적인 연구

지루함에 관한 주장은 단순한 추측이 아니다. 약 10년 전에 아트와 나는 초기 설문 조사에서 지루함이 전반적인 관계 불만족의 강력한 지표라는 사실을 발견했다.[3] 아트의 박사 과정 학생 샬럿 라이스먼(Charlotte Reissman)[4]이 좀 더 자세히 알아보기 위해 다른 실험을 했다. 그녀는 부부들에게 여러 활동 목록에서 부부가 함께하면 '기분이 좋거나' '흥분되는' 일을 선택하라고 했다. 그러고 나서 참가자의 3분의 1은 10주에 걸쳐 매주 1시간 30분 동안 자신들이 선택한 흥분되는 활동을 하고, 또 다른 3분의 1은 같은 시간 동안 자신들이 선택한 기분 좋은 활동을 했다. 나머지 3분의 1은 특별한 활동을 함께하지 않았다. 10주 후 흥분되는 활동을 함께한 부부는 부부생활의 만족도가 매우 높아진 반면, 기분 좋은 활동을 함께한 부부들과 아무것도 하지 않은 부부들은 10주간 만족도가 전혀 증가하지 않았다. 흥분되는 활동을 하지 않는다면 부부가 단지 더 많은 시간을 함께 보낸다고 나을 것이 없다는 뜻이다.

또 다른 실험에서는[5] 먼저 실험실 환경에서 부부들에게 매우 흥미진진하고 도전적인 일이나 단조로운 일을 함께하도록 하거나 아무것도 하지 않게 했다. 이어서 부부들이 여행 계획을 세우는 모습을 촬영했고 부부가 대화를 나누는 모습을 전문가들이 평가했다. 전문가들에게는 부부들이 그 전에 특별한 활동을 한 사실을 알리지 않았다. 평가 결과 흥미진진하고 도전적인 일을 함께한 부부들의 토론이 훨씬 긍정적이고 적대감이 적었다. 또한 그들은 실험 전후에 측정한 부부 관계 만족도와 서로에 대한 사랑에서도 큰 폭의 증가세를 보였다.

이 연구는 친밀한 관계를 연구하는 전문가들에게 매우 큰 반향을 일으켰다. 그동안 친밀한 관계의 특징은 파트너들의 과거와 성격에 두 사람의 의사소통 기술이 합쳐진 결과라고만 생각되었기 때문이다. 하지만 지루함은 커플의 문제에 큰 영향을 주는 듯하다. 지루함을 느끼는 사람들은 오랫동안 산책을 하지 못한 강아지처럼 흥미로운 관계를 지속하고자 온갖 문제를 일으킬 수 있다.

_____ 흥분감 요소를 조심스럽게 적용하기

물론 민감한 사람은 흥미진진한 일을 함께한다는 것이 과도한 흥분과 각성을 일으키는 일이 아니어야 한다는 확신을 원할 테다. 항상 조용히 휴식을 취하며 세상 밖으로 나갈 에너지를 모으는 시간만 가지지 말고 두 사람 모두가 최적 각성 수준에 머물러야 한다. 그래야 두 사람의 관계에 휴식뿐만 아니라 흥분감도 들어올 수 있다.

두 사람 모두에게 흥미진진하고 재미있는 활동을 선택하라. 파트너도 HSP라면 최적 각성 수준이 비슷해서 어렵지 않을 테다. 파트너

계속 사랑할 수 있을까

가 비HSP라면 당신에게 너무 지나친 자극이 되지 않을 정도로 익숙하고 파트너에게는 새롭고 흥분되는 일이어야 한다. 예를 들어서 나는 말을 타면 매우 편안한 기분이 들지만 아트에게는 말 타기가 매우 흥분되는 일이다! HSP인 마리아와 비HSP인 댄 커플은(곧 좀 더 자세히 만나보자) 마리아의 고향 페루는 물론 그 외 여러 라틴아메리카 국가로 여행을 간다. 마리아에게는 집처럼 편안한 곳이기도 하지만 고국을 방문하고 새로운 지역도 여행하니 흥분되기도 하다. 스페인어를 모르는 댄에게는 라틴아메리카의 어느 국가라도 흥미진진하게 느껴진다.

한쪽이 말수가 적은 경우라면 관계 개선을 위해 흥미진진한 일을 함께하는 방법이 특히 도움이 된다. 같이하는 일이라고는 대화밖에 없는 경우도 마찬가지다! 전반적으로 긍정적인 감정이 늘어나므로 갈등을 다루는 데에도 효과적이다. 그렇다면 갈등을 어떻게 처리할까? 다음 주제로 살펴보자.

◆

서로의 관점을 존중하는 대화

성별과 기질의 차이를 다룰 때 대화가 중요하다는 말을 이미 했지만 다시 강조하고자 한다. 인간의 차이는 워낙 근본적이므로 판이한 감정과 반응을 일으킨다. 성별이나 기질, 민족, 종교, 가난이나 인종 차별의 경험 등 중요한 측면에서 큰 차이를 보이는 두 사람은 사랑하는 사람 혹은 누군가가 그렇게 정신 나간 관점을 가지고 있음을 믿기 힘들어한다. 하지만 경제적 소비나 자녀 교육 같은 평범한 갈등조차도 서로가 외계 행성에서 온 것처럼 느끼게 만든다. 역시나 해결책은 대화다. 내가 사랑하고 존중하는 사람이니 상대방의 관점도 내 관점만큼이나 유효하다고 생각하고 귀 기울이려는 의지를 갖추고 대화하라.

공감하며 듣고 단호하게 말하라

커플에게 조언을 해주는 나 같은 사람들은 항상 성찰적이고 공감적인 경청을 강조했다. 하지만 그것만으로는 충분하지 않다는 사실이 밝혀졌다. 한쪽 파트너가 경청에는 뛰어나지만 자신의 관점을 확실하게 표현하지 않거나 너무 순순히 동의하기 때문이다. 이런 현상은 여성들에게서 처음으로 관찰되었지만[6] 내 경험에 따르면 민감한 사람들은 남녀를 불문하고 저자세로 나가며, 파트너가 계속해서 쉬지 않고 말하게 하고, 그러면서도 과각성 상태에 이를까 봐 파트너의 관점을 반박하는 충분한 증거를 내보이기를 두려워한다. 타인의 계획을 그냥 따라가는 것이다. 하지만 그런 방법은 도움이 안 된다. 장기적인 관계에서 한 사람이 힘과 영향력을 전부 쥐면 양쪽 파트너 모두 행복하지 않다는 사실을 다수의 연구 결과가 보여준다. 대화할 때 자신의 입장을 단호하게 드러내는 방법을 배워야 한다.

공감적 경청은 대화에 필요한 반쪽이다.[7] 듣는 사람은 상대방의 감정뿐만 아니라 말의 내용에도 주의를 기울여야 한다. 중간에 끼어들

계속 사랑할 수 있을까

거나 해석과 조언을 하거나 자신의 경험을 말하거나 질문하지 말아야 한다. 대화에 필요한 나머지 반쪽이 있다. 파트너가 경청할 때 당신은 피하지 말고 솔직하게 자신의 관점을 전달해야 한다. 상대방을 탓하지 않고 "나는 그게 필요해"나 "나는 이렇게 생각해" 같은 '나 전달법(I statements)'을 이용해 분명하고 솔직하게 말한다. 그런 다음에 이어지는 법칙에 따라 파트너의 대답이나 방어를 경청한다. 끼어들지 말고, 조언하지 말고, '상황의 진짜 의미'를 해석하지도 말라는 뜻이다.

_____ **존중과 신뢰를 바탕으로 한 대화**

대화할 때 성급한 판단이나 방해 없이 경청할 뿐만 아니라 모든 진실을 이야기하기 위해서는 서로를 신뢰해야 한다. 두 사람의 관점 모두 유효하며 존중되어야 한다. 파트너나 내면의 비판적인 목소리, 두려움에 따른 어떤 방식의 편집과 비판, 무효화도 이루어져서는 안 된다.

파트너가 대화하지 않고 자기 방식대로 하려고 한다면 장기적으로 심각한 실수라는 것을 설명해주어야 한다. 친밀감을 위해서는 서로 신뢰가 필요한데 신뢰하려면 한쪽이 우월감을 느껴서는 안 되며 이를 위해서는 서로를 존중하며 경청하고 최종적인 결과에 같은 영향력을 끼쳐야 한다고 말이다.

물론 결코 동의에 이를 수 없는 문제들도 있다. 그래서 대화의 기본 원칙을 지키는 것이 더욱 중요하다. 가치관이나 감정의 문제에서는 두 사람의 관점 모두 올바르고 유효하다. 상대방의 이야기를 경청하면 파트너의 관점을 근본적으로 이해할 수 있고 파트너가 숙이지 않으려는 이유도 정확하게 알 수 있다. 제대로 대화를 나누고 나면 파트너의 처지에서는 나도 그러하리라는 생각이 들 수도 있다. 하지만 서로 다른 사람이므로 관점이 똑같을 리는 없다. 이 사실도 중요하다.

댄과 마리아

나는 앞에서 잠깐 소개한 댄과 마리아 커플을 통해 대화의 올바른 사용을 직접 목격했다. 비HSP이자 유대인인 댄은 환경법 변호사였다. HSP인 마리아는 페루 출신이고 가톨릭 신자로 교육받으며 성장했다. 그들은 결혼을 앞두고 나중에 자녀들을 어떻게 키울지에 대해 약 20분 동안 대화를 나눴다. 댄은 절반만 유대인이더라도 아이들을 유대인으로 키워야 한다는 생각이 강했다. 마리아는 당시 종교적인 믿음이 그리 강하지 않았던 데다 싸우면 어차피 질 것이라는 생각에 그의 의견에 동의했다.

하지만 마리아는 임신 기간에 신앙을 되찾아 페루인의 혈통으로 돌아갔다. 하지만 댄에게 약속은 약속이었다. 그는 아이를 가톨릭교도로 키우고 싶지 않은 데다 그렇게 중요한 문제를 놓고 간단하게 마음을 바꿀 수 있다고 마리아가 생각하게 하고 싶지 않았다. 마리아에게는 일반적인 상황이었다. 평소 그녀는 댄을 만족시켜주기 위해서, 또는 어차피 질 것이 뻔한 싸움을 하고 싶지 않아 그의 말에 따랐지만 나중에는 동의하기가 어려웠다. 한번은 댄에게 하지 않겠다고 다짐한 일을 하고서 숨기기도 했다. 심한 수치심을 느꼈고 결국은 그도 알게 되었다. 그 사건 이후로 댄은 약속을 지키는 문제에는 느슨해졌지만 종교 문제는 절대 양보할 수 없다고 했다. 이것이 댄과 마리아가 처음 나를 찾아왔을 때의 상황이었다. 대부분은 댄의 입장에서 풀어낸 이야기였다.

댄은 마리아가 아이들을 다시 단단해진 기독교 신앙 안에서 키우고 싶다고 말할 때 말을 끊거나 비판적이거나 방어적인 태도를 취하지 말고 경청해야 했다. 댄은 마리아가 아이들의 종교 문제뿐만 아니라 여러 상황에서 그와의 싸움을 피하려고 그에게 동의했다는 사실도 알 필요가 있었다. 그녀가 지치고 속상해하더라도 이길 때까지 결코 멈추지 않는 유능한 변호사와의 싸움을 말이다. 마리아는 거짓말한 일은 충분히 사과했고 다시 그러지도 않았다. 그런데 댄은 과연 한 번도 거짓말을 하지 않았을까? 그녀는 그가 거짓말 사건을 들며 아이들에게 종교적 가치를 가르칠 자격이 없다는 식으로 말한 것에 큰 상처를 받았다. 하지만 무엇보다 가장 잊기 어려운 일은 결혼 직전의 싸움이었다. 결혼해서 어느 지역에 살지에 대해 이야기하다가 그녀가 그의 논리 정연함에 질려서 분노와 좌절감이 폭발해 소리를 지르고 말았다. 그러자 그는 여전히 차분한 태도로 마리아에게 감정적인 라틴아메리카인이라고 말했다. 마치 그것이 자신이 맞고 그녀가 틀렸다는 마지막 증거인 듯이 내뱉고는 자리를 떴다. 그녀는 나중에 사과했고 그가 원하는 지역에서 살기로 했다. 다시는 그러지 않겠다고 약속했고 약속을 지켰다. 하지만 결국에 댄은 깨닫기 시작했다. 무엇이 마리아에게 억눌린 감정을 터뜨리게 했는지 잘 살펴봤더라면, 혹은 처음부터 그녀의 관점에서 이야기를 들었더라면 더 나았으리라고 말이다. 그편이 아내가 남편을 두려워하고 분노를 숨기면서 사는 것보다 훨씬 낫기 때문이다.

그다음에는 댄이 이야기하고 마리아가 귀를 기울였다. 그는 유대인 혈통에 대한 자신의 감정, 유대인 대학살에서 목숨을 잃은 친척들, 유대인을 도와주지 않은 기독교와 교황을 향한 분노, 아이들이 유대인으로서 정체감을 느꼈으면 하는 바람까지 이 모든 것이 자신에게 뜻하는 의미를 이야기했다. 결혼을 앞두고 싸운 날에는 분노를 폭발하는 그녀의 모습을 보고 어린 시절 술에 취해 화를 내던 아버지의 모습이 떠올랐다고 했다. 그에게는 그녀가 또다시 거짓말을 하거나 어떤 식으로든 배신할지 모른다는 깊은 두려움도 있었다. 그 자신도 대화를 통해서 처음으로 완전히 이해하게 된 두려움이었다.

마리아는 평소 냉철하고 논리적인 댄의 관점에 들어 있는 강렬한 감정을 듣고 감동했다. 자신이 단호하게 자기주장을 했더라면 그에게 엄청난 배신감을 심어준 단 한 번의 거짓말도 없었으리라는 사실도 깨달았다.

이것은 대화의 필요성을 너무도 잘 알려주는 사례다. 대화는 댄과 마리아가 자녀의 종교 교육에 둘 다 만족할 만한 최선의 해결책을 찾도록 해주지 못할지도 모른다. 하지만 대화는 그들이 이 문제를 포함해 앞으로 발생할 모든 문제에서 어떤 결론에 도달하건, 서로의 관점이 동등하게 존중되도록 도울 수 있다.

◆

감정을 통제하라

세 번째 제안은 부부 관계 전문가들이[8] 점점 더 중요하게 강조하는 부분으로써 특히 민감한 사람들에게 더욱 중요하다. 마리아는 논쟁할 때마다 과각성 상태에 이르렀기 때문에 논쟁을 아예 피하고자 자신의 필요와 관점은 무시하고 무조건 댄의 말에 따랐고 심지어 거짓말까지 했다. 거짓말까지 한 것은 그녀의 평소 성격에서 완전히 벗어난 일이었다. 당신도 잘 알겠지만 민감한 사람은 그 정도로 과각성을 두려워해서 대화에서 자신의 의견을 밝히는 것처럼 꼭 해야 할 일까지도 하지 못하게 만든다. 반드시 처리되어야만 하는 일이라도 말이다.

민감하지 않은 사람들도 과각성을 두려워한다. 불편함을 제대로 의식하지는 못했겠지만 마리아가 분노를 터뜨리며 소리 지를 때 댄은 분명히 과각성 상태였을 테다. 어쩌면 그런 상태가 너무 싫은 나머지 이성적인 주장으로 그녀의 감정적 표현을 통제했는지도 모른다. 댄의 경우 감정적인 언쟁이 곧바로 과각성으로 이어졌다. 둘 중 한 사람이 그의 아버지가 그랬듯이 통제력을 잃을까 봐 잠재 의식적인 두려움을 느꼈기 때문이다. 이유나 과정과 상관없이 일단 과각성 상태가 일어나면 민감하지 않은 사람도 똑같이 불쾌함을 느끼고 판단 오류로 이어지기 쉽다. 하지만 민감한 사람이 먼저 그런 상태에 이를 것이다.

과각성을 알리는 신호

『결혼은 왜 성공하거나 실패하는가(Why Marriages Succeed or Fail)』와 『행복한 결혼을 위한 7원칙』 등 다수의 저서와 연구 논문을 발표한 심리학자이자 워싱턴 대학교 교수인 존 가트맨은 성공하는 결혼과 실패하는 결혼의 차이점을 연구한다(부부 상담 전문가들이 쓴 책들이 대부분 문제 있는 관계만을 연구하는 것과 비교해 매우 똑똑한 접근법이다). 실험실에서 부부들의 상호작용을 직접 관찰하는 그는 과각성이 부부의 대화에 끼치는 부정적인 영향을 잘 알고 부부들에게 그것을 줄이는 방법을 훈련한다.

민감한 사람들은 과각성을 경험할 가능성이 크기 때문에 친밀한 사람과의 관계에서 이를 다루는 데 반드시 능숙해져야 한다. 과각성이 어떤 느낌인지 잘 알고 있겠지만 가트맨을 비롯한 전문가들이 명시한 외적 신호들을 살펴보자. 서로에게서 쉽게 발견할 수 있도록 말이다.

과각성 상태에 놓인 사람의 심박수는 1분에 95~100회 정도다(어느 정도가 빠른지는 개인의 안정 시 심박수에 따라 다르다). (자극을 줄이려고) 눈을 감고 있거나 눈꺼풀이 떨리기도 한다. 팔짱을 끼거나 파트너에게서 몸을 돌리고 있을 수도 있다. 머리카락이나 연필, 휴지 등을 만지작거리거나 두 손으로 얼굴을 감싸기도 한다. 안면 근육이 과도하게 제어된 듯해 보인다. 턱을 팽팽하게 당기고 윗입술의 붉은 기가 사라질 정도로 입술을 꾹 다물고 있다. 이른바 '슬픔 근육'이 팽팽하게 긴장되어 눈썹꼬리와 미간의 주름이 올라가거나 눈썹이 일자가

계속 사랑할 수 있을까

된다. 목소리는 고음이 되고 가슴이 아닌 목에서 나오는 얕은 호흡으로 변한다. 한숨을 쉬게 되고 말하는 데도 지장이 생긴다. 문장을 끝내지 않거나 반복하거나 발음이 꼬이거나 말을 생략하거나 더듬고 '아' 같은 소리를 많이 낸다.

일반적으로 과각성 상태에서는 유머나 관심도가 줄어들고 그 무엇에도 표정이 밝아지지 않는다. 위협에 민감해지고 꼬리에 꼬리를 무는 부정적인 생각이 한번 시작되면 훨씬 오래 간다. 새로운 정보와 통찰이 처리되지 않으므로 과각성 상태에서는 그 어떤 말도 들리지 않는다. 그래서 새로운 행동 방식을 보이지 못한다. 거의 자동으로 튀어나올 정도로 연습을 많이 하지 않는 한 과각성 상태에서는 새로운 학습을 적용하기 어렵기 때문이다.

일반적으로 과각성 상태에 이르면 마리아처럼 논쟁에서 벗어나거나 댄처럼 완전히 통제하고 싶어진다. 그 상태로 계속 놔두면 온갖 불평이 터져 나와 가트맨이 말하는 '파멸의 네 기수'인 비난, 방어, 경멸, 담쌓기 혹은 정서적 위축이 발생한다(마지막은 민감한 사람에게서 흔히 나타난다).

_____ **과각성을 예방하는 방법**

이와 같이 과각성을 막아야 할 필요성은 분명하다. 방법으로는 다음과 같은 것들이 있다.[9]

- 누군가 피곤하거나 과도한 자극을 받았거나 다른 문제로 스트레스가 심할 때는 자극적일 수 있는 대화를 피한다.
- 숲이나 바다처럼 안전하고 침착한 환경에서 대화한다.
- 민감한 사안은 문제를 최소화하려는 상대방의 시도를 충분히 인지하고 있음을 표현하는 등 요령껏 부드럽게 제기한다.
- 문제나 실수가 발생했을 때는 바로잡으려 노력하고 상대방의 시도 또한 받아들인다.
- 자신의 욕구가 침범당한 느낌 없이 타협과 순응이 이루어질 수 있도록 가능한 모든 방법을 고려한다.
- 과각성 상태에 이를 듯하면 심박수를 재본다. 농담이 아니다. 타임아웃이 필요하다는 사실에 동의하게 해주는 매우 객관적인 방법이다.
- 타임아웃은 적어도 20분 이상이어야 한다. 과각성에서 정상 상태로 돌아가는 데 보통 그 정도가 걸린다.
- 대화를 언제 다시 시작할지 정한다. 너무 오래 미루지 않는다.
- 양쪽 파트너 모두 최적 각성 수준을 유지하고 이전의 만성적인 과각성에서 회복하며 과거의 심리적 상처를 치유하려는 노력을 게을리하지 않는다.
- 나아가 두 사람의 관계에서 부정적인 사건이나 감정보다 긍정적인 사건이나 감정이 더 많이 연상되도록 노력한다.

논쟁 도중에 저지른 실수는 곧바로 바로잡아야 한다. 문제에 집중하지 않고 파트너에게 모욕을 주거나 부정적인 이미지를 덧씌우는 것("당신은 나쁜 인간이야"나 "당신은 신경질적이야")이 바로 그런 실수다. 당연히 좋은 싸움의 법칙에서 벗어난다. 방어적인 태도와 정반대되는 방법은 곧바로 "그런 말을 하면 안 되는데. 미안해"라고 사과하는 것이다. 가트맨에 따르면 이 회복 기술을 익히면 결혼의 80퍼센트[10]가 유지될 수 있다고 하니 꼭 배워라. 파트너가 실수를 인정하면 칭찬을 하라. 그래야 둘 다 이 기술을 배울 수 있다.

명상 피정이나 마사지, 특수 식단, 심리치료 등을 통해 과각성에서 회복하면 논쟁 도중에도 경계를 지키고 침착한 관점을 유지하는 데 도움이 된다(과각성 상태에서 느껴지는 팽팽한 위협 상태와 달리). 따라서 이러한 자기관리는 결코 이기적인 일이 아니다. 특히 민감한 사람에게는 꼭 필요한 일이므로 투자라고 생각하라.

긍정적인 상황이 유지되어 신경계가 안정적으로 작동될 때 민감한 사람은 존 가트맨이 부부 감정 계좌라고 부르는 계좌에 좋은 감정을 예금할 수 있다. 기분 좋은 섹스, 친절한 대화, 점심을 먹으면서 나누는 잡담, 만족스러운 여행 등 긍정적인 일이 생길 때마다 이 계좌에 예금이 쌓인다. 반면 사소한 다툼이나 자녀의 죽음 등 부정적인 일이 생길 때는 계좌에서 예금이 빠져나간다. 계좌가 텅 비면 단 한 번의 각성 상태로도 관계가 끝날지도 모른다. 관계를 이어가야 할 이유가 없기 때문이다. 민감한 사람들에게서는 남들보다 쉽게 과각성이 일어나지만 기쁨과 슬픔 또한 강렬하게 경험하므로 감정 계좌 부문의 큰손이라고 할 수 있겠다. 예금도 쉽고 인출도 쉽다. 긍정적인 감정을 쉽게 계좌에 더하지만 파산하기도 쉽다. (하지만 민감한 사람들은 먼저 파트너를 떠나지 않고 마지막까지 남는 경우가 많다.) 대화를 피하게 만드는 만성적인 과각성 또는 과각성에 대한 두려움은 부부의 감정 계좌를 쪼들리게 한다.

◆

회피는 최악의 전략이다

갈등과 분노는 이혼 예측 지표가 아니다. 행복한 부부와 불행한 부부는 서로 의견이 일치하지 않는 문제의 유형도 개수도 똑같다. 이혼의 예측 지표는 바로 갈등 상황에서 어떤 행동을 보이는가다. 민감한 사람들은 갈등을 피하려고 하거나 갈등 도중에 물러난다. 최악의 전략이다. 대부분의 관계가 이러한 불개입 때문에 끝을 본다. 이혼하는 부부의 80퍼센트가 이혼 사유에 대해 '서로 멀어져서'라고 말한다. 싸움이나 갈등을 이유로 드는 경우는 40퍼센트뿐이다. 싸움은 화해로 이어질 여지가 있지만 갈등에 관해 이야기하지 않으면 마리아의 경우처럼 '멀어질' 뿐이다. 잭도 그렇다.

잭과 레이븐 커플

이 커플에서 민감한 사람은 남성인 잭이다. 그는 보모의 도움으로 세 쌍둥이를 키우는 젊은 아빠였다. 아이들 엄마 레이븐은 가정의학과

계속 사랑할 수 있을까

의사였다. 잭은 의사들을 상대하는 컨설턴트로 집에서 성공적인 사업체도 운영하고 있었다. 명석한 두뇌와 민감함을 겸비한 그에게는 의대를 중퇴하고 시작한 그 일이 무척 수월했다. 레이븐과는 의대 재학 시절에 만났다. 하지만 잭은 일에서 진정한 성취감을 느끼지 못했다. 진정으로 하고 싶은 일이 무엇인지 알 수 없었다.

두 사람이 사귄 지 2년이 되었을 때 전혀 준비되지 않은 상태에서 아이가, 그것도 세쌍둥이가 태어났다. 잭은 아이를 키울 준비가 되어 있지 않았다. 어른이 된 후로 의대 입학과 공부, 어려운 중퇴 결정 등으로 줄곧 압박이 심한 삶을 살았다. 하지만 그보다 일곱 살 연상인 레이븐에게는 2세 계획이 급했기에, 잭도 그녀가 아이를 갖기 어려워질 경우 난임 치료를 받는 데에 동의했다.

그러나 정작 그녀가 세쌍둥이를 임신한 사실을 알리자 잭은 불행한 모습을 비추었다. 레이븐은 화가 폭발했다. 그가 자신을 원망하고 자신과 배 속의 아기들을 사랑하지 않는다고 느꼈다. 잭은 그녀가 "낙태하라는 거야? 원하는 게 그거야?"라고 소리치던 모습을 잊을 수 없다. 충격과 수치심에 다시는 속마음을 드러내지 않았다. 그녀는 알아차리지도, 개의치도 않는 듯했다. 삶에 넌더리가 난 그는 오로지 세쌍둥이에게 모든 사랑을 쏟았고 어떤 희생도 감수했다. 그 자신의 삶은 끝나버린 듯했기 때문이다. 결혼생활에 대해서는 아예 생각하지 않으려고 했다.

잭은, 어쩌면 레이븐도 전형적인 불개입의 신호[11]를 경험하고 있다.

- 두 사람 사이의 문제가 해결 불가능할 만큼 심각하므로 강렬한 과각성 상태에 놓이느니 혼자 해결책을 찾는 편이 낫다고 생각한다.
- 상황에 맞추려고 하고 기대를 낮추려고 한다. 하지만 진정한 수용과 사랑은 느끼지 못한다. 가트맨이 보면 단번에 알아차릴 테다. 가트맨은 모든 걸 체념하고 침착해진 듯한 사람도 만성적인 생리적 각성 상태일 수 있다는 사실을 발견했다. 결국 이혼에 이르는 부부의 심박수는 1분당 평균 17회 더 빠른 모습을 보인다.
- 두 사람이 서로 다른 현실의 삶을 살게 된다.
- 외로움을 느낀다. 이쯤에 이르면 종교, 경제적 상황, 세쌍둥이 등 관계를 끝내지 않을 만한 다른 이유가 있지 않은 한 이 단계는 불가피하다.

불개입이 항상 극단적인 형태로 나타나지는 않는다. 같이 여가를 보내지 않거나 직장 이야기를 하지 않거나 섹스를 하지 않는 등 한 가지 영역에서만 나타나기도 한다. 견딜 만해 보일 수도 있다. 하지만 한 가지 영역이라도 괴로워서 서로 이야기를 꺼내지 못할 정도라면 관계가 위험에 처했다고 봐야 한다.

그 지경에 이르기 전에 문제의 신호[12]를 알아차려서 예방하는 것이
아무래도 가장 좋은 해결책이다. 신호가 미묘해도 민감한 당신은 알
아차릴 테다. 짜증, 분노, 부질없음, 거리감, 관계에 대한 걱정, 파트너
가 내 생각을 모르고 나도 파트너의 생각을 모른다는 자각, 어떤 문제
를 입 밖으로 꺼낸 상황을 상상할 때 발생하는 과각성, 신체 접촉이나
신체적 애정 표현이 꺼려지는 마음 등이 그런 신호다.

이를 이겨내려면 두 사람 모두 심각한 문제임을 인정하고 변화를
위해 노력해야 한다. 첫째, 개입하지 않는 쪽이 마음의 문을 닫게 된
이유를 설명해야 한다. 대부분은 HSP 쪽이 이에 해당한다. 과거의 어
느 대화 도중에 과각성 상태에 이르렀을지도 모른다. 아니면 상대방
이 너무 위험하다거나 고통스럽다거나 다 끝났다거나 망쳐버렸다고
생각하게 만드는 말을 했을 것이다. 문제의 대화를 다시 짚어보고 이
번에는 잘 마무리하는 작업이 필요하다. 그리고 앞으로 대화를 할 때
는 상대방을 탓하거나 자신을 방어하지 말고 과각성이 심해지면 타
임아웃 시간을 가진다.

둘째, 불개입하게 된 사람이 자신의 관점을 적극적으로 주장해야
한다. 당신이 그쪽이라면 성찰하며 경청하고 타인에게 민감해지는
것이 아닌, 전적으로 자신에게 민감해져서 자신의 욕구와 감정, 관점
을 표현하라. 말해도 소용없다는 생각으로 가슴에 쌓아두지 않는다.

잭의 경우 늦기는 했지만 아이를 일찍 낳고 싶지 않았던 이유와 미
래에 대해 절망감을 느낀 이유를 설명해야 할 것이다. 레이븐은 댄이

마리아에게 그랬듯이 판단이나 방어적 태도를 제쳐두고 경청해야 한다. 그다음에는 역할을 바꿔 레이븐이 말하고 잭이 들어야 한다.

하지만 아무리 사랑이 넘치는 배우자라도 감정을 다스리는 내면 작업 없이는 침착하게 경청하기 힘든 문제들도 있다. 예를 들어 레이븐은 잭의 우려하는 기색이 자신의 마음 한구석에 비밀스럽게 자리했던 생각을 비추었기 때문에 분노했을지 모른다는 사실에 직면해야 한다. 이쯤에서 다음 주제로 넘어가보자.

◆

희망과 두려움을 파헤쳐라

특별히 강렬하고 계속 재발하는 갈등에는 이루어지지 못한 평생의 희망[13]이나 해결되지 않은 두려움이 자리한다. 레이븐의 경우에는 세 쌍둥이를 돌보고 병원 일도 해야 하는 정신없이 바쁜 생활 때문에 그녀가 소망하는 대로 파트너와 친밀하고 깊은 관계를 만들어나가기가 어려워질까 봐 두려웠다. 잭의 경우에는 의대를 그만두고 완전히 새로운 삶을 살고 싶은 소망이었다.

특히 민감한 사람은 일에서 의미를 찾고자[14] 투쟁하고 그에 대해 평생에 걸쳐 희망을 품는다. 의미와 목적을 간절히 필요로 하므로 방해물이 나타나면 큰 고통을 느낀다. 파트너를 행복하게 해주고 싶은 마음이 있더라도 마찬가지다. 게다가 민감한 사람은 직접 겪거나 들은 무서운 경험을 깊이 처리하므로, 마음속 깊은 곳에 자리 잡은 두려움이 있을 수 있다. 자연재해에 대한 두려움(지진이나 토네이도가 발생하는 지역으로 이사하기 싫다), 사랑하는 사람들과 관련된 두려움(10대 자녀에게 운전을 허용할지를 두고 배우자와 다툰다), 지구에 대한 걱정(파트너가 쓰레기 분리수거를 제대로 하지 않으면 안절부절못한다) 등.

너무 심오한 희망과 두려움에 창피함을 느낄 수도 있다. '공포증'과 '이상주의', 개인적인 계획을 세우는 '이기심'이 당혹스러울지도 모른다.

작은 일을 부풀리게 되는 이유

세금 공제에 쓸 수 있는 영수증을 깜빡하고 챙기지 않았다고 해보자. 파트너가 자신이 힘들게 번 돈을 낭비한다고 소리를 지른다. 그러는 진짜 이유는 무엇일까? 어린 시절의 경험으로 가난을 두려워하기 때문일 수도 있다. 물건 구매나 여행, 조기 은퇴, 이직 같은 잠재 의식적인 희망을 위해 저축을 하고 싶어서일지도 모른다. 당신이 그 목표를 중요하게 여기지 않는다고 생각할 수도 있다. 어쩌면 정말로 그런 이유 때문에 당신은 세금 공제에 최선을 다하지 않을지도 모른다. 돈 걱정을 하지 않고 사는 것이 당신의 소망이기 때문일 수도 있다. 병에 걸리거나 죽으면 아무리 돈을 모아도 소용없으니 그저 하루하루를 만끽하고 싶을지도 모른다. 그래서 당신과 파트너는 아무것도 아닌 영수증 때문에 싸운다.

1장에서 소개한 크리스와 조던 커플을 기억하는가? HSS인 조던은 런던 지사 발령을 수락하고 싶어 했다. 물론 작은 일은 아니지만 합리적이지 못한 바람도 아니었다. 크리스는 함께 상담을 받아 조던이 주의력 결핍 장애임을 확인하고 그냥 있기를 바랐다. 그 방법이 통하지 않으면 런던으로 따라가지 않을 생각이었다. 왜 이런 담쌓기가 등장했을까? 사실 크리스에게는 시골로 이사해 정착해서 소박한 공동체 의식을 느끼며 살고 싶은 비밀스러운 소망이 있었다. 반면 조던은 외국의 도시를 포함해 여러 다양한 곳에서 살아보겠다고 마음을 먹었다. 서로가 서로의 인생 계획을 가로막고 있다. 반드시 대화를 나누어야 한다.

댄과 마리아의 갈등 이면에는 유대인 혈통에 따르려는 평생의 목표와 독실한 가톨릭 가정을 꾸리고 싶은 정반대의 희망이 자리했다. 그러니 어떻게 갈등이 발생하지 않을 수 있을까? 평생의 희망을 파트너의 계획이 가로막으면 당신은 매우 치열하게 싸울 것이다. 당신의 희망과 파트너의 방해가 분명하게 명시되거나 완전히 의식되지 않더라도 그렇다. 마찬가지로 평생의 두려움을 파트너가 무시하거나 이겨내기를 기대할 때도 당신은 예상치 못한 단호한 태도로 거부할 수 있다. 따라서 한쪽 혹은 양쪽 모두가 미친 듯이 싸우고 방어하고 담쌓기를 한다면 한번 생각해봐야 한다. '명명되지 않은 희망이나 두려움이 숨어 있는가?' 이름만 붙여지지 않았을 뿐 거의 항상 그런 이유다.

_____ 본질이 떠나는 순간을 조심하라

4장에서 사랑에 대한 존 데스테이언의 관점을 소개했다. 집단적이고

계속 사랑할 수 있을까

문명화된 삶의 측면인 우세적 정신이 덮어씌운, 다채롭고 지적인 삶인 본질적 정신이 분출되는 것이라고 말이다. 사랑에 빠졌을 때 자아가 팽창하는 이유도 어린 시절에 혹은 그 전에 인간이 자연과의 교감을 잃고 억압된 삶을 살게 되면서 잃어버린 본질적 정신이 주입되기 때문일지 모른다는 말도 했다. 본질적 정신은 특히 HSP의 마음속 깊은 희망과 꿈에 연료를 제공한다. 억누르면 HSP와 어울리지 않는 심한 반발심이 나타나거나 사랑이 식어 불개입으로 변할 수 있다.

문제는 민감한 사람이 성실하고 쉽게 사회화되는 특징 때문에 우세적 정신 또한 흡수한다는 것이다. 민감한 사람은 마치 땅속 깊이 흐르는 물을 감지하고 우물을 파는 사람들처럼 영혼 깊숙이 자리한 본질적 정신의 존재를 감지한다. 사랑에 빠지면 그 본질적인 정신을 톡톡 두드려 깨워 순수한 기쁨을 느끼고 어떻게 해서든 유지하려고 하지만 그 단호함 때문에 다시 잃게 될 수도 있다. 위태로운 순간에 모든 답을 우세적 정신에서 얻으려고 할 때 그렇다.

당신이 클래식 음악을 좋아하고 오늘 저녁에 어느 실내악 오케스트라 공연을 보러 가고 싶다고 해보자. 두 명이 하는 그 연주를 들으면 항상 눈물이 나오지만 사랑에 빠진 요즘은 더욱 그렇다. 그런데 사랑하는 사람은 클래식 음악에 관심이 없고 "원하면 다녀와"라며 집에서 밀린 일을 하고 싶어 한다.

당신은 사랑하는 사람과 함께 그 연주를 들으며 말이 필요하지 않은 세계로 들어가는 순간을 간절히 고대했다. 쉬는 시간에 심오한 토론을 나누고 공연이 끝나고 나서는 카페에 들러 여운을 즐기고 마지막으로 사랑을 나누며 관능적인 마무리를 하고 싶었다.

하지만 당신은 전형적인 민감한 사람처럼 실망감을 깊이 숙고하며 올바른 일, 그러니까 파트너가 원하는 대로 하려고 한다. 부모님의 조언이나 나 같은 사람들이 쓴 책의 내용을 절박하게 떠올린다. 이기적이게 행동하지 말고 어린아이처럼 굴거나 까다롭게 굴지 말고 콤플렉스에 휘둘리지 말라는 말들이다. 서로 다른 것은 당연하며 친밀한 관계에는 타협이 필요하다고 말이다.

이제 당신은 사랑을 지키고자 적절한 반응을 찾으려고 우세적 정신에 의존한다. 하지만 당신이 모르고 있을 뿐 그건 완전히 잘못된 방법이다.

실내악을 사랑하는 당신과 관심 없는 파트너, 두 사람의 차이를 어떻게 할까? 다르다는 사실에 적응할 것인지, 어떻게 적응할 것인지가 아니라 이유를 떠올려야 한다. 예를 들어 가장 진실한 자아를 침묵시키고 우세적 정신에 따르려고 할 때는 대화로 본질적 정신을 보호할 수 있다. 자신을 침묵시킬 것인지는 본질적 정신과 이어져 용감함이 느껴지는지, 아니면 어린 시절에 시작된 유기에 대한 두려움 때문에 부모님을 떠올리게 하는 우세적 정신에 굴복하는 어린아이처럼 느껴지는지에 달려 있다. 그 어린아이에게는 욕구와 본질적 정신을 억누르고 적응하는 것밖에 달리 선택권이 없다.

데스테이언의 말을 빌리자면 '자신의 힘과 권위 그리고 가족이나 집단의 일부가 될 권리를 의식하는 사람은 희생을 선택할 수 있고'[15] 본질적 정신을 해치지 않고도 상대방이 원하는 대로 해줄 수 있다. 즉

계속 사랑할 수 있을까

"그럼 가지 말지 뭐"라는 타협은 자신의 힘과 권위, 의식적인 희생을 선택할 권리를 느끼면서 서로의 차이점을 고려한 결과일 수도 있고 정반대로 개인의 경계와 차이, 개별성의 두려움을 인정하지 않으려는 강력한 방어기제에 따른 결과일 수도 있다. 후자의 방어기제는 분리와 상실의 두려움을 암시한다. 힘과 권위, 권리, 용기는 이 책에서 줄곧 제안하는 HSP의 첫 번째 소명이기도 한 내면 작업의 결과로 따라온다. 하지만 몇 가지 기술도 필요하다.

_____ 대화를 하고 창의성을 발휘하라

파트너의 희망을 채워주거나 두려움을 없애줘야 한다는 의무감이(파트너의 본질적 정신을 위해 자신의 본질적 정신을 억누르는 방법) 효과적이지도 않지만, 희망을 완전히 포기하거나 두려움을 부인할 필요도 없다. 그것 또한 본질적 정신을 옥죄는 결과를 가져온다. 현명한 커플은 지속적인 갈등에 내재하는 희망과 두려움을 파헤쳐서 최대한 보호하고 존중한다. 희망과 두려움에 관한 대화를 나눠 최대한 파트너에게 맞춰주거나 타협을 하되 본질적 정신을 고려해 결정을 내린다. 이 과정에서 민감한 사람이 할 일이 있다. 터무니없을 정도의 창의성을 발휘하는 것이다.

한 예로 우리 부부는 아트가 학계 쪽에서 완벽한 일자리를 제안받아 1994년에 롱아일랜드로 이사했다. 그런데 롱아일랜드는 나의 이상과는 거리가 먼 곳이었다. 아직 젊은 나이에 그 지역에서 정착하고 싶지 않다는 생각이 몇 달 만에 들었다. 하지만 평생 그곳에서 살아야 할지도 몰랐다. 그곳에서 심리치료 클리닉을 차리기 싫었다. 한번 시작하면 옮기기가 힘드니까 말이다. 나는 캘리포니아 토박이고 계속 캘리포니아에 살고 싶었다.

어느 날 탁월하면서도 겁나는 계획이 떠올랐다. 아트는 겨울 방학 6주와 여름 방학 4개월 동안 캘리포니아에 올 수 있고 내가 봄과 가을에 각각 두 달씩 롱아일랜드에 머무르면 1년에 겨울 방학 전후로 6주씩만 헤어져 있으면 된다는 것이었다. 위험한 계획이었다. 사이가 멀어지면 어떡하지, 아트가 그런 파격적인 생활방식을 원하는 나를 원망하면 어떡하지?

하지만 이 창의적인 타협은 결과적으로 효과적이었고 한 사람은 완전히 포기해야 하는 경우보다 두 사람 모두에게 더 큰 기쁨을 주었다. 내가 말하는 창의적인 해결책이란 바로 그런 것이다.

모든 커플은 이런 문제들을 맞닥뜨렸을 때 고유한 방식을 찾아야 한다. 서로의 관점이 확장되므로 창의력뿐만 아니라 자아도 성장할 기회다. 당신의 희망과 두려움은 올해 그리고 20년 후 당신의 인생 계획과 인간의 삶, 두 사람의 관계라는 큰 그림의 어디에 위치할까? 새 자동차 구매가 자녀를 한 명 더 낳거나 집을 사거나 박사학위를 받거나 연로한 부모님을 모시게 하러 파트너를 고향으로 보내는 일과 어떻게 균형을 이루는가? 힘든 결정을 함께 내릴수록 유대감이 커진다.

계속 사랑할 수 있을까

콤플렉스 이해하기

대화, 갈등 도중에 과각성 줄이기, 불개입 없애기는 모두 많은 커플에게 큰 도움이 된다. 하지만 합리적인 기법에 속하는 이 방법들을 추천하는 사람들조차 효과가 없을 때도 있음을 인정한다. 예를 들어 존 가트맨[16]은 한쪽 또는 양쪽 파트너가 자신에 대해 혹은 친밀해지려는 상대방에 대해 긍정적인 기분을 느끼지 않기에 결혼의 85퍼센트가 불행하다고 말한다. 그런 사람들은 한 예로 대화를 어려워한다. 무능감에 대한 두려움이 경청을 방해하기 때문이다. 비판받는다고 느껴서 덩달아 비판한다. 따라서 다수의 상담치료사들은 사람들이 자신이나 파트너를 싫어하거나 전반적으로 친밀한 관계에서 잘해나가지 못하는 무의식적인 이유를 파헤치려고 한다. 불안정한 애착은 그 무의식적인 이유를 표현하는 한 방법이지만, 더 넓고 깊은 접근법은 카를 융의 콤플렉스 이론이다.

_____ **모든 콤플렉스의 양면**

콤플렉스는 에너지를 고갈시키고 인식을 왜곡하는, 말하자면 우주의 블랙홀과 비슷하다. 전형적이고 익숙한 예로 어머니 콤플렉스가 있다. 아이 콤플렉스 또는 어머니-아이 콤플렉스로 부르는 것이 더 정확할지도 모른다. 누구나 어린아이일 때 어머니에 대한 감정을 발달시키는데 그 경험은 성격의 '민감점'을 만들기도 한다. 어머니 이야기가 나오면 눈물을 글썽이거나, 침묵하거나, 예민해지거나, 과도하게 말이 많아지거나, 초조해지고 우울해지는 경우가 그렇다.

콤플렉스에는 긍정적인 어머니와 부정적인 어머니처럼 항상 두 개의 축이 있지만 보통 한 번에 하나의 축만 의식, 활성화되고 가장 중요시된다. 하지만 정신세계는 온전함을 원하므로 나머지 한쪽도 모습을 드러내려고 애쓰면서 일방성이 끝난다. 나는 훌륭한 어머니에 대해 쉴 새 없이 말하는 내담자들을 많이 보았는데, 오래지 않아 이야기는 어머니가 완전히 혹은 거의 문제가 있는 존재라고 말하는 쪽으로 흘러간다.

어떤 주제가 활력을 북돋우거나 생각을 사로잡는다면 콤플렉스가 있다는 뜻이다. 누구에게나 항상, 어느 정도는 콤플렉스가 작동하고 있다. 어떤 이슈를 놓고 따발총처럼 쏘아대거나 확신에 차서 생각하고 말할 때, 이는 콤플렉스를 완전히 인지하고 행동이 그에 영향을 받으며 블랙홀에 빨려 들어가듯 사로잡혔다는 반증일 수 있다. 콤플렉스에 관한 생각은 우울감과 초조함, 과도한 흥분을 일으키고 평소 성격에 어울리지 않는 위험을 무릅쓰게 만들기도 한다. '무모하고' '예측불허'가 된다.

물론 파트너는 상대의 콤플렉스가 발동되는 순간을 가장 먼저 알아차릴 테고 이미 그에 익숙할지도 모른다. 하지만 콤플렉스 있는 사람에게 콤플렉스가 있다고 말하는 것은 불장난과도 같으니, 조심스럽게 이야기를 꺼내라. "당신 어제 기분이 정말 안 좋더라. 왜 그런지 궁금하지 않았어? 당신은 어머니와 통화하고 나면 늘 기분이 안 좋아져."

계속 사랑할 수 있을까

민감한 사람들에게 흔한 콤플렉스가 있다. 우선 '스타' 콤플렉스다. 매우 유능하고 성공했으며 존경받는 추진력 있는 자아는 심한 압박에 미쳐버릴 듯한 민감한 자아를 숨기거나 보완하기 위한 것이다. 신동 콤플렉스에는 신동이 아니면 아무도 봐주거나 사랑하지 않는 억눌린 자아가 있다. 영웅-희생양 콤플렉스의 경우, 집단은 영웅의 비전과 통찰을 칭송하지만 그 비전이 인기를 잃으면 돌변하여 영웅을 손쉽게 희생양으로 삼을 수 있다. 열심히 일하는 성실하고 정직한 시민이었다가 교활한 사기꾼이나 반역자라고 생각하게 하는 콤플렉스도 있다.

피해자-지배자 콤플렉스가 있는 민감한 사람들도 많다. 오랜 세월 동안 '너무 민감하다'는 말을 들었기에 스스로 약하고 무력하다는 생각으로 피해자의 축에 해당한다고 인식하는 것이다. 지배자에게서 벗어나 강해지고 정의를 구현하려고 엄청난 에너지를 소비할 수도 있다. 하지만 그들이 억누르고 무시하는 것은 자신의 힘 그리고 타인을 지배할 수 있는 능력이다. 당사자 말고 타인은 너무 잘 의식하고 있을 것이다.

_____ **다시 살펴보는 분열과 투영**

일반적으로 콤플렉스의 두 가지 축에서 억눌린 쪽은 떨어져 나가 마음대로 문제를 일으키기도 한다. 특히 파트너에게 투영하면 그렇다.

투영은 흥분감을 일으킨다. 상대방의 멋지거나 끔찍한 특징을 발견했기 때문이다. 순간적으로 확신이 번뜩인다. 이 강렬한 사랑 혹은 증오는 당신의 심리적 현상에 필수적인 방어를 하고 있다는 경고일 때가 많다. 자신에 관한 정보에 맞서, 자신을 방어하는 것이다.

타인에게 좋은 부분을 투영하면 아무런 문제없이 행복한 착각 속에서 살 수 있을지도 모른다. 콤플렉스의 다른 축이 터져 나오기 전까지는 말이다. 몇 차례의 실망만으로 충분히 가능한 일이다. 5장에서 등장한 린다와 마크의 이야기처럼, 이것은 사랑했던 차이가 왜 증오로 변하는지 이해하는 또 다른 방법이다. 린다와 마크 두 사람 모두에게서 콤플렉스가 작용한 것이었다.

똑같은 콤플렉스를 가진 파트너를 선택할 때가 많다는 사실은 콤플렉스에 대한 지금까지의 설명에 심각성을 더한다. 파트너의 의식적인 축이 나의 무의식적인 축이 된다. 구원과 보살핌을 원하는 사람과 구해주고자 하는 사람은 서로에게 끌린다. 구해주는 사람이 조금이라도 약점을 드러내면 항상 구원받고 싶은 사람과 문제를 겪을 뿐만 아니라 자기 내면의 비판자와의 사이에도 문제가 생긴다. 그 비판자는 콤플렉스의 다른 축, 즉 구원받고 싶은 마음을 끔찍한 죄로 여기기 때문이다. 두 사람 모두 온전하고 사실적인 쪽으로 습관적 자아를 완전히 수정하는 공포와 기회를 직면하고 있다.

잭과 레이븐을 다시 돌아보자. 잭에게는 어머니 콤플렉스가 있었다. 성공한 전문직 여성이었던 어머니 때문에 잭은 태어나자마자 매번 바뀌는 보호자들의 손에 맡겨졌다. 비록 완전히 의식하지는 못하고 있었지만, 그에게는 강한 여성인 레이븐이 자신을 돌봐주기를 바라는 마음이 있었다. 어머니에게 받지 못한 보살핌을 레이븐에게서

계속 사랑할 수 있을까

찾았던 것이다. 그녀와 있으면 마침내 사랑받는 아이가 된 듯했다. 그래서 자신이 세쌍둥이를 보살피고 레이븐은 어머니가 그랬듯 온종일 일할 것이라는 사실에 콤플렉스의 부정적인 축이 분출, 버림받은 아이가 되고만 것이다. 무기력한 체념은 부정적인 어머니의 영향에 놓일 때 나타나는 전형적인 감정이다.

한편 레이븐에게도 어머니 콤플렉스가 있었다. 평생, 직장을 가져보지 못한 그녀의 어머니는 불행했고, 하나뿐인 딸인 레이븐에게 자신과 다른 삶을 살라고 강요했다. 그녀는 어머니에게 강인하고 성취하는 부모 역할을 했기에 잭에게도 그런 역할을 할 수 있었다. 사실 속으로는 잭에게 보살핌을 받고 싶은 욕구도 있었다. 하지만 그녀는 보살핌받고 싶은 욕구를 드러낼 때마다 자신이 어머니와 똑같아지는 듯한 느낌을 받았다. 세쌍둥이를 임신한 사실을 알게된 날 그 욕구를 드러냈다면, 그녀는 충분히 이해할 만한 잭의 첫 반응에 소리를 지르는 대신 허물어졌을지도 모른다. 결혼한 지 얼마 되지도 않았고 일로 바쁠 때 너무 일찍 찾아온 축복에 대해 교차하는 감정을 나누고 서로 위로해주었을지도 모른다.

_____ **그림자는 알고 있다**

떨어져 나가 분열되는 콤플렉스의 축, 무의식 속으로 밀어넣거나 거부한 것들은 융 학파가 그림자라고 부르는 대상이 된다. 그림자는 성격의 어둡고 유쾌하지 못한 부분을 가리키는 적절한 용어다. (다수의 민감한 사람이 그러하듯 자존감이 낮은 사람들은 좋은 부분까지도 거부해 '하얀 그림자'를 만든다.)

그림자에 대해 알아감, 즉 그것을 의식에 통합해 더는 무의식에 쑤셔 넣지 않도록 함은 여러 이유에서 중요하다. 그림자를 통제하는 데 필요한 에너지와 그림자 부분에 담긴 에너지를 모두 해방해주기 때문이다. 예를 들어 당신의 탐욕스럽고 약하고 권위적인 모습에도 지식이 있고 그것이 당신을 지배하지 않는 한 세상을 살아가는 데 유용할 수도 있다. 그림자에 대해 알면 무의식적으로 콤플렉스의 한 축을 행동으로 옮기거나 타인에게 투영하는 일도 줄어든다. 자신의 탐욕을 알면 고통스럽겠지만 그 점을 말하게 될 테고, 탐욕스러운 누군가를 볼 때 지나치게 비판하지 않을 테다. 또 자신의 약함을 알면 파트너의 약함을 비판하지 않고 적절하지 않은 때에 약함에 휘둘리지 않을 수 있다. 지나치게 통제적인 어머니의 모습을 알아차리면 타인이 권위적으로 굴 때나 그 사람 스스로 해결책을 찾아야 할 때 참견하지 않고 조용히 있을 수 있다.

분열된 콤플렉스의 부정적인 축이 따르는 그림자는 당연히 관계를 파괴하기도 한다. 하지만 파트너와의 관계는 그림자의 피해를 많이 받는 만큼 그림자를 제대로 파악할 유일한 장소이기도 하다. 친구 사이에서는 그런 문제가 잘 제기되지 않는다. 우정이 깊어지는 좋은 이유다. 하지만 파트너 혹은 한동안 같이 살거나 같이 여행하는 사람은 당신의 분열된 그림자를 오랫동안 견뎌야 하고 당신 또한 상대방의 그림자를 지적하지 않을 수 없게 된다.

카를 융은 "일반적이거나 학문적인 방법으로 '자신의 실수를 통찰'

계속 사랑할 수 있을까

하는 것은 효과가 없다"라고 했다. 실수가 타인에게 끼치는 영향을
우리는 느끼지 못한다.

> 하지만 실수는 사람과의 관계에서 정확하게 표면화되고 자신은 물론
> 타인도 알아차릴 때 정확히 눈앞에 드러난다. 그럴 때만 제대로 느껴
> 지고 진정한 본성을 깨닫게 된다. 마찬가지로 자신의 비밀스러운 자아
> 에 고백하는 것도 아무런 효과가 없고 타인에게 고백해야 훨씬 가능성
> 이 있다.[17]

결함을 관계의 바깥에서 '학문적인' 측면으로만 아는 것은 3,000
미터 상공에서 폭탄을 투하하고 안전한 항공기지로 날아가는 것과
같다. 파트너가 당신의 행동에 괴로워하는 모습을 보는 것은 공습이
끝나고 나서 파괴 현장을 탐사하는 것이며, 파트너에게 고통받은 일
을 말하는 것은 당신에게 가해진 파괴를 파트너가 둘러보게 만드는
것과도 같다.

_____ **분열이 더욱 위험할 때**

누구나 콤플렉스가 있다. 또한 이따금 콤플렉스의 분열된 부분에 신
들린 듯이 사로잡히기도 한다. 특히 민감한 사람들이 두려움과 필요,
죄책감, 수치심, 불공평하게 원망받은 느낌에 압도당할 때 그렇다. 이
'신들림'은 과연 얼마나 이어질까? 몇 분, 몇 시간, 며칠, 혹은 몇 년?
성찰하거나 파트너에게 지적받으면 누그러질까? 양극단을 왔다 갔

다 하지 않게 할 수 있을까?

전형적으로 콤플렉스에 양극단이 존재하는 것은 파트너를 포함한 대부분의 사람들이 전적으로 좋거나 전적으로 나쁜 사람이 아니라 그럭저럭 좋은 사람들이라는 명백한 사실을 보지 못한다는 뜻이다. 인간의 모습에 대한 분별 있는 관점인데도 항상 쉽게 이에 이르지는 못한다. 부모는 성장하는 아이가 자신과 사랑하는 사람들의 결함을 조금씩 받아들이도록 도와주어야 한다. 부모에게 너무 깊이 혹은 너무 일찍 실망하거나 부모를 크게 실망하게 했다고 생각하면 아이는 견딜 수 없는 진실에 맞서는 방어기제로써 분열을 보인다. 불안정형 애착 유형을 이해하는 또 다른 방법이다.

앞서 살펴보았듯이 아이는 자신이 전적으로 좋거나 전적으로 나쁘다고 결정하고 어린 시절에 얻지 못한 전적으로 좋고 수용적이고 양육적인 구원을 해줄 사람을 바라고 믿으며 성장한다. 또 다른 경우는 부모가 아이를 전적으로 좋게 혹은 나쁘게 보거나 부모에 대한 숭배가 오래 이어지게 만드는 것이다. 그런 부모의 아이는 일찍부터 강력하고 원시적인 방어기제로 분열을 발달시키는데, 그 증상을 줄이려면 인내심과 함께 전문 치료가 필요할 수 있다. 여기에서는 대략적으로나마 해결 방법을 설명하겠다. 당신이 무엇을 분열하여 투영하는지 알아차리는 데 다음 내용이 도움이 되기를 바란다.

_____ **분열이 일어나는 이유**

일단 방어기제를 알아차리면 분열과 그 이유가 아직 치유되고 있는

계속 사랑할 수 있을까

중일지라도 파트너에게 하는 명백한 투영을 줄일 수 있다. 파트너는 당신이 그동안 투영해온 것을 거부하거나, 똑같은 콤플렉스를 인정함으로써 큰 도움을 줄 수 있다. 원치 않는 수치심과 원망 또한 덜어줄 것이다. 더 중요한 사실은 자신의 콤플렉스가 두 사람의 관계에서 작동한다는 사실을 파트너도 인정하게 된다는 점이다. 분열이 내면에서 어떻게 이루어지는지 아는 것도 도움이 된다.

연구에 따르면 어떤 사람들은 자신에 대한 부정적인 설명을 하나의 기억 파일에 저장한다.[18] '언어 이해가 느리다', '너무 진지하다', '혼자가 싫지만 혼자 산다' 같은 말이다. 또 다른 기억 파일에는 '수학을 잘한다', '성실하다', '과거에 좋은 연애를 했다' 등의 긍정적인 설명이 저장된다. 분열을 방어기제로 사용하지 않는 사람들은 자신에 대한 설명을 내용에 따른 범주로 나누어 저장한다. 예를 들어 '언어 이해가 느리다', '수학을 잘한다'는 '능력' 카테고리에, '혼자 산다'와 '과거에 좋은 연애를 했다'는 '현재 연애 상황' 카테고리에 들어간다.

부정적인 자기 설명을 한꺼번에 보관하는 사람들은 자신에 대한 부정적인 정보를 접할 때 더욱 속상해한다. 다른 부정적인 측면이 함께 떠오르기 때문이다. 업무 처리가 느리다는 말을 들으면 그 말이 '언어 이해가 느리다', '너무 진지하다', '혼자가 싫지만 혼자 산다'와 함께 저장되고 '멍청하다', '나쁘다', '성공하지 못했다', '인기가 없다', '거절당했다', '불행하다' 같은 설명을 떠올리게 한다. 즉 의식적으로 자신에 대한 설명을 분류해서 보관하려고 노력해야 한다.

또 다른 연구에서는 이러한 현상이 파트너에 대한 인식에도 적용된다는 사실이 밝혀졌다.[19] 따라서 파트너에 대한 설명도 다시 분류해야 한다. 부정적인 설명이 한자리에 저장되면 '오늘 밤에 말을 너무 많이 했다' 같은 사실이 '배려 없다', '멍청하다', '생각이 없다', '나쁜 파트너', '이런 사람을 선택한 바보 같은 나', '이런 사람을 만나도 싼 형편없는 나' 같은 생각으로 이어지기 때문이다. '외향적', '뛰어난 유머 감각', '사람을 좋아한다', '사람을 지루하게 만든다' 같은 긍정도 있고 부정도 있는 좀 더 세부적인 카테고리로 이어질 수도 있는데 말이다. 좋은 것에는 나쁜 것도 따라온다는 '패키지 상품'의 개념을 발달시켜라. 시간은 걸리지만 분열과 정반대되는 개념이다.

특히 한 사람 혹은 두 사람 모두에게 분열과 투영을 일으키는 오래된 개인적 역사가 있다면 심리적으로 날카로워져야만 친밀하고 만족스러운 관계가 오래갈 수 있다. 민감한 사람이 만족할 수 있는 관계라고도 할 수 있다. 상당한 관심과 학습 없이는 불가능하다. 현재의 혼란스러운 갈등과 감정 이면에 자리한 불안정과 콤플렉스, 어린 시절의 해결되지 않은 문제를 알아차려야 한다. 장담하건대 민감한 사람은 특히 카테고리 분류를 잘 해낸다. 하지만 나아가 투영을 파트너에 대한 철저한 이해로 바꾸는 일도 해야 한다. 먼저, 과거와 관련된 무엇을 상대방에게 투영하는지 서로 툭 터놓고 대화를 나누어야 한다. 그다음에는 하지 않기로 약속하고 서로에게 부드럽게 상기시켜준다. 레이븐은 잭에게 "난 당신의 어머니가 아니야. 집에 있는 시간을 늘리기를 바란다면 그렇게 할 거야"라고, 잭은 레이븐에게 "난 당신의 어머니가 아니야. 항상 강한 모습으로 성취를 증명할 필요는 없어"라고 말할 수 있을 테다.

◆

전문가의 도움을 받아야 할 때도 있다

부부의 관계에는 도움이 필요할 때가 많지만 이혼하는 사람들의 1퍼센트만이[20] 부부 상담을 시도한다. 나머지 99퍼센트가 되지 말자.

하지만 순진한 소비자가 되어서도 안 된다. 부부 상담을 이용해본 사람들을 대상으로 한 설문 조사에서 개인 치료에 비해 그다지 효과적이지 못했다는 결과가 나왔기 때문이다.[21] 너무 늦어버렸을 때 상담을 받으러 오는 부부가 대부분이기도 하고, 낮은 자존감이나 우울증 같은 개인적인 문제가 갈등의 주원인이기 때문이기도 하다. 무엇보다 부부와의 작업에 제대로 된 기술을 갖추지 못한 치료사들이 대부분이다. 개인을 상대하는 방법만 교육받은 채 부부 상담에 필요한 것은 저절로 깨우칠 수 있다고 생각하거나, 개인 상담이건 부부 상담이건 정식 교육을 받지 않은 목사나 교육자가 상담을 하기도 한다. 부부 상담에는 특수 기술이 필요하기 때문에 그 분야에 특수 교육을 받은 사람을 선택해야 한다. 심리학자나 부부 관계 카운슬러 등 전문 자격증을 갖춘 사람도 있다.

부부의 인생에 좋건 나쁘건 큰 영향을 끼칠지 모르는 사람을 선택하는 중요한 결정이다. 삼자 간 작업이므로 두 사람 모두 마음에 드는 사람을 골라야 한다. 당신은 마음에 들지만 파트너는 마음에 들어 하지 않는 치료사를 골랐다면 당장은 싸움에서 이겼을지 몰라도 전쟁에서는 진 셈이다. 또한 한쪽이 심하게 내몰리는 느낌이 들 때는 치료사에게 말하기로 미리 파트너와 합의를 한다. 문제가 계속되면 선입견이 없는 다른 치료사를 찾아야 한다. (훌륭한 치료사는 속으로는 한쪽이 더 '옳다'고 생각하더라도 한쪽 파트너의 편을 들지 않는다. 물론 여러 치료사가 당신을 문제로 인식한다면 자신도 생각해보고 치료사에게 이유를 물어야 한다.)

당신이나 파트너가 개인 상담을 받는 치료사에게 부부 상담을 받아서도 안 된다. 치료사의 '내담자'는 부부 두 사람인데 이러면 치료사의 충성심이 부부 내담자와 개인 내담자 사이에서 갈라지기 때문이다.

◆

노력을 그만두어야 할 때

나무만 보고 숲을 보지 못할 때도 있다. 부부의 관계를 개선하려는 노력에 정신을 집중하다 보니 상대방이 더 같이 살고 싶지도 않은 심각한 장애가 있는 사람이라는 사실을 깨닫지 못하는 것이다. 세상에는 탁월한 방어기제와 처음에는 장애를 숨기는 방법을 갖춘, 심각한 문제가 있는 사람들이 많다. 그런 사람에게는 한 번 빠지는 것만으로 족

계속 사랑할 수 있을까

하다. (피해자 콤플렉스가 있는 사람은 계속 그런 사람에게 빠진다.)

하지만 타인의 결함을 깨닫는 이유가 당신이 그림자를 투영하기 때문만은 아니다. 그런 관계는 그저 실수다. 혼자서나 커플이 함께 극복할 수 있는 문제, 같이 혹은 따로 전문가의 도움을 받아야만 하는 문제, 저 사람과의 관계에서는 절대로 해결될 수 없는 문제를 구분할 수 있도록 심리적으로 날카로워질 필요가 있다.

두 사람이 함께 혹은 전문가의 도움으로도 해결하지 못하는 문제는 개인의 삶과 다른 관계에도 스며든다는 사실을 알면 구분하기가 쉽다. 한 직장에서 오래 일하지 못하거나, 친구를 사귀지 못한다거나 하는 문제처럼 말이다. 어린 시절의 심각한 방치와 학대, 반복된 트라우마에 관한 이야기를 듣게 될 수도 있다.

민감한 당신은 곧 그 상처를 알게 된다. 하지만 당신이 치유해줄 수 있다고 생각하면 안 된다. 그런 사람들은 전문가에게 개별적인 도움을 받아야 한다. 게다가 치유하려는 노력을 전혀 하지 않았다면 상담 치료를 받는다고 해도 나아지는 데 시간이 걸린다. 그 사이 당신을 필요로 하는 상황에서 벗어날 수도 있다. 만약 파트너가 부부 상담에서마저도 전문적인 도움을 받기를 거부한다면, 관계를 계속 이어가면 안 된다.

물론 쉽지 않은 이야기지만 새로운 사실도 아니다. 3장에서 불안정한 애착 유형과 4장에서 '좋은 연인감'의 신호를 이미 살펴보았다. 혼자서 감당하기 어려운 최악의 사례를 떠올려보라. 한 극단적인 유형은 '최대한도'의 애착을 보이는 사람이다. 버려짐을 너무 두려워한 나머지, 당신이 혼자만의 시간이나 변화를 원하면 제정신이 아닌 상태가 된다. 정말로 행동에 옮기면 병적인 질투나 당신의 뜻에 전적으로 복종하는 반응을 보인다. 이는 관계에 본질적 정신을 전혀 제공할 수 없는 모습이다.

또 다른 극단적인 유형은 애착을 최소화하는 모습을 보인다. 그 누구도 필요하지 않다고 결론지은 극단적인 거부 회피형이나 자아도취자다. 민감한 당신은 그들이 사실 사랑을 '필요로' 한다는 것을 알아차리고 관계 안으로 끌어당기지만, 그들은 큰 두려움 때문에 친밀함을 오래 허용하지 못한다. 그들에게는 우리 민감한 사람이 삶에서 일어나는 사건들에 대한 정상적이고 '인간적인' 정서적 반응이라고 부르는 요소가 빠져 있다.

이 두 가지 극단적인 유형은 모두 세 번째 유형이 되기도 한다. 서로의 관계에 스트레스가 생길 때(별거, 언쟁, 병 등) 분노와 자살 충동, 폭력성이 심해지는 것이다. 절대적인 흑백 논리로 사물을 바라보고 항상 분열과 투영을 한다. "당신은 항상 이런 식"이고 그러니까 "내 기분은 항상 이렇게 된다"는 식이다. 하지만 또 순식간에 흑이 백으로, 백이 흑으로 바뀐다. 당신을 천사로 보았다가 곧바로 악마 취급을 한다. 이런 사람들은 분노처럼 자신을 방어하려는 감정과는 연결되어 있지만 자신의 연약한 감정과는 심하게 단절된 모습을 보인다. 하지만 당신이 변화를 시도하거나 상담을 제안할 때 핵심적인 자아를 공격받는다고 느끼므로 반격하는 것밖에 선택권이 없다.

다시 말하지만 상대방이 어떤 유형인지 구분하기는 쉽지 않다. 파

계속 사랑할 수 있을까

트너가 변화를 거부하는 이유가 심각한 문제가 되지 않을 때도 있기 때문이다. 어쩌면 단순히 심리에 관심이 없거나, 상대가 자신을 '분석'하는 것이 두려워서일지도 모른다. 특히 '분석자'가 민감한 당신이고 파트너는 그렇지 않다면 정당화될 만한 두려움이다. 경험상 당신이 속마음을 얼마나 날카롭게 알아차리는지 알기 때문이다. 하지만 파트너는 당신이 두 사람의 관계에 큰 문제가 있고 변화를 위해 함께 조처를 해야 한다고 분명히 말할 때 귀를 기울일 수 있을 정도로 자아가 강해야만 한다.

만약 상대가 누군가에게 언어적, 신체적 학대를 하는 사람이라면 당연히 떠나야 한다. 친밀하고 솔직한 모습을 조금도 보이지 못하거나 문제를 해결하기 위해 책을 읽어보는 것 정도의 노력도 하지 않는다면 떠나야 할 이유가 충분하다. 하지만 당신에게는 파트너에게 당신이 왜 불행한지 그 이유를 말하고 함께 변화나 도움을 찾아볼 기회를 주어야 할 의무 또한 있다.

◆

마지막 부탁

기타 자기계발서들과 마찬가지로 이 책을 읽다 보니 자신의 콤플렉스를 돌아보고 대처 방법을 찾기보다는 타인이나 당신의 기질 같은 상황을 탓하는 일이 많을 것이다. 책 속에는 당신이 자신의 콤플렉스를 돌아보고 대처 방법을 찾는 과정을 도와줄 객관적인 제삼자가 없으니, 온 마음을 담아 진심으로 부탁한다. 제발 부탁하건대, 파트너의 문제에 당신의 기질을 탓하지 마라.

8장

민감한 사람의 섹스

가장 심오한 교감

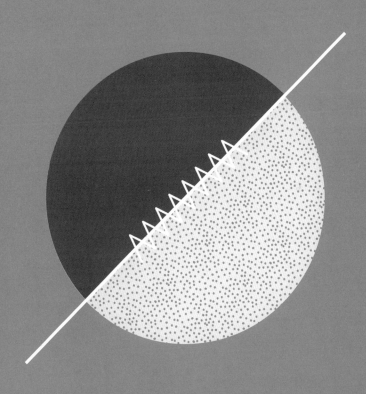

성적인 자아는 실재하며,
우리는 그에게 관심을 주어야 한다.

이 장에서는 내가 아는 한 최초로, 유전 기질이 성생활에 끼치는 영향을 살펴본다. 매우 민감한 사람들과 (비교를 위해) 그렇지 않은 사람들 모두로 이루어진 443명의 인터뷰와 자료를 바탕으로 강한 감각 추구 성향이 성생활에 끼치는 영향도 살펴볼 것이다.

유전적 기질이 소위 정상적이라고 여겨지는 성적 취향의 범위를 확장할 가능성은 성 교육자와 부부 관계 상담가, 자기계발서 저자 들에게 지금까지 간과되었다. 하지만 이는 매우 심각한 실수다. 의식적으로는 법적으로 성관계를 할 수 있는 두 성인에게 '정상적'이라는 단어가 의미하는 바가 무엇인지, 자유롭게 정의될 수 있음에 대부분 동의할 테지만 무의식적으로는 구속복과도 같은 성적 개념과 싸우고있다. 여기서도 민감한 사람은 자신의 기질을 잘 알지 못하면 남과 비교하고 숙고하며 자신이 비정상일까 봐 걱정한다.

우선, 이 연구에 사용된 설문 조사를 먼저 살펴보자. 질문에 답해보고 자신의 대답을 연구 결과와 비교해보자.

민감한 사람의 섹스

기질과 성에 대한 설문

모든 질문에 솔직하게 대답하는 것이 중요하다. '그래야만 한다고' 생각하는 답을 하면 안 된다.

간결하게 표현하기 위해 그리고 다른 연구자들과의 일관성을 위해 이 질문지에서 '섹스'나 '섹스를 한다'는 '상호 합의에 따른 타인과의 성기 접촉과 성적 흥분감, 자극이 따르는 행위'를 일컬음을 알려둔다. 즉 삽입이나 오르가슴이 일어나지 않았더라도 매우 흥분한 상태까지 포함한다. 따라서 여기에는 성기 접촉이 없는 키스나 밀착 댄스는 포함되지 않으며 강제적인 성행위도 포함되지 않는다.

1. 지난 12개월 동안 섹스를 얼마나 자주 했는가?

   ☐ 전혀 하지 않았다

   ☐ 1~2회

   ☐ 한 달에 1회

   ☐ 한 달에 2~3회

   ☐ 일주일에 1회

   ☐ 일주일에 2~3회

   ☐ 일주일에 4회 이상

2. 섹스를 지속한 시간:

   ☐ 15분 미만

☐ 15분 이상 30분 미만

☐ 30분 이상 1시간 미만

☐ 1시간 이상 2시간 미만

☐ 2시간 미만

여기서 '파트너'는 가장 중요한 혹은 섹스를 가장 자주 나누는 파트너를 뜻한다. 현재 파트너가 없다면 과거에 가장 오랫동안 성적 관계를 맺은 사람을 떠올리며 답한다.

3. 지난 12개월 동안 파트너와 섹스하면서 받은 느낌(해당하는 느낌에 모두 표시):

☐ 만족감

☐ 슬픔

☐ 사랑받는 느낌

☐ 불안감 또는 걱정

☐ 두려움 또는 무서움

☐ 황홀함 또는 흥분감

☐ 죄책감

다음 질문에 다음의 척도를 이용해 답하라:

(1-전혀 혹의 거의 그렇지 않다. 2-그렇지 않은 편이다. 3-가끔 그렇다, 4-자주 그렇다, 5-거의 그렇다)

민감한 사람의 섹스

4. 섹스가 삶에서 가장 만족스러운 부분 중 하나인가?　　　　( )

5. 성적 관계를 떠올릴 때 그것이 상대방에게 끼칠 수 있는

　　영향에 대해 생각하는가?　　　　( )

6. 파트너에게 애정을 느껴야만 함께 섹스를 즐길 수 있는가?　　( )

7. 진지한 커플 관계가 아닌 여러 섹스 파트너에게 관심이 있는가?　( )

8. 사랑하는 사람과의 섹스를 즐길 수 있는가?　　　　( )

9. 새로운 사람을 만날 때 성병이나 임신에 대해 생각하는가?　　( )

10. 미묘한 성적 신호나 메시지에 흥분을 느끼는가?　　　　( )

11. 강하고 노골적인 성적 신호나 메시지에 흥분을 느끼는가?　　( )

12. 성적인 분위기로 진입하기가 어려운가?　　　　( )

13. 성적인 부분에서 더욱 적극적이고 '리드'하거나 결정을 내리는

　　쪽이 되고 싶은가?　　　　( )

14. 과도한 자극이나 흥분 때문에 섹스 도중에 멈춰야 하는가?　　( )

15. 흥분 상태라도 성기 접촉 시 아프거나 너무 강한 자극이

　　느껴지는가?　　　　( )

16. 섹스 도중에 일시적으로 방해 요소가 나타나면 흥이 깨지는가?　( )

17. 섹스할 때 음악을 틀어놓는 것을 선호하는가?　　　　( )

18. 섹스할 때 말하는 것이 좋은가?　　　　( )

19. 섹스할 때 별다른 변화 없이 매번 똑같은 패턴이 좋은가?　　( )

20. 섹스를 하거나 하기 전에 (주변 환경이나 파트너에서 비롯한)

　　소리나 냄새, 이미지 등에 쉽게 방해를 받는가?　　　　( )

21. 파트너와의 섹스에서 오르가슴을 느끼는가?　　　　( )

22. 섹스 후에 일상으로 곧바로 돌아가기가 어려운가? ( )

23. 섹스에 불가사의한 힘이 들어 있다고 느껴지는가? ( )

24. 섹스를 가볍게 여길 수 있는가? ( )

25. 섹스를 좋아하는가? ( )

26. 다양한 성행위를 즐기는가? ( )

27. 알코올이 성 기능에 부정적인 영향을 끼치는가? ( )

28. 어떤 약이 성 기능에 부정적인 영향을 끼치는 경험을

    해보았는가? ( )

29. 지난 12개월 동안 건강이 성행위에 지장을 주었는가? ( )

30. 지난 12개월 동안 정서적 문제가 성행위에 지장을 주었는가? ( )

31. 지난 12개월 동안 스트레스나 압박감이 성행위에 지장을

    주었는가? ( )

32. 파트너와 섹스를 하는 도중에 성적 판타지를 떠올리는가? ( )

33. 자위하면서 성적 판타지를 떠올리는가? ( )

34. 성적 판타지가 있다면, 매우 낭만적인 상황과 관련된 것인가? ( )

35. 성적 판타지가 있다면, 상대방을 지배하는 내용인가? ( )

36. 성적 판타지가 있다면, 상대방이 당신을 지배하는 내용인가? ( )

다른 질문:

37. 현재 파트너가 있는가? ☐ 그렇다 ☐ 아니다

38. 지금까지의 섹스 파트너 숫자:

39. 한 달 이상 함께 산 섹스 파트너 숫자:

민감한 사람의 섹스

40. 처음으로 섹스를 경험한 나이:

41. 섹스 파트너와 처음 함께 산 나이:

42. 지난 12개월 동안의 섹스 파트너 숫자(섹스 횟수가 단 한 번뿐인 대상도 포함):

43. 사춘기에 이르기 전에(여성은 월경을 시작하기 전, 남성은 변성기가 오거나 음모가 나기 전) 누군가가 당신을 성적으로 학대한 적이 있는가?

    □ 있다 □ 없다

    만약 있다면, 그 경험이 이후의 삶에 조금이라도 영향을 끼쳤다고 생각하는가? □ 그렇다 □ 아니다

44. 섹스에 관심이 없거나 성적 만족감을 얻지 못하는 시기를 겪을 수도 있다. 다음은 지난 12개월 동안 그런 경험을 했는지에 대한 몇 가지 질문이다. 지난 12개월 중 몇 달 동안은(해당하면 모두 표시):

    □ 섹스에 관심이 없었다.

    □ 성 기능에 대한 걱정으로 섹스 전에 불안감을 느꼈다.

    □ 너무 빨리 사정했다(혹은 오르가슴에 이르렀다).

    □ 성관계 도중에 통증을 느꼈다.

    □ 쾌락을 느끼지 못했다(통증이 없었는데도).

    □ 사정하지(혹은 오르가슴에 이르지) 못했다.

    ※ 여성 : □ 애액이 제대로 분비되지 않았다.

45. 지난 12개월 동안 평균적으로 얼마나 자주 자위를 했는가?

□ 하루에 한 번 이상

□ 매일

□ 일주일에 몇 회

□ 일주일에 1회

□ 한 달에 2~3회

□ 한 달에 1회

□ 두 달에 1회

□ 1년에 3~5회

□ 1년에 1~2회

□ 전혀 하지 않았다

◆

평균의 함정을 기억하라

내가 제시하는 자료는 어디까지나 두 집단 간의 약간 다른 평균 차이를 보여주는 것이라는 사실을 기억하라. 항상 겹치는 부분이 많다. 즉 항상 다수의 예외가 따른다는 말이다. 당신의 경험이 예외적이더라도 HSP의 행동을 정의하는 데는 여전히 도움이 된다. 성 관련 연구에서 나는 성 경험이 전혀 없는 경우를 포함해 온갖 다양한 경험을 나타내는 민감한 사람들을 발견했다. 비단 성적 관계뿐만이 아니라 똑같은 상황이라도 여러 이유에서 여러 경험이 나타난다.

민감한 사람의 섹스

참고로 나는 이 질문지를 여성 308명과 남성 135명에게서 받았다. 남성의 평균 나이는 48세, 여성은 46세였다. 그들은 이 질문지를 작성하기에 앞서 HSP 셀프테스트도 했다. 전체 응답자 중에서 민감한 사람의 비중이 얼마나 되는가는 내가 그들을 어떻게 나누는지에 따라 달라졌다. 민감성과 비민감성의 중간점에서 나누는 방법과 양극단의 사람을 비교하는 방법 모두를 사용했는데, 결과는 비슷했다.

◆

위안을 주는 사실

민감한 사람과 그렇지 않은 사람은 성 질문지의 다음 항목에서 매우 유사한 결과를 보였다.

- 함께 살아본 섹스 파트너의 숫자. (39번 질문)
- 최근 성행위의 지속 시간. (2번)
- 섹스가 삶에서 가장 만족스러운 부분인가. (4번)
- 미묘한 신호에 흥분을 느끼는가. (10번)
- 섹스로의 전이에서 느끼는 어려움. (12번)
- 섹스와 관련해 주도적인 쪽이 되고 싶은 마음. (13번)
- 섹스 도중에 말하기를 좋아하는가. (18번)
- 오르가슴을 느끼는 횟수. (21번)

- 자위 횟수. (45번)
- 섹스를 방해하는 신체적, 정신적 문제나 약물. (28, 29, 30번)
- 상대방을 지배하는 성적 판타지. (35번)
- 성적 학대 여부가 삶에 영향을 끼쳤는지. (43번)
- 성적 역기능(흥미와 성적 쾌락 부재, 성 기능 불능 등). (44번)
- 섹스 도중의 만족, 걱정, 흥분, 죄책감 같은 느낌. (3번)

다소 위안을 주는 결과였다. 민감한 사람들도 똑같이 섹스 자체를 만족스럽게 생각하고 적극적으로 나서고 흥분감을 느끼며 죄책감과 걱정, 비민감성 관련 성적 문제에서 벗어날 수 있다는 뜻이기 때문이다. 한마디로 민감한 사람이 성적으로 억눌리거나 성적인 문제가 있는 것이 아니다.

◆

민감한 사람이 차이를 보이는 부분

다음의 질문에서는 남녀를 불문하고 민감한 사람들이 '자주', '항상' 이라고 답한 경우가 훨씬 많았다. 모든 차이는 통계적으로 유의미하다. 즉 다음 항목에 대해서는 HSP와 비HSP의 평균 차이가 실재한다는 뜻이다.

- 섹스에 불가사의한 힘이 들어 있다는 생각. (23번 질문)
- 섹스 후에 바로 일상으로 돌아가기 어려움. (22번)
- 강하고 명백한 성적 신호에 흥분되지 않음. (11번)
- 흥분 상태에서도 성기의 어느 부분을 만지면 통증이나 지나친 강렬함을 느낌. (15번)
- 과도한 자극 때문에 섹스 도중에 멈춰야 함. (14번)
- 섹스 도중에 방해물이 있으면 흥이 깨짐. (16번)
- 섹스 도중이나 이전에 (환경이나 상대방의) 강하지 않은 수준의 소리, 냄새, 특정 이미지에 쉽게 방해받음. (20번)
- 섹스의 패턴에 변화가 없는 것을 선호. (19번) (민감한 사람 중에서도 남성 쪽이 더욱 두드러졌다.)

정확히 내가 예상한 결과 그대로였다. 이중에서 처음 두 가지 항목은 민감한 사람들이 경험을 심오하게 처리한다는 사실을 반영한다. 성을 일상과 동떨어진 불가사의하고 강력한 대상으로 생각하는 것이다. 당연히 곧바로 일상으로 돌아가기가 어렵다.

나머지 항목들은 HSP의 신체적 민감성과 미묘함을 인식하는 기질이 성생활을 방해한다는 사실을 보여준다. 내가 이러한 질문들을 포함시킨 이유는, 민감한 사람 대부분이 그렇다는 사실을 알면 가끔 집중에 방해를 받거나 쉽게 흥분감이 식기도 하고 변화가 없는 것을 선호하지만(원래부터 성에서 불가사의한 힘을 느끼는데 왜 변화를 원하겠는가?), 이제 있는 그대로 자신을 드러내도 괜찮다는 생각에 안도감을 느낄 것이기 때문이다. 당신이 섹스에 느끼는 민감함을 파트너가 좋아한다면 그에 수반되는 당신의 욕구와 선호를 받아주어야 한다. 당신 또한 비HSP 파트너가 섹스에 그리 민감하지 않고 명백한 신호나 이미지에 더 흥미를 느끼는 모습을 존중해주어야 한다.

◆

매우 민감한 여성과 성

민감함에 따라 보이는 차이의 패턴은 여성에게서 남성과 다르게 나타나기도 했다. 다음은 민감한 여성들이 그렇지 않은 여성들과 다르게 나타난 항목이다(민감한 남성들은 다음 항목에서 그렇지 않은 남성들과 눈에 띄게 다르지 않았다).

- 민감한 여성들은 그렇지 않은 여성들과 오르가슴의 문제에서 많은 차이를 보였다. (44번 질문)
- 슬픔과 두려움을 적게 느끼고 사랑받는 기분을 더 많이 느꼈다. (3번)
- 지금까지 그리고 지난 1년 동안 섹스한 파트너의 총 숫자가 더 적었다. (38번, 42번)
- 지난 1년 동안의 섹스 횟수가 더 적었다. (1번)
- 성적인 관계가 상대방에게 끼치는 영향을 고려했다. (5번)

민감한 사람의 섹스

- 성적인 관계로 발전하기 전에 성병이나 임신에 대해 생각한다. (9번)
- 파트너에 대한 사랑이 있어야 섹스를 즐길 수 있고 (6번) 사랑하지 않는 사람과 섹스를 즐기는 경우가 더 적었다. (8번)
- 누군가와 커플 관계를 맺고 있지 않을 때도 여러 섹스 파트너를 원하는 경우가 더 적었다. (7번)
- 섹스를 가볍게 여기는 경우가 더 적었다. (24번)
- 섹스를 좋아하는 경우가 더 적었다. (25번)
- 섹스 도중에 로맨틱한 판타지나 상대방을 지배하는 판타지 등 성적 판타지를 떠올리는 경우가 더 적었다. (32, 34, 35번)
- 첫 경험이 더 느렸다. (40번)

정말 흥미롭지 않은가. '작은 것'에도 집중이 흐트러지는 등 모든 HSP에게 나타나는 특징 외에도 민감한 여성들은 그렇지 않은 여성들보다 오르가슴을 더 쉽게 느끼고 더 큰 만족감을 느끼는 듯하다. 그와 동시에 민감한 여성들은 섹스 횟수가 더 적고 섹스를 즐기는 경우도 약간 더 적었다. 그 이유 가운데 하나는 일반적으로 자극의 원천인 섹스가 민감한 여성들에게는 이미 자극으로 가득한 삶에 과각성을 추가하기 때문일 것이다. 이것으로 말미암아 민감한 사람들이 성적으로 흥분된 상태에서도 성기 접촉에 커다란 통증과 강렬함을 느낄지도 모른다. 특히 민감한 여성들은 통증이 있어도 당혹감이나 이상함, 냉정함, 거부하는 느낌, 죄책감 등이 파트너의 쾌락을 망칠 것 같아서 말하기 어려워한다. 하지만 통증이 느껴지는 것은 사실이고 민감한 사람들은 통증의 역치가 낮다.

무엇보다 이 설문 조사는 집단으로서의 민감한 여성들이 배려 깊고 양심적이고 섹스 파트너에 대해 신중하며 사랑하는 사람과의 관계 안에서 성을 표현하고자 한다는 사실을 보여준다. 그만큼 신경을 쓴다는 점에서 오르가슴을 더 쉽게 느끼고, 사랑받는다는 느낌을 느끼며, 섹스에 대해 슬픔이나 두려움 같은 감정이 덜한지도 모른다. 똑똑한 여자들이다.

◆

매우 민감한 남성과 성

민감한 남성들은 다음 문항에서 민감하지 않은 남성들보다 더 긍정적으로 답한 편이었다(반면 다음 문항에서 민감한 여성들의 답은 그렇지 않은 여성들과 크게 다르지 않았다).

- 현재 파트너가 있을 가능성이 더 높다. (37번)
- 섹스를 할 때 음악을 틀지 않는 쪽을 선호한다. (17번)
- 알코올이 성 기능에 부정적인 영향을 끼친다. (27번)
- 섹스 혹은 자위를 할 때 성적 판타지를 떠올린다. (33번) (얼마나 분주하고 다채로운 상상력인가!)

민감함에 따른 일반적인 차이를 제외하고 민감한 남성들은 그렇지 않은 남성들과 크게 다르지 않다. 단 그들이 알코올에 더 큰 영향을 받는다는 것은 내가 예측한 사실이었다. 모든 민감한 사람이 알코올에 더 큰 영향을 받으며, 알코올은 여성보다 남성의 성 기능에 더 영향을 주기 때문이다.

◆

감각 추구 성향이 섹스에 미치는 영향

질문지에는 1장에 나온 감각 추구 성향 셀프 테스트의 간단한 버전도 포함되었다. 앞에서 말했듯이 감각 추구 성향은 민감성과 별개이므로 감각 추구 성향과 민감성 중 하나만 강할 수도 있고, 둘 다 강할 수도 있다.

감각 추구자들은 민감함이 영향을 받지 않는 성의 측면에 영향을 받기도 한다. 그럴 경우 감각 추구의 영향은 HSP와 비HSP에게 모두 똑같다. 그런가 하면 감각 추구는 민감함에 영향을 받는 성의 측면에도 영향을 준다. 이 경우 감각 추구는 HSP라는 사실이 섹스에 끼치는 영향을 더하거나 제한다. 이 상황은 감각 추구가 민감함의 영향을 줄여주는 다음의 결과에서 더욱 분명하게 나타난다.

민감한 사람들이 섹스에 관해 변화를 선호하지 않는다는 결과를 다시 떠올려보자(19번 질문). 하지만 감각 추구자들은 남녀를 불문하고 매번 똑같은 식으로 섹스하는 것을 덜 선호하다. (놀라운 사실은 아니다.) 따라서 HSP/비HSS는 변화를 가장 꺼리며 비HSP/HSS는 변화를 가장 선호한다. HSP/HSS와 비HSP/비HSS는 중간이다. 역시나 이것은 감각 추구 성향이 민감함의 영향을 줄여주는 사례다. 두 가지 기질이 작용해 상쇄 효과를 내는 것이다.

감각 추구 성향의 또 다른 결과는 남녀에게 다른 패턴으로 나타난다.

_____ **여성의 결과**

- 감각 추구자인 여성은 그렇지 않은 여성보다 더 많은 섹스 파트너를 원하고(7번 질문) 지금까지 섹스한 파트너의 숫자도 더 많았다(38번). 민감한 여성들과 그렇지 않은 여성들은 이 문항들에서 큰 차이를 보이지 않으므로 강한 감각 추구 성향의 영향은 모두에게 똑같다.

- HSS 여성은 섹스에서 황홀감과 흥분감을 느끼는 경우가 적다(3번). 역시나 민감성 여부는 이 문항에서 크게 영향을 주지 않았다.

- 감각 추구 성향의 여성은 사랑하지 않는 사람과의 섹스를 즐길 수 있다고 생각하는 경우가 더 많다(8번). 민감한 여성들은 그 반대이므로 이것은 두 기질이 서로 상쇄 효과를 일으키는 빼기의 효과가 난다고 할 수 있다. 따라서 HSW/HSS는 중간

민감한 사람의 섹스

에 해당할 것이다.

- 감각 추구 성향의 여성일수록 섹스에 불가사의한 힘이 들어 있
  다고 생각한다(23번. 민감한 여성도 마찬가지다. 따라서 감각 추구
  성향이 더하기 효과를 내므로 HSW/HSS는 섹스에 불가사의한 힘이
  들어 있다고 여기는 경향이 이 두 기질의 그 어떤 조합보다도 강하다.)
- 감각 추구 성향의 여성은 그렇지 않은 여성들보다 섹스를 더
  좋아한다(25번). 전에 민감한 여성들이 섹스를 약간 덜 좋아하
  는 경향이 있다고 말했다. 따라서 HSW/HSS는 중간에 속할
  것이다. 즉 서로 상쇄 효과가 일어나 감각 추구 성향이 민감함
  의 영향을 약화한다.
- 민감하면서도 감각 추구자인 여성은 지난 12개월 동안 자위
  를 한 횟수가 약간 더 적을 것이다(45번).
- HSS 여성은 비HSS보다 자위를 할 때 성적 판타지를 떠올리는
  경우가 더 많다(33번). 민감한 여성들과 그렇지 않은 여성들은
  이 문항에서 큰 차이를 보이지 않는다.

한마디로 감각 추구 성향은 민감한 여성이 섹스에 황홀함을 덜 느
끼게 만들고 자위 횟수도 적게 만들지만, 여러 섹스 파트너를 원하고
섹스를 더 좋아하며 사랑하는 사람과의 섹스를 즐기고 섹스에 불가
사의한 힘이 들어 있다고 생각하게 만든다. 하지만 감각 추구 성향이
높지 않더라도 뭔가를 놓치고 있다는 뜻은 아니다. 미디어에서 그런
쪽으로 유도할 뿐, 여러 섹스 파트너를 원하고 섹스를 더 좋아하는 성

향 등을 그저 당신의 본성이 아니기 때문이다. 말은 고기를 먹지 않고 늑대는 귀리를 먹지 않는 것과 똑같다.

그렇다면 HSW/HSS가 섹스를 더 즐긴다는 결과는 무엇을 뜻할까? 일반적으로 그들이 섹스를 포함해 모든 새로운 감각과 경험에 더 큰 열성을 보이는 것과 일맥상통한다. 이 점에 대해서도 부러워할 필요가 없다. 그들은 조용한 성찰처럼 감각이 약한 활동에서는 별로 큰 기쁨을 느끼지 못할 테니까 말이다. 원래 남의 떡이 커 보이는 법이지만 본능적으로 신경계에 적합한 쪽을 선택하는 것이다.

_____ **남성의 결과**

- 감각 추구 성향의 남성은 민감함과 상관없이 정서적 문제(30번 문제)와 스트레스, 압박감(31번)이 섹스에 지장을 주는 경우가 많다. 이 문항들에서 민감하거나 그렇지 않은 남성들은 큰 차이를 보이지 않으므로 감각 추구 성향 때문에 더해진 결과라고 할 수 있다.
- 민감함과 상관없이 감각 추구 성향의 남성은 쾌락의 부재와 관련된 성적 문제를 보이는 경우가 더 적다(44번).
- 비HSS에 속하는 민감한 남성들은 섹스 도중에 정신이 흐트러지면 쉽게 흥분감이 식는 경우가 그 어느 집단보다 많다(16번).
- 두 가지 기질을 전부 가진 HSM/HSS는 지난 1년 동안의 섹스 파트너가 한 명 이하인 반면 나머지 세 집단은 평균 한 명이

었다(42번). 민감함과 감각 추구 성향이 모두 있으면 만족스러운 장기적 관계를 찾거나 지속하기가 더 어려움을 뜻할 수 있다. 어쩌면 이들은 최적 각성의 범위가 좁기 때문에 활기차고 흥미로우면서도 심오한 사람을 원할 것이다. 때로는 흥분감과 친밀함을 원하면서도 또 때로는 혼자 있고 싶어 하는 모순적인 모습을 가진 남자를 이해해줄 파트너 말이다.

◆

응답자들의 이야기

평균적인 차이를 모두 살펴보았으니 응답자들의 개별적인 견해도 한 번 들어보자.

_____ 성적인 민감함의 발달

특히 나이가 젊은 편에 속하는 몇몇 민감한 사람들은 상당한 시행착오를 통해 성에 대한 자신의 민감함을 이해할 수 있게 되었다고 말했다. 서른두 살의 한 여성은 그것을 '180도 변화'라고 표현했다.

"이상하지만 저는 다른 여자 친구들보다 섹스 파트너가 더 많았어요. 대부분은 20대 때 만난 사람들이죠. 매우 민감한 제 성향에 대해 '잠재 의식적으로' 의식하게 되면서 '정상'이 되려고 싸우던 시기예요. 민감하다는 말을 너무 많이 들어서 강해지지 않으면 살 수 없을 것 같았거든요. 그래도 마침내 진정한 사랑에 빠질 수 있었죠."

그녀는 당시의 감정과 감각이 무서울 정도로 압도적이었다고 말한다. 그때 3년 정도 사귄 연인과 헤어졌는데 서로의 기질 차이를 이해하지 못한 것이 주된 이유였다. 그녀는 3년 동안 '금욕 생활'을 했고 민감한 사람이 필요로 하는 것에 대한 이해와 기준이 '영원히 바뀌었다.' 그리고 자신의 기질을 완전히 깨달은 지금은 새로운 파트너를 만난다는 것이 '벅찬 과제'처럼 느껴진다면서 '천천히 생각하고 있다'고 했다.

또 다른 여성의 이야기도 비슷했다. 그녀는 20대 초반에 많은 섹스 파트너를 만났지만 47세인 지금은 10년 동안 섹스 파트너가 한 명도 없었다.

"삶의 거의 모든 영역에서 그랬듯이 성 경험 초기에는 저 자신이나 민감한 성향에 진실하지 못했어요. 자기인식과 존중심이 커지면 섹스에 대한 관점은 크게 변하게 되죠."

또 한편으로 일부 민감한 사람들은 실험 과정을 거칠 필요도 없이 처음부터 자신의 차이를 감지했다. 26세의 응답자는 아직 진정한 사랑을 만나지 못했기 때문에 섹스 경험을 하지 않았다고 적었다. "확실히 저는 민감하고 그런 제 민감함을 존중해줄 수 있는 사람을 만나고 싶어요. 섹스를 즐기고 싶어요. 민감함이 성을 방해하지 않고 오히려 강화해주리라고 생각해요." 그녀는 여전히 기다리고 있다.

이런 기분을 느끼는 것은 민감한 여성들만이 아니다. 내가 인터뷰한 32세의 민감한 남성들은 단호하게 말했다. "이것만은 확실합니다.

저는 섹스를 하기 전에 상대 여성과 사랑에 빠져야 하고 잘 알아야 해요. 제가 이러지 않았으면 좋겠다는 생각도 듭니다. 두려움의 이유에는 거절도 있어요. 그래서 저는 제가 상대를 정말로 좋아하고 상대도 저를 좋아함이 확실해질 때까지 기다립니다. 그렇게 신중한 덕분에 거절은 많이 당하지 않았어요."

조심스럽게 선택하는 경향이 이성애자들에게서만 나타나는 것은 아니다. 40세의 동성애자 남성은 젊었을 때 많은 사람과 관계를 맺었지만 자신의 민감함 때문에 이제는 정서적, 신체적, 영적 공감이라는 '세 가지 요소'가 없는 관계에는 관심이 없다고 적었다. 그는 동성애자 남성의 약 20퍼센트만이 자신처럼 민감하므로 인내심을 가지고 제대로 된 민감한 파트너를 찾아야 한다는 사실을 알고 있다.

_____ (당연하지만) 쾌락에 대한 더 큰 민감함

다수의 민감한 사람은 어쩌면 드물 정도로 매우 큰 성적 쾌락을 느낀다고 답했다. 한 여성은 다음과 같이 적었다.

"저는 성적 쾌락에 신체적으로 무척 민감해서 가벼운 접촉이나 애무만으로 깊은 만족감을 느껴요. 키스할 때도 치아가 떨리고 두피에 '닭살'이 돋을 정도로 매우 강한 흥분 상태가 되고 약한 신음 소리가 나와요. 민감함이 쾌락에 '유리'하게 작용하지는 않을까 항상 의아했는데 정말 그렇지 싶어요."

또 다른 응답자는 자신의 '과각성' 상태 때문에 파트너를 멈추게 한 후에 파트너가 오르가슴을 느끼도록 도와주는데 그러면 자신도 오로지 파트너에 대한 민감함으로 동시에 오르가슴을 느낀다고 설명했다.

"섹스 도중에 상체가 앞뒤로 흔들리기 시작하면서 해방감을 느껴요. 그 흔들림이 파트너가 절정에 이르기 직전에 시작될 때도 많아요. 그 후에는 함께 절정에 도달하죠. 파트너의 몸에서 뭔가가 감지되면서 제 몸이 반응하는 것 같을 정도예요. 직관 때문에 일어나는 자극이에요."

다른 이들은 민감함 때문에 느끼는 쾌락과 고통을 모두 표현했다. 48세의 여성은 '클리토리스와 질이 열리고 질과 자궁경부, 자궁, 난소에서 오르가슴을 느낄 수 있다. HSP의 의식이 이렇게 유용한 디테일까지 세분화를 가능하게 해주는 듯하다'고 적었다.

그녀는 청소년기 이후로 자신이 남들과 다르다는 것을 알았다고 말했다. 영화나 책, 사람들의 말로 알 수 있었다. 그녀에게 섹스는 항상 '강력하고 불가사의한 것'이었는데 다른 사람들은 가볍게 이야기하는 것 같아 '민감성과 충돌을 일으켰다.'

"모든 조건이 맞아떨어지지 않은 성행위는 민감한 이들에게 고통을 주기도 한다. 파트너(비HSP)는 전혀 알아차리지 못하는 매우 민감한 자극 때문에 순식간에 기분이 바뀌는 것이다. 나 역시 지나치게 민감한 감각 때문에 문제를 겪었다. 예를 들어 성기와 그 주변의 체취에 매우 민감하다."

이 말을 한 여성은 파트너에게 섹스하기 전에 씻기를 부탁했다. 그러자 상대방은 그녀가 섹스를 '더러운 것'으로 여긴다고 생각했다. 이제 그녀는 파트너가 자신만큼 냄새에 민감하지 않았음을 깨달았지만 그때의 일은 가슴 아픈 오해로 남아 있다.

_____ 성과 공감적 연결

다수의 민감한 사람이 섹스 파트너와의 강력한 교감을 표현했다. 여성은 다른 자극이 없이 파트너의 오르가슴을 감지하는 것만으로 오르가슴을 느끼기도 한다는 말을 이미 했다. 55세의 한 HSP 여성은 다음과 같이 적었다.

"30년의 결혼생활 도중에, 특히 최근에 와서야 성적 결합 자체가 심오한 내적 교감이라는 것을 분명하게 알게 되었습니다. 남편의 감정을 따라가게 되는 경우가 많았어요. 덕분에 성적 결합의 중요성에 대한 큰 통찰을 얻었지요."

공감적 연결의 중요성은 그것이 없으면 민감한 사람들이 성적 쾌락을 거의 느끼지 못한다는 점에서도 드러난다. 어떤 48세 여성은 이렇게 설명한다.

"저는 파트너들과의 성 경험이 많지 않고 공백 기간도 무척 길었어요. 결혼생활은 2년 만에 끝났죠. 다른 사람들과도 6개월을 넘지 못했어요. 저는 중증 HSP라서(박사님의 셀프 테스트에서 100퍼센트가 나왔어요) 누군가와 친밀한 관계가 되는 위험을 무릅쓰기까지 오래 걸리는데 그만한 시간을 허락해주는 남자도 거의 만나보지 못했어요. 오르가슴도 한 번도 못 느껴 봤어요. 자위(배울 수밖에 없는 기술이었죠) 할 때는 오르가슴을 강하게 느끼니까 파트너와의 관계에서도 분명

오르가슴을 느낄 수 있다고 생각해요. 하지만 그 점을 파헤쳐볼 기회가 한 번도 없었어요."

##　　　　 성의 장애물

평균적으로 민감한 사람들은 질병, 스트레스, 약물, 관계 불만족, 성적 학대 경험 등에 비HSP보다 더 큰 제한을 받지는 않았다. 하지만 일부 민감한 사람들은 폐경과 파트너의 관심 부재, 성적 학대 경험이 여러 측면에서 성에 지장을 주었다고 응답했다.

가장 가슴 아픈 이야기는 어린 시절의 신체적 트라우마가 성인이 되어 성적인 문제를 일으킨 사례였다. 브루스의 경우가 그러했다. 민감한 남자인 그는 일곱 살 때 소아마비를 앓았는데 매우 상태가 심각해서 죽을 고비도 두 번이나 넘겼다. 성인이 되어 사랑에 빠진 그는 아내와 성관계를 시도했지만 사정을 할 수가 없었다. 심리치료 결과 그 이유가 밝혀졌다. 어릴 때 병원에 입원해 있는 동안 대부분 여성이 었던 간호사들에게 '침범'을 당해야 했던 기억 때문이었다(배를 누르며 심폐소생술을 실시하는 등). 결과적으로 그는 자신의 몸에서 뭔가를 빼내려고 하는 여성에게 두려움이 생겼다.

그래도 아내는 계속 브루스의 곁을 지켰고 완벽하지는 않았지만 그동안 개선된 점도 있었다. 하지만 그들은 서로 깊은 사랑이 있는 흔들림 없는 관계라고 믿는다. 실제로 그들은 문제가 오히려 두 사람의 유대감을 쌓아주었다고 믿는다. 극단적인 '패키지 상품'을 받아들인 덕분에 심리적으로 더욱 강해질 수 있었다. 브루스의 이야기는 만족스러운 섹스가 부부 관계에서 매우 중요하고 노력할 가치도 충분하지만 전부는 아니라는 메시지를 전달한다.

◆

민감한 사람의 섹스를 위한 몇 가지 조언들

민감한 사람이 친밀한 관계를 유지하는 방법에 대한 조언들은 성적인 관계에도 적용할 수 있다.

_____ 욕망에 대하여

섹스에는 우선 욕구가 있어야 한다. 민감한지 아닌지에 상관없이 젊은 남성들은 성적 욕구를 느끼는 데 문제가 없는 듯하다. 하지만 욕구는 다수의 민감한 여성들에게는 물론 성인이 되면서 호르몬이 성을 좌우하는 정도가 약해지는 만큼 민감한 남성에게도 문제가 될 수 있다. 성적 욕구의 문제는 대부분 신체적이 아니라 심리적이다. 사람은 진정한 쾌락을 느껴야만 반복적이고 확실한 욕구를 느낄 수 있다. 쾌락을 느끼려면 긴장이 풀린 상태에서 고통이 적거나 아예 없어야 한다. 무엇보다 성과 관련 없는 측면에서 과도한 자극을 느낄 때는 누구든 성적인 자극을 느끼기 어렵다. 예를 들어 힘든 하루를 보낸 이후가 그렇다. 하지만 타인의 욕구를 민감하게 알아차리는 민감한 사람은 여유로운 상태가 아니거나 욕구가 없더라도 파트너를 만족시켜주기 위해 섹스를 하는 경우가 많다. 결국 자신도 즐기게 되기도 하지만 일반적으로 원치 않는데 섹스를 할 때는 별로 쾌락을 느끼지 못한다. 다시 원하지 않게 되는 것은 당연하다.

욕구에 굴복하기 전에 '잠깐 멈추어 확인'해보려는 이유는 여러 가지가 있다. 성 기능에 대한 걱정, 성적으로 억압된 성장 배경, 성적 학대의 경험, 성병에 대한 걱정, 상대방을 믿을 수 있는지에 대한 의심 등은 그저 시작일 뿐이다. 특히 잠재적 위험을 숙고해보는 경향이 강한 민감한 사람에게는 위험이 감지되면 성적 욕망이 거의 마비될 만한 이유가 충분하다.

그런 일이 없게 하려면 어떻게 해야 할까?

1. 인내심을 가져라. 섹스 파트너가 있다면 파트너에게도 인내심이 필요하다. 하지만 적극적으로 노력하는 자세를 보여라. 성적 욕구는 관심을 기울이지 않으면 절대로 나아지지 않는다.

2. 추측이나 투영을 하지 말고 파트너와 각자 좋아하고 싫어하는 것에 대해 많은 대화를 나눈다. (파트너가 없어도 이 주제를 혼자 파고들 수 있다. 자신과 상상의 대화를 나누는 것도 괜찮다.) 섹스에 관한 대화는 섹스 행위 자체만큼 신뢰가 필요한 일이다. 이 방면에서 비판이나 거절의 두려움을 많이 경험했다면 대화를 통해 신중하게 신뢰를 쌓아나가야 한다.

3. 진정으로 즐거움을 느낄 수 있는 일만 하라. 파트너가 만족할 만큼 다양하거나 이색적이지 못하더라도 상관없다. 물론 파트

너의 취향도 고려해야 하지만 당신이나 파트너가 진정으로 즐거움을 느끼지 않는 일을 하면 장기적으로 둘 다 고통을 겪게 된다. 욕구가 사라질지도 모른다. 파트너가 좋아하는 것을 당신도 이번에는 즐겼는데 다음번에는 전혀 즐기지 못할 수도 있다. 거부감이 느껴진다면 '중도'에라도 얼마든지 그만두어야 한다.

4. 파트너보다 성적 욕구가 약하다면 당신이 먼저 원할 때 섹스를 하기로 합의해야 한다. 적어도 한동안은 그럴 필요가 있다. 자신이 흥미를 느껴서 시작하면 아무런 압박감 없이 흥미를 느끼게 된다. 당신에게도 성을 원하는 육체가 있기 때문이다. 파트너가 항상 욕구를 느끼는 쪽이고 당신은 전혀 느끼지 않는 쪽이라는 이미지가 심어져서는 안 된다. 따라서 적어도 한동안은 파트너에게 만족이나 안도감을 주기 위한 섹스는 하지 마라. 원하지 않으면 하지 마라.

5. 누군가와 섹스를 하기 전에 혼자 성적 욕구를 돌아보는 시간을 가져라. 상대방과 함께 있을 때는 감각 자극 때문에 몸이 보내는 욕구 신호가 묻히기 쉽다. 하지만 혼자 있는 시간에는 상대방과의 성적인 경험이 어떤 느낌을 줄지 상상함으로써 성적 반응에 '시동'을 걸 수 있다.

6. 성적인 꿈이 실제로 섹스를 즐길 준비가 되었다는 사실을 알려주는 것임을 믿어라.

7. 섹스 도중에 정신이 다른 데 팔릴까 봐 걱정하지 마라. 우선 몸

을 파트너의 몸과 함께 놀도록 놓아두고 즐거울 것이라고 믿어라. 가능할 때 의식도 합류하면 된다.

8. 도움이 된다면 성적 판타지를 즐겨라. 민감한 사람들은 섹스 도중에 파트너가 아닌 다른 것들을 생각하는 것이 '옳지' 못한 일일까 봐 걱정한다. 하지만 HSP에게는 섹스라는 의식 변성 상태에서 현실을 떼어주는 수단이 더더욱 필요하다. 사람들 대부분은 파트너와 사랑을 나눌 때도 성적 판타지를 떠올린다. 연구에 따르면 성적 판타지가 있는 사람이 없는 사람보다 관계 만족도가 더 높다.[1] 불륜을 저지르고 싶은 사람과 관련된 판타지가 아니라면!

_____ **파트너가 있는 사람들을 위해**

성적 욕구를 느끼는 데에 아무런 문제가 없더라도 민감한 사람의 기질에는 다음과 같은 것들이 중요할 수 있다.

1. 당신의 기질과 파트너의 기질이 섹스에 중요하다는 사실을 알고 서로의 기질이 주는 영향을 받아들이는 방법을 찾아라. 실망을 느낄지도 모른다. 당신은 파트너가 섹스에 불가사의한 힘이 들어 있다고 생각하지 않아서, 파트너는 당신이 비행기 화장실에서 섹스하는 상상으로 흥분하는 일이 절대로 없어서 실망할지도 모른다. 둘 다 HSP라면 서로 흥분감이 쉽게 깨지는 것에 실망할 것이다. 하지만 상대방의 선천적인 특징을 받

민감한 사람의 섹스

아들이면 속으로 불가능한 변화를 기대하는 마음이 줄어든다. 자신에게 문제가 있다는 생각이나 방어적인 태도도 줄어들 것이다. 서로에게 큰 선물이 될 수 있다.

2. 배워라. 자신과 파트너의 몸을 알아간다. 서로를 만족시켜주는 방법을 배우고 그 지혜를 적극적으로 활용하라. HSP이기에 가능한 일이다.

3. 유연한 태도를 보여라. 분위기를 깨는 요인을 그냥 받아들이라는 뜻이 아니다. 오히려 그 반대다. 유연성을 가지면 서로에게 만족스러운 방법을 찾을 수 있을 것이다.

_____ 파트너가 없는 사람들을 위해

현재 파트너가 없어도 성적인 자아는 실재하며 관심을 주어야 한다.

1. 섹스를 혼자 즐겨라. 이 주제에 대해서는 저마다 생각이 다를 수 있지만 자위가 건강과 행복에 도움이 된다는 증거는 탄탄하다. 자신의 몸을 사랑하고 자주 성적 에너지를 느끼게 해주면 좋다. 섹스 파트너가 없는 사람이라도 그 에너지의 흐름을 놓쳐서는 안 된다.

2. 열정을 가꾸어라. 파트너를 원한다면 누군가를 만날 때까지 성적 욕구를 내버려두지 말고 오히려 활짝 꽃피워야 한다. 성적 욕망은 성적 욕망을 부르고 성적 무관심은 성적 욕망을 쫓아낸다. 성을 억누르면 자신도 모르는 사이에 성적 무관심을

풍긴다.

3. 욕망을 느낀다고 분별력이 없다는 뜻은 아니다. 민감한 여성들은 성적 욕망을 느낀다고 아무나 받아들이지 않는다. 민감한 남성 역시 아무하고나 섹스하지 않는다. 상대나 상황에 따라 욕구는 사그라들지 모르지만 그렇다고 성적 욕구가 아예 제거되지는 않는다. 멈추고 숙고하는 행동과 활성화 시스템은 따로 작동한다. 아무리 욕구가 강해도 잠시 멈추고 숙고할 수 있다.

4. 성행위를 하지 않는 것에 대해 신선한 방법으로 숙고하라. 마치 그것이 자신의 선택이거나 상황의 결과인 듯이 말이다. 인도를 비롯해 여러 문화권에서는 성행위를 자제하는 것이 정신적이며 영적인 힘을 발달시키기 위해 필수적인 일이라고 본다. 서구 문화에서는 시대에 뒤떨어진 이야기로 취급받을지도 모르지만, 완전히 잘못된 생각은 아니다. 금욕적인 생활을 차원 높은 목적과 연결하는 사고에는 커다란 지혜와 이점이 들어 있을지도 모른다.

◆

읽는 것만으로도 흥분되다

시중에서 접할 수 있는 성에 관한 정보들은 유용하지만 얄팍하다는 생각이 들었다. 여기서는 HSP로 추측되는 사람들이 성에 관해 조언한 바를 소개한다. 개인적으로는 읽는 것만으로 흥분되었다. 어쩌면 HSP를 위한 포르노라고도 할 수 있는 글이다.

_____ D. H. 로렌스(D. H. Lawrence)의 말:

피가 연결되지 않는 결혼은 결혼이 아니다. 피는 영혼의 물질이고 가장 깊은 의식의 물질이기에……. 남자의 피와 여자의 피는 결코 섞일 수 없는 두 개의 영원히 다른 시냇물이다. 그것은 삶의 전체를 에워싼 두 개의 강이고 결혼으로 강의 주기가 완성되고 섹스로 두 강이 서로 닿아 섞이거나 교란하지 않고 서로를 새롭게 해준다. 남근은 여자의 피의 계곡을 채우는 피의 기둥이다. 남자의 커다란 피의 강은 여자의 커다란 피의 강의 심도에 닿지만 서로의 경계선을 깨뜨리지 않는다. 모든 종교에서도 알고 있듯이 이것은 가장 심오한 교감이다.[2]

로렌스는 '부부생활'에 대해 뭐라고 조언할까?

인류는 필연적으로 죽어가고 있다. 뿌리가 허공에 드러난, 뿌리 뽑힌 거대한 나무 같다. 우리는 자신을 다시 우주에 심어야 한다. 지금은 '작은' 삶의 죽음을 준비하고 움직이는 우주와 이어진 더 큰 삶에서의 재등장을 준비하자.[3]

_____ **라이너 마리아 릴케(Rainer Maria Rilke)의 말:**

세상의 가장 위대한 부활은 이렇게 이루어질 것이다. 남자와 여자가 모든 혼란스러운 감정과 욕구에서 벗어나고 더는 서로를 정반대의 존재가 아닌 한 가족의 구성원과 이웃으로 바라보며 인간으로 단결하여 자신에게 맡겨진 성의 무거운 책임을 인내심을 가지고 함께 지는 것이다.[4]

밤에 만나 강한 욕정으로 서로 뒤엉키고 몸을 흔드는 사람들은 진지한 일을 수행하고 있다. 말로 형용하기 어려운 행복을 노래할 미래의 시인을 위해 '달콤함'과 깊이와 힘을 모으는 것이다.[5]

이 비밀은 세상의 아주 작은 부분에까지도 가득하다. 아, 우리는 이 비밀을 가볍지 않고 더욱 겸허하게 받아들이고 진심으로 떠맡아 인내하고 멋진 고난임을 느끼리라.[6]

하지만 이 모든 것을 과연 의식하고 있는지 걱정할 필요는 없다. '실수하고 맹목적으로 수용하지만 그래도 미래는 어김없이 온다……. 비록 자신은 비밀을 잃어도, 자신도 모르게 밀봉된 편지처럼 후대에 전달하기 때문이다.'[7]

민감한 사람의 섹스

현상학자 예거는 성적인 열정을 육체의 저항 같은 것으로 묘사한다. 일상생활에서는 머리가 몸을 지배하므로 '표면이 심도를 지배한다.'[8]

하지만 열정의 세계에서는 심도가 표면을 받치는 지지대에 그치지 않고 위로 차올라 사물과 존재를 가리고 있는 매력적인 빛의 놀이를 파괴한다.

그러면 모든 것이, 비밀리에 이어져 있던 어두운 실체를 드러낸다. 우리는 더는 조사나 추론을 통해 시각으로만 교감하지 않고 육체를 통한 더욱 심오한 연결로 교감한다.[9]

우리는 육체 안에서 모든 육체의 혼란을 느낀다. 열정의 세계에서 우리는 교감을 위한 용기이고 그 안에서 쌓인 파동은 소리를 내며 밖으로 나가 서서히 정의를 얻는다. 이곳에서 모든 생명이 심도와 중앙으로부터 연속적인 파동으로 퍼져나간다. 표면은 팽팽한 북 가죽이거나 팽팽한 철로이며 우리는 거기에 귀를 대고 앞으로 다가올 일이 우르릉거리는 소리를 듣는다.

오르가슴의 도달은 여정의 끝과 같다. '훌륭한 키잡이는 최선을 다한 후 자신을 운전대에 묶고 그저 파도에 몸을 맡기고 실려 간다. 열정의 절정에 이르러 바다가 배를 조종한다.'[10]

성기 자체에서도 이러한 도약과 중단이 발견된다. 예거는 손이 바깥 세계를 탐구하고 일을 하며 의지에 따르도록 설계되었다고 말한다. '성기는 안으로 향하는 음울한 기관이라, 할 일 많은 낮의 세계에는 서툴고 반응도 없다. 남성의 성기의 흥망성쇠는 근력의 위업이 아니고 민첩성의 위업도 아니다.'[11] 우리는 도구를 손에 쥔 노동자가 되기를 멈추고, 노동 없는 밤 세계의 고용인으로 도구 아닌 도구에 붙잡힌다.

민감한 사람의 섹스

9장

나와 친밀해지기

결국 모든 사랑은 자신을 향한 것

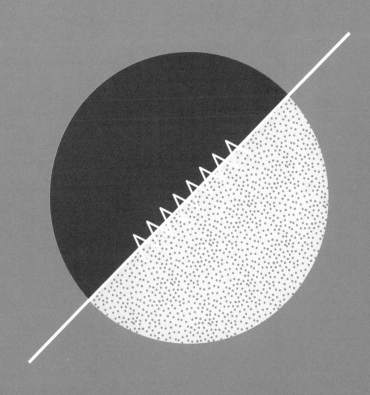

당신에게도, 사랑에게도
시간이 필요하다.

행복해지고 행복을 유지하는 방법을 알려주는 관계에 대한 글들은, 민감한 사람의 관점에서는 약간 인위적으로 느껴진다. 관계 자체 그리고 관계 안에서의 영성과 변화를 다루지 않기 때문이다.

민감한 사람들은 관계의 심오하고 때로는 어둡고 또 때로는 매우 영적인 측면에 대해 더욱 온전한 이해를 발달시킨다. 그런 측면들은 세상에 고통을 안겨주었다. 왜곡된 사랑이 만든 고통과 갈망이 전쟁과 잔혹함으로 표현되었기 때문이다. 똑똑한 이들은 인간의 본성에 자리한 사랑 혹은 증오를 다루는 문제를 고심해왔다. 특히 연인, 지도자, 국가, 신 등 위대한 타인(Greater Other)을 위한 열정적인 욕구가 합쳐졌을 때 말이다. 이 문제들은 민감한 사람들의 작업이다. 지금 당신이 결혼 혹은 다른 유형의 파트너, 친구, 가족, 치료사 등 어떤 관계에 놓여 있건 이 장의 목표는 사랑에 대한 지혜를 키우게 만들려는 것이다.

나와 친밀해지기

◆
보이지 않는 것을 보다

나는 영 혹은 신이 어디에나 있다고 생각한다. 비록 모순적이게도 보이지 않는 곳에서 발견하기가 쉽지만 말이다. 보이지 않는 것을 보려면 예술과 법의 이면에 자리하는 가치관, 얼굴 이면의 성격부터 시작하라. 그 이면에는 존 데스테이언이 우세적 정신이라고 부르는 것이 자리한다. 지혜롭고 적응이 잘 되었고 개인적이고 집단적인 영혼이다(물론 그림자도 있지만). 들숨과 날숨, 식물의 수액, 자연의 기이하고 야생적인 아름다움 등 보이지 않는 것을 더 자세히 들여다보면 본질적 정신에 도달하게 된다. 모든 것을 충족해주고 또 우리가 모든 것을 최대한 사랑하게 만드는 불가사의하고 지적인 측면이다.

마지막으로 여기에서 좀 더 파고들면 보이지 않는 것의 가장 심오한 측면, 본질적 정신의 원천이 있다. 영, 신, 브라만, 알라, 절대적 존재, 순수 의식이다. 이 근원에 대해 누가 알고 있는가? 아무도 모른다. 하지만 이것에 민감하고 찾으려 하는 사람들은 이들에게 더욱 강하게 이끌린다. 민감한 사람들은 남이 보지 못하는 것을 보고 이면에 자리하는 것을 직관하는 능력이 뛰어나기 때문에 영적인 재능이 있다고 할 수 있다. 모든 측면에서 정신을 감지할 수 있다.

민감한 이들의 또 다른 자산

_____ **개인적 경험**

나는 지금까지 수많은 민감한 사람들을 만나면서 다음과 같은 사실을 발견했다.

1. 침묵의 특징. 강연이나 세미나 같은 집단 속에 민감한 사람들만 있을 때는 영적인 목적이나 수련을 위해 모인 집단이나 성스러운 장소에서만 나타나는 심오한 침묵이 형성된다. 마치 보이지 않는 무언가에 자리를 잡은 듯하다.

2. 타인을 배려하는 성향. '종교적 태도'의 적어도 표면적인 부분이다. 물론 민감한 사람은 성자가 아니고 그들의 배려에는 항상 그림자의 측면이 있다. 예를 들어 타인의 반응이 두려워서 친절해지기도 하고 속으로는 상대방이 거슬려하기를 바랄지도 모른다.

3. 영적 경험에 대한 열망. 민감한 사람들은 종교가 없어도 어린 시절부터 영적인 경험을 한 경우가 많고 '내적 세계는 풍성하고 복잡하다' 같은 말에 더욱 동의하는 모습을 보인다. 내적인 것, 보이지 않는 것에 익숙하다.

4. 일상적인 영성. 민감한 사람들은 삶의 모든 측면에서 영성을 표현하는 경향이 있다. 굳이 묻지 않더라도 영성에 대한 말을

나와 친밀해지기

많이 하며 종교 예배나 영적, 철학적 토론에도 자주 참여한다. 또한 그런 자리를 주도하는 경우가 많다. 천직과 건강, 사랑과 관계 등 모든 것을 영성의 측면으로 바라본다.

———— 유전적 증거

종교나 영성에 대한 관심이 약점이나 무지에서 비롯한다고 보는 견해도 있다. 삶의 힘든 현실이나 '과학적인 사실'을 직면할 수 없어서 영적인 상태가 된다는 것이다. 이 폄하적인 관점은 비HSP인 전사나 왕들에게서 가장 일반적으로 나타나는 견해인데, 물론 그들에게는 고유한 재능이 있다. '힘든 사실을 직면'하고 복잡한 영향을 재고하지 않고 뛰어든다. 뭐 그래도 괜찮다. 하지만 강인한 전사의 재능만 선호되는 건 우리로선 전혀 괜찮지 않은 일이다.

행동 유전학자 케네스 켄들러(Kenneth Kendler)[1], 찰스 가드너 (Charles Gardener), 캐럴 프레스콧(Carol Prescott)의 연구에서는 내가 영적 재능이라고 부르는 것이 음악적 능력과 마찬가지로 부분적인 유전이라는 사실이 밝혀졌다. 그들은 종교 여부와 알코올 중독 취약성, 정신 장애, 이런 것들의 유전 관계를 알아내려고 연구를 고안했다. 일란성 쌍둥이 500명과 이란성 쌍둥이 350명을 포함해 2,000명의 여성을 대상으로 한 인터뷰에서 세 가지 종교적 특징에 관한 질문을 했다. 개인적 헌신(일상에서의 영성의 중요성, 기도, 영적 위안 추구), 개인적인 종교적 보수주의(이를테면 성경의 내용이 사실이라고 동의하는지), 제도적 보수주의(보수적인 교회에 속해 있는지)였다.

어떤 특징이 유전적으로 결정되는 것이라면, 일란성 쌍둥이는 그 특징에서 가장 높은 유사점을 보일 것이다. 만약 환경이 주요 원인이라면 같은 유전자를 가지지 않은 형제자매들에게서 일란성 쌍둥이만큼 비슷한 모습이 나타날 것이다. 따라서 환경이 결정짓는 특징의 유사한 정도는 일란성 쌍둥이와 이란성 쌍둥이 모두 비슷할 것이다. 이란성 쌍둥이만큼 유전자가 비슷한 형제자매도 없을 테니 말이다. (참고로 민감함이 유전이라고 추측되는 한 가지 이유로 HSP를 대상으로 한 유사한 연구가 있다.)

결과는 일란성 쌍둥이들이 개인적 헌신에서 이란성 쌍둥이들보다 더 비슷한 모습을 보였다. 즉 영적 경험을 하거나 추구하는 경향이 유전된다는 뜻이었다. 하지만 개인적 혹은 제도적 보수주의의 유사점에서는 일란성과 이란성 쌍둥이 사이에 차이가 없었다. 이는 유전자보다 가족이나 공동체의 영향을 더 많이 받는다는 것을 시사한다.

알코올 중독이나 우울증이 있는 사람일수록 개인적 헌신이 적게 나타나는데 스트레스 때문이고 정신 장애와는 무관했다. 종교적 믿음이 약함에서 나온다는 이론은 사라져야 한다. 교육을 많이 받은 사람일수록 개인적 헌신이 크게 나타났다. 종교적 믿음이 무지에서 나온다는 이론도 사라져야 한다.

물론 이 연구는 민감한 사람들에 관한 연구가 아니었다. 무언가가 유전자의 영향을 받는다는 연구 결과는 그것이 어떤 유전자인지까지 말해주지는 않는다. 하지만 나는 그것이 '종교 유전자'가 아니라 신경계의 기본적인 것, 잠시 멈추어 미묘한 경험을 의식하고 숙고하는 경

나와 친밀해지기

향 때문이라고 생각한다. 즉 유전된 민감함이다.

◆

나와 세계

모든 종교와 종교적 수련은 개인과 영성 사이의 관계를 강조한다. 인간관계에서의 개인적인 경험이 신, 우주, 자기와의 관계에 대한 의식에 영향을 끼치지 않는다고 말할 수 있을까?

잠깐 생각할 시간을 가져보자. 눈에 보이지 않는 것을 계속 '신, 영, 신적 존재'로 부르지 말고 구체적인 용어를 떠올릴 필요가 있다. 나는 '자기(the Self)'라고 부르려 한다. 에드워드 에딩거(Edward Edinger)[2]의 『자아와 전형(Ego and Archetype)』에 설명되어 있듯이 카를 융의 자아-자기 축의 개념을 이야기하고 싶기 때문이다. 자기의 개념에 관해 설명할 필요가 있을 듯하다. 이것은 신을 부정하는 자기도취적인 개념이 아니다. 모든 것이 신의 의식의 현현이므로 개인의 의식이 모든 것을 아우르는 더 큰 의식인 자기의 일부분이라는 동양 사상을 전통적으로 해석한 용어다. 신은 알 수 없지만 개인적 자아의 자기에 대한 경험은 그렇지 않다는 직관을 반영한다. 결국 자기는 개인적 자아가 경험하는 모든 것이라고 말할 수 있다.

개인이 '신과 함께'하는지, 분리되어 헌신하는지는 일부 신학에서 매우 큰 차이를 만든다. 개인적으로 나는 두 가지 경험이 모순되지 않는다고 생각한다. 파동이기도 하고 입자이기도 한 빛의 성질처럼 자기에 대해 알고 싶으면 자기는 어느 쪽으로든 나타날 수 있다는 사실을 부인하면 안 된다. 두 경험은 인간관계에 대한 우리의 경험과도 흡사하다. 타인과 합쳐지는 순간이 있고 분리되어 헌신하는 순간이 있다.

자아-자기 축의 나머지 절반인 자아는 단순히 당신의 의식적인 마음을 말한다. 그렇다면 이제 축만 정의하면 된다. 에딩거의 정의는 축이 두 대상의 직선적 연결이고 그 축을 따라 두 대상의 여러 가지 위치가 생길 수 있다. 두 대상이 얼마나 가깝거나 먼지에 상관없이 연결은 남아 있다. 눈에 보이지 않지만 강력하다.

물론 축은 너무 다채로워서 하나의 비유로는 설명할 수가 없다. 자아-자기의 연결이 아직 완전히 태어나지 않은 자아를 지속시키는 만인의 어머니와 이어주는 탯줄이라고도 할 수 있다. 자기는 자아가 목욕하는 욕조이고 자아에서 진화한 바다라고도 할 수 있을 것이다. 이 비유들은 자기가 궁극적으로 전체적인 의식세계라는 관점을 표현한다. 데스테이언의 우세적 정신과 본질적 정신을 합친 개인적이고도 집단적인 자아이자 모든 전형들과 개인적 자아 또한 전부 합쳐진 것이다. 당신의 자아는 전체적인 자아에서 나왔지만 여전히 일부분이다. 아이가 커서 독립하더라도 여전히 가족의 구성원인 것과 같다.

_____ **존재를 찾는 여정**

많은 사람에게 자아-자기 축과 영성 같은 개념은 친밀한 관계에서 멀리 떨어진 초월적인 세계의 일부분으로 느껴진다. 그런 세계가 존재하는지도 모르겠지만 말이다. 하지만 개인적 관계와 초월적 세계와의 관계는 복잡하게 서로 얽혀 있다. 그 사실을 잊어버리면 영성과 이어진 탯줄에 대한 의식도 잃는다. 따라서 그 의식을 새롭게 해보자.

에딩거와 어쩌면 자아-자기 축이라는 용어를 처음 만들어냈는지도 모르는 융 학파 학자 에릭 노이만(Eric Neumann)에 따르면 인간은 자기에서 나와 삶으로 들어오며, 초기 아동기에는 아직 자기와의 무의식적 결합 상태에 머물러 있다. 이러한 자기와의 완전한 동화 때문에 유아는 매력적인 과장과 탐욕, 자연스러움과 강함을 본능적이고 무의식적으로 가지고 있는 듯한 모습을 보인다. 성장하고 자신을 좀 더 자각하면서 순수를 잃지만 개인성에 대한 의식을 얻는다. 자기에서의 분리가 시작되고 천국을 잃고 축이 등장한다. 마침내 관계가 등장한 것이다.

하지만 그 연령대의 가장 두드러진 관계는 보호자와의 관계이므로 희미해지는 자기의 기억을 보호자에게 투영하고 부모와 자아-자기 관계를 맺는다. 하지만 부모가 완벽하지 않으면 잃어버린 자기가 아니라는 사실을 점차 깨달아간다. (이 과정이 점진적으로 이루어지지 않으면 부모의 나쁜 측면을 분리하게 된다. 예를 들어 부모의 나쁜 측면을 부인하거나, 자신에게 덮씌우거나, 부모는 완전히 나쁘고 실재 혹은 상상의 다른 사람은 완전히 좋은 존재로 만드는 것이다.)

부모에게 자기를 투영하기를 거두어들이면서 우리는 교사나 첫사랑 등 다른 곳에서 자기를 찾으려 한다. 그런 특별한 사람들이 계속 온전하고 훌륭한 자기가 되어주는 데 실패하면 찾기를 그만두기도 한다. 이상화할 가치가 있는 사람이 존재하지 않는다는 생각에 무의식적으로 자기를 포기하게 되는 것이다. 혹은 대신 투영을 흡수해줄 수 있는 종교에 기대기도 한다. 결국 그것이 종교의 한 가지 존재 이유이다. 하지만 종교가 그런 목적으로는 효과적이지 못하다는 사실을 깨닫는 경우가 많고 자기의 존재에 대한 의구심은 더욱 깊어진다.

하지만 민감한 사람들은 그렇게 쉽게 포기하지 않는 듯하다. 물론 갓 성인이 되어 자립심을 키우고 세속적인 목적을 추구하면서 자기의 빛바랜 꿈이 잊히기도 한다. 하지만 그 방법은 오래 가지 못한다. 민감한 사람들에게 의미, 궁극적으로는 영적인 의미로 충만하지 않은 목표는 만족스럽지 못하기 때문이다. 어떻게 해야 할지 모르는 상태로 자아-자기 소외 상태에 이른다. 자기에서 가장 멀리 떨어진 지점의 축에 위치하는 것이다. 특히 민감한 사람들은 그 상태에서 신도 매력도 없는 텅 빈 우주에 혼자 있는 듯한 기분을 느낀다.

_____ **환멸의 주기**

대개 소외 상태가 발생한다면 중년에 이르렀을 시점이다. 그러나 민감한 사람의 경우에는 뭔가를 찾았거나 또 찾은 듯했음에도 다시금 환멸에 빠지기를 계속 반복하는 듯하다. 혹은 그 주기 안에 완전히 갇히거나 정지해 있기도 한다. 이는 어린 시절의 경험에 큰 영향을 받는다.

예를 들어 어떤 이들은 주기 속에서도 마치 유아처럼 자신을 자기

나와 친밀해지기

와 동일시하는 상태에 갇힌다. 거창한 영성을 추구하며, 자신이 사람들을 계몽할 운동을 일으키거나 어떤 임무를 완수하도록 신에게 선택받은 혹은 깨달음을 얻은 존재라 확신하기도 한다. 소명을 판단할 때는 신중해야 하지만 그런 사람들은 어린 시절에 놀라울 정도로 응석받이로 자랐거나(3장에서 살펴본 애착 유형 가운데 집착형에 해당) 정서적, 신체적인 학대나 방치를 당해 세상에 홀로 남겨진 두려움을 없애려는 방어기제로써 무의식적인 자기와의 융합에 매달리는 것이다.

소외 상태에서는 완전히 정반대의 극단에 갇혀 있을 수도 있다. 너무 갑작스럽거나 극단적인 배신 또는 환멸을 느꼈을 때 흔히 나타난다. 특히 민감한 사람들은 두려움에서 자기로부터 멀리 떨어져 있기도 한다. 어렸을 때 자기를 투영한 주변 어른들 때문에 과도한 자극을 받았을지도 모른다. 혹은 부모가 자신의 욕구 충족에 자녀를 이용했기 때문일지도 모른다. 이를테면 신동을 키우고 싶었거나 동반자를 필요로 했을 수도 있고 최악의 경우에는 성적으로 이용했을 수도 있다. 이런 아이들은 어른이 되어 자기와의 친밀함을 간절히 원하지만 압도당하거나 이용당할지도 모른다는 무의식적인 두려움이 있다. 어릴 때 자아 경계가 허용되지 않았으면 그런 두려움을 가지는 것도 당연할 것이다. 자아가 자신을 스스로 떠받치지 못하면 자기에 집어삼켜지고 만다.

_____ **종교와 애착 유형**

나도 에딩거도 정신과의 관계의 본질을 전적으로 어린 시절의 문제로 보지 않는다. 하지만 개인이 생각하는 신의 이미지가 자신에 대한 이미지와 비슷하다는 일관적인 연구 결과가 나온다.[3] 즉 자존감이 높은 사람은 신을 사랑이 넘치는 존재로 본다. 애착 유형의 경우(3장 참고), 사회심리학자 리 커크패트릭(Lee Kirkpatrick)[4]과 필 셰이버(Phil Shaver)는 안정형 애착 유형에 해당하는 사람일수록 불안정형보다 신을 사랑이 넘치고 거리감과 통제적인 모습이 적은 존재로 인식한다는 사실을 발견했다. 불안정 애착 유형 가운데 회피형은(거부형과 두려움 유형이 합쳐진 것) 예측대로 다수가 무신론자였다. 아무도, 아무것도 필요 없다는 생각으로 관계 문제를 완전히 피하는 것이다. 하지만 회피형은 갑작스럽게 종교를 가지게 되는 경우가 가장 흔했다(회피형에서 44퍼센트, 나머지 유형을 모두 합친 데서 10퍼센트가 갑작스럽게 종교를 가졌다).

집착형은 열렬한 무신론자가 되거나 강렬한 종교적 경험을 하는 극단적인 모습을 더 강하게 보였다. 초조하고 모호하게 관계에 집착하므로 자기 애착을 포함해 애착에 대한 관심도가 최대 수준인 사람들이기 때문이다.

앞서 말했듯이 민감한 사람은 불안정형 애착 유형을 보일 가능성이 더 크지 않다. 자기 혹은 신에 대한 애착의 경우, 민감한 사람은 영적 재능 때문에 좀 더 안정적일 수도 있지만 어린 시절에 보호자와의 애착 유형이 불안정했던 사람이라면 민감하고 불안정한 아이일수록 새로운 경험에 큰 위협을 느낀다는 군나르의 연구 결과를 기억하라. 이런 배경을 가진 사람은 우주를 안전한 곳처럼 느끼지 못할 테다. 타

나와 친밀해지기

고난 영적인 성향에 따라 안정적인 존재인 신에게 기댈 수도 있지만 생리적 경험이 계속 불안정 상태에 머물렀다면 그 안정적인 현실을 믿기가 어려울 것이다.

불안정한 애착 유형의 이면에 자리하는 것을 자아-자기 축의 개념으로 이해하면 특히 민감한 사람들에게 맞아떨어진다. 예를 들어 민감한 사람은 그렇지 않은 사람보다 어린 시절의 불안정이 어른이 되어 불안과 우울증으로 이어질 가능성이 큰 이유를 설명해준다. 자신을 보호해주는 부모/자기의 부재 때문에 우주에 혼자인 것처럼 느낀다. 당연히 절망감과 무가치함을 느낄 것이다. 에딩거에 따르면 부모가 아이를 거부할 때는 무의식적으로 양쪽 모두 부모를 신으로 바라본다. 즉 부모에게 '신과 동일화하는 자기팽창'이 이루어지므로 아이는 부모/자기의 거부를 '비인간적이고 전적이고 되돌릴 수 없는 것'[5]으로 인식하게 된다. 민감한 아이일수록 그렇게 느낄 가능성이 크다.

어린 시절의 상처가 자아-자기 축의 붕괴를 일으킨다는 사실을 알면 종교가 신의 사랑과 수용을 가르쳐 도와주려고 한다는 점을 눈치채겠지만, 불안정한 애착 유형은 전적으로 받아들이지는 못한다.

_____ **차단된 자아-자기 축과 사랑**

실제가 아닌데도 파트너에게 거절당한 듯한 기분을 경험하는 것은 사실은 자기의 거절당한 경험을 투영한다고 할 수 있다. 이렇게 볼 때 '작동 모델' 혹은 애착 유형이 다름 아니라 자아-자기 축에서의 위치임을 알 수 있다.

놀라운 사실은 특히 민감한 사람을 비롯한 많은 이들이 어린 시절의 학대나 어른이 되어서까지 이어진 트라우마에도 불구하고 신의 존재를 믿을 수 있으며(회피형의 갑작스러운 종교 입문처럼) 열렬한 사랑에도 빠질 수 있다는 것이다. 자기에서 빠져나왔다는 기억이 있기에 아무리 소외감을 느껴도 축은 항상 그 자리에 존재한다. 계속 자기를 믿거나 사랑에 빠진다면(여기에서는 이 두 가지를 동일시하겠다) 좋은 우주에서 좋은 타자와 좋은 관계를 맺을 수 있다는 안정감을 느끼게 되기 쉽다.

그렇다면 안정감을 찾는 것이 문제다. 즉 자기와의 친밀함과 안정감이 없이는 다른 인간과 가까워지고 진정한 안정감을 느끼게 되기가 어렵다. 하지만 애착 연구에 따르면 인간과의 관계에서 친밀함과 안정감을 느끼지 못하면 자기와도 가까워질 수가 없다. 진퇴양난이다. 인간에게는 사랑의 꿈/기억이 있고 자기의 꿈/기억이 있다. 하지만 어떤 사람들에게는 그 꿈이 이루어질 수 있고 그 기억이 사실이라고 믿는 일이 너무도 힘에 부친다.

◆

내면의 치유

이제 안정적인 애착 유형으로 가는 길을 알려주는 '표지판'(3장 참고)에 대해 자아-자기 축이라는 새로운 방면에서 생각해볼 수 있다. 예를 들어 자신에게 자애로운 인내심을 보이는 것과 새롭고 안정적인 경험을 한다는 두 가지 치유적 측면이 사실은 자기 수용이다.

_____ 자기의 수용

지혜로운 치료사들은 상담 시간에 모든 생각과 감정을 수용함을 (그것들을 행동으로 옮기는 데에서는 그렇지 않을지라도) 가장 중요한 우선순위로 놓는다. 모든 감정과 행동이 두려움이나 소외감을 느껴야 하는 이유가 아니라, 자기의 전체성 일부이기 때문이다. 아무리 불미스러워 보여도 모든 충동과 측면을 수용하는 것은 자기에 다시 접근하는 데 필수적이다. 모든 성자는 인간과 신의 사랑을 안정적으로 느끼기 전에 자신 내면의 죄인을 마주하고 신의 뜻에 따라 용서받았다고 느낄 수 있어야만 한다.

심리치료와 종교, 그 무엇이건 불안정한 사람들이 어린 시절부터 생존을 위하여 성격의 가장 어두운 부분에 감정을 수용하는 것은 자기와 타인에 대한 용기 있는 믿음이 생기도록 도움을 준다. 하지만 수용이 오랫동안 지속되어야 한다.

자아-자기 축의 측면에서 이해할 수 있는 것이 또 있다. 바로 애도가 모든 느낌과 신체적 경험, 감정에 개방적이어지도록 해준다는 것이다. 이것들은 꿈속의 이미지와 상징과 마찬가지로 전부 자기가 보내는 메시지다. 명상은 그 축에서 자기에 가까워지는 방법으로 볼 수 있다.

_____ 꿈이 말해주는 것

꿈 작업은 자기와 가까워지고 연결을 확인할 가장 좋은 방법 중 하나다. 꿈꾼 내용을 기억하고 낮에 떠올릴 때마다 생각지도 못한 통찰을 얻기도 한다. 꿈은 어디에서 올까? 모든 종교에서는 꿈이 자기가 자아에게 보내는 메시지라고 가르친다. 성경의 욥기 33장 15~18절만 봐도 그렇다.

> 사람이 침상에서 졸며 깊이 잠들 때나 꿈에나 밤에 환상을 볼 때에
>
> 그가 사람의 귀를 여시고 경고로써 두렵게 하시니
>
> 이는 사람에게 그의 행실을 버리게 하려 하심이며 사람의 교만을 막으려 하심이라.
>
> 그는 사람의 혼을 구덩이에 빠지지 않게 하시며 그 생명을 칼에 맞아 멸망하지 않게 하시느니라.

이 단락에서 '자아감'은 아이의 손을 잡고 길을 건너는, 괴팍하지만 궁극적으로 자식을 위하는 부모를 떠올리게 한다. 우리가 구덩이에 빠지지 않고 살아남기를 바라는 자기인 것이다. 자기에서 멀어져 공허한 절망으로 들어가지 말라고 약간 겁을 주는 모습이다.

꿈을 별로 꾸지 않는 사람이라면 내면의 회피자가 하는 말 때문인지도 모른다('자기와 나는 서로 아무런 관계가 없다'). 다시 시도해보기를 바란다. 아무리 작은 단편에라도 주의를 기울이면 (그리고 숙면하면) 꿈이 이야기를 할 것이다. 꿈의 메시지를 이해하려면 도움이 필요할

나와 친밀해지기

수도 있다(꿈은 당신에게 고유한 언어를 사용하지만 모든 꿈에 공통적인 '문법'이 있어서 해독하는 일을 도와준다. 책이나 세미나, 융 학파 치료에서 문법을 찾아볼 수 있지만 분명히 꿈이 그 자체로 말을 할 것이다).

_____ 자기와의 안정적 친밀함을 인도해주는 내적 연인

몹시도 특별하고 수수께끼 같은 존재인 내적 연인에 대해서는 2장에서 소개했지만 영적인 관점은 새로운 이해를 더한다. 내적 연인을 사랑하면 사랑할수록 당신은 더욱 완전해진다. 자아의 자기 수용, 자기의 자아 수용에 가까워진다.

하지만 내적 연인과의 꿈이나 적극적 상상을 통한 상호작용이 단순히 콤플렉스의 두 반대 축의 통합으로 나아간다는 '단순한' 상징이라고 암시하고 싶지는 않다. 외적 연인과의 관계를 보살피듯, 내적 연인과의 관계를 보살펴라. 내적 연인은 꿈에서 처음 나타난다. 외적 연인, 과거의 연인, 모르는 사람, 혹은 매번 바뀌는 사람이 합쳐져 당신의 인식과 반응을 통해 매우 실제적인 것이 된다. 자기로의 안내자, 혹은 좀 더 접근이 쉬운 자기의 대역이 되어줌으로써 큰 위안과 안정감을 주기도 한다.

자기와 가까워지는 행복한 상태는 기막히게 멋진 결혼식 꿈으로 표현될 때도 있다. 결혼식장으로 쉽게 가지 못하거나 결혼을 거부하거나 신부 도우미가 되어주는 것 같은 그 밖의 결혼 관련 꿈들도 서로의 사랑이나 내면의 반대되는 부분의 통합을 가로막는 조건들을 말해준다. 프로이트파는 제쳐두고, 섹스와 섹스 문제에 관한 꿈은 육체적인 섹스가 아니라 자기와의 관계, 혹은 자기의 이상한 이성의 측면에 관한 것일 수도 있다.

자아-자기 축에 급격한 치유가 필요하면 내적 연인은 그 사실도 드러내줄 것이다. 꿈속에서 불안하게 만드는 인물로 등장해 자아와 자기의 친밀함을 방해하는 왜곡을 상징적으로 표현할 테다. 예를 들어 당신이 자기를 투영한 사람에게 거절당한 일에 아직도 영향을 받고 있다면 내적 연인은 비판적이거나 지지를 해주지 않거나 거절하거나 심지어 조롱하는 모습으로 나타날 것이다.

부정적인 내적 연인을 '재활'하는 일은 일상의 외적 관계에서 해야만 하는 일과 비슷하다. 이 부분을 고치려고 노력하면 다른 부분이 바뀐다. 두 영역 모두에서 당신은 그저 친밀한 결합에 좀 더 항복하는 법을 배워야 할 수도 있다. 또는 자신을 옹호하거나 좀 더 수용과 경청의 태도를 보이고 상대방에게 변화의 필요성을 이해시켜야 할지도 모른다. 자기는 꿈을 통해 진행 과정을 말해줄 것이다.

예를 들어 3장에서 만나본 엘리스는 사랑이라는 감정을 느끼는 위험을 무릅쓸 수 없었다. 그녀에게 사랑의 가장 두드러진 측면은 언젠가 상실로 이어진다는 것이기 때문이다. 내면 작업이 진행되면서 그녀는 사랑하는 개가 죽는 꿈을 꾸었다(마치 그녀의 의식세계가 인간을 잃는 꿈은 차마 꿀 수 없기라도 했던 것처럼). 꿈에서 엘리스는 무척 속상하기는 했지만 어떤 감정도 느끼지 못했다. 그녀의 내적 연인이 개의 장례식을 치르는 수도사(상징적으로 그녀가 결혼할 수 있는 대상과 여전히 거리가 멀다)로 등장했다. 장례식 동안 그는 그녀의 상실을 애도하며 주체할 수 없을 정도로 울어주었다. 엘리스는 의지와 다르게 안에서 슬픔이 샘솟음을 느꼈고 마침내 장례식에서 창피하게도 크게 흐느껴 우는 소리가 터져 나왔다. 하지만 괜찮았다. 아무도 신경을 쓰지 않았다. 그 후 꿈속에서 그녀는 뭐라 말할 수 없는 강렬한 슬픔을 느꼈다. 하지만 장례식을 치러주고 그녀를 아끼는 마음으로 대신 울어준 수도사를 생각하니, 그렇게 견딜 수 없는 감정은 아니었다.

내면의 관계에 무슨 공을 들여야 하는가? 역시나 꿈에 주의를 기울임으로써 내적 연인과의 로맨스를 시작하고 적극적 상상으로 그와 논쟁을 벌일 수 있다. 상대방에 대한 사랑이 커질수록 내가 자기-친밀한(Self-intimate) 삶이라고 부르는 것을 처음 접할 수 있게 된다.

◆

자기와 친밀한 삶

개별화 과정이 계속되면 자기와 친밀했다가 멀었다가 완전히 발이 묶이는 주기가 끝이 난다. 꿈과 적극적 상상은 이미지와 상상이 당신에게 깊이 관여하는 자기로부터의 메시지라는 더욱 강한 확신을 제공한다. 또한 여러 외부 사건들도 자기로부터의 메시지로 경험하기 시작한다. 자신의 수용 가능한 부분과 불가능한 부분 사이만 나뉘는 것이 아니라 의식과 무의식, 내적 삶과 외적 삶도 분열된 것처럼 느껴진다.

(융과 융 학파들이 '상징적 삶'을 사는 것이라고 부른) 이 상황을 이해하는 한 가지 방법은 분열이 치유되기 전의 삶과 대조해보는 것이다. 자기로부터 고립된 외적 삶은 특히 민감한 사람들에게 더욱 따분하고 무의미하게 보여, 정말로 '구렁텅이에 빠진 것'처럼 느껴질 수 있다. 이 공허감을 없애기 위해 직장에서의 프로젝트, 완벽한 자녀 키우기, 알코올 등에 무의식적으로 자기를 투영한다. 투영을 가능하게 해주는 가짜 스승이나 목사나 이루어질 수 없는 사랑을 선택하는 어리석은 행동을 하기도 한다. 이런 행동은 맹목적이고 본능적이고 영적인 갈망이 유아기에 충족되지 못한 근본적인 사랑의 욕구 같은 개인의 강한 콤플렉스에 의해 강해져서 나온다. 정말로 '교만'인 것이다. 모두가 자기-친밀함이 없는 삶이기 때문이다.

_____ 다시 살펴보는 마크와 린다 커플

(5장에서 소개한) 마크와 린다 커플의 경우 린다가 여러 번 다른 사람에게 빠졌다가 결국 불륜을 저질렀다. 린다는 간절하게 그리고 맹목적으로 마크가 (그 누구도) 되어줄 수 없는 자기를 찾고 있었다. 그녀는 마침내 영적 수행을 통해 자신이 무엇을 찾고 있었는지 깨달았다. 처음에는 영적 스승에게서 자신이 그동안 찾던 것을 발견했다고 생각했고 스승에게 자기를 투영했다. 하지만 지혜로운 스승은 그 투영을 거절했고 마크와의 부부 관계를 영적인 길 일부분으로 보라고 조언해주었다. 마크를 자기가 그녀에게 주고 해결하기를 바란 문제로 바라봐야 한다는 것이었다. 아무런 도움 없이 혼자서 해결하려 할 필

나와 친밀해지기

요는 없지만 불륜으로 해결하라고 한 것은 아니었다. 불륜은 자기에 더 가까워지게 하는 방법도, 마크에게 경멸을 느끼고 그를 배신하게 만든 분열된 자아를 통합하게 하는 방법도 아니었다. 그녀의 바람기를 자아에 가까워지고 싶은 욕구의 표현으로 바라본 덕분에 이 커플은 이혼의 아픔을 피할 수 있었다.

• '상징적 삶(Symbolic Life)'이란

상징은 자기-친밀감의 중심이다. 융의 관점으로 상징은 직접적으로 알 수 없거나 쉽게 말로 형용할 수 없는 불가사의한 것을 보여주는 신호다. (한편으로는 정지 표시처럼 말로 쉽게 표현할 수 있는 것을 가리키는 신호이기도 하다.) 하지만 상징은 그 이상의 의미를 지닌다. 상징은 자기 메시지와 자기 에너지를 담는다. 모든 연인과 마찬가지로 살아 있다. 이 살아 있는 에너지를 의식하지 못하면 맹목적으로 복종하거나 상징이 아닌 있는 그대로 받아들여 사람이나 세상에 투영한다.

예를 들어 민감한 여성인 길리언은 행복한 결혼생활을 하는 주부였는데 어느 날 승마 수업에 갔다가 강사에게 빠지고 말았다. 그는 국제 승마대회 챔피언이자 짧고 격렬한 연애를 한다고 소문이 나 있었다. 그와 사귀었던 여성들은 이별을 아쉬워한다고 했다. 민감하고 성실한 아내이자 엄마였던 그녀는 다른 남자에게 끌리고 싶은 마음이 전혀 없었다. 내가 그녀에게 해줄 수 있었던 말은 (정확히 이렇게 말하지는 않았지만) 그 남자에게 느낀 감정이 그녀가 현재 매우 중요한 부분을 내버려두고 있음을 알리려 자기가 보낸 메시지라는 것이었다.

성생활에서도 말을 통해서도(챔피언까지 할 정도면 동물과 매우 친밀한 관계일 것이다) 본능에 따라 살아가는 유쾌하고 무모하고 자유로운 모습 말이다. 이것이 승마 강사라는 상징이 가리키는 것이었다. 길리언은 상징을 있는 그대로 받아들여 바람을 피우고 가슴속의 기수 연인과 같은 삶을 살 수도 있었다. 물론 그쪽을 선택한다면 너무도 많은 사람의 인생을 망치게 될 것이기에 두려웠다. 하지만 감정을 상징적으로 바라본다면 전혀 두렵지 않다. 그녀가 너무 일방적이고 본능과는 단절된 채 너무 희생적인 삶을 살고 있다고 자기가 보내는 꼭 필요한 경고 메시지였다.

모든 것을 상징적으로 받아들이기만 하고 행동은 취하지 말라는 뜻은 아니다. 자기가 보내는 메시지를 제대로 실천에 옮길 수 있을 때 행동에 옮기는 것이 중요하다. 길리언의 경우에는 몇 년 후에 승마 대회에 출전한다거나 그녀에게 맞는 다른 취미를 찾아볼 수 있을 것이다. (현명한 가족이라면 그녀를 격려해주어야 한다. 7장에서 살펴보았듯이 희망을 희생시키면 그녀는 물론 가족 모두에게 장기적으로 해롭기 때문이다.)

일반적으로 민감한 사람들은 특히 의식적이고 윤리적인 선택을 해야 한다고 생각한다. 하지만 이를 위해서는 이해하지 못하는 에너지에 지배되지 않은, 자기 스스로 내린 선택이어야 한다. 그리고 민감한 사람들도 이제는 무의식적인 충동에 영향을 받지 않는 것이 아니다. 어쩌면 다른 사람들보다 더 받을 수도 있다. 따라서 욕구에 잠재한 자기의 상징적 메시지를 제대로 고려해볼 수 있어야만 한다.

삶에서 일어나는 거의 모든 일이 자기가 보내는 메시지이고 정도에서 벗어나지 않게 해주는 축복스러운 일이라는 생각까지 도달할지도 모른다. 나는 에딩거의 비유[6]를 좋아한다. 좋건 나쁘건 삶에서 일어나는 모든 일은 자아와 자기의 길고 신비로운 만남을 상징하는 구슬이 되어 삶이라는 목주에 꿰어진다.

조시에게 물을 가져다준 여인

마지막 보기로 두려움이 많아 사람들과 잘 어울리지 않았던 조시를 소개한다. 그는 문제를 해결하려고 여러 가지 방법을 시도했다. 사교 기술을 가르쳐주는 집단 치료를 받고 우울증약도 먹고 자신을 거절했던 어머니와 아예 부재했던 아버지 때문에 자존감이 낮아져서 사람들의 거절을 두려워하게 되었다는 사실도 되짚어보았다. 하지만 보통 사람들에게는 도움이 되는 이 방법들이 그에게는 전혀 도움이 되지 않았다.

어느 날 그는 괴물에게 붙잡히는 꿈을 꾸었다. 빠져나가려고 발버둥 쳐도 소용없었다. 그 꿈은 사교 기술 훈련도 우울증 약도 과거에 대한 통찰도 괴물을 물리치지 못한다는 자기 메시지였다.

조시는 그 후로도 괴물이 나오는 꿈을 계속 꾸었는데 계속 형태가 바뀌었다. 마녀가 그를 돌로 변하게 만들거나 사막에서 갈증으로 죽어가거나 거미줄에 걸려 거미에 잡혔다. 그는 꿈에 대해 잘 아는 사람의 도움을 받아 각각의 이미지가 뜻하는 바를 알아가기 시작했다. 마녀를 어떻게 물리쳐야 하는가? 동화를 보면 나쁜 엄마에 대한 전형적인 답을 알 수 있다. 하지만 그의 삶에서 마녀는 과연 누구란 말인가? 거미는 또 어떻고? 게다가 거미는 초록색이었다. 왜 초록색일까? 질투인가? 그는 평소 거미를 어떻게 생각하는가? 거미가 나쁘기만 할까?

어느 날 그는 수수께끼의 여인이 사막에서 그에게 물을 가져다주는 꿈을 꾸었다. 그는 호기심이 생겼다. 왜 물을 이 여인이 가져다주었을까? 그는 여성에 관한 어떤 부분에 갈등을 느끼는가? 그는 스스로 너무 여성적이라고 생각하는 경향이 있었다. 하지만 어쩌면 사실이 아닐지도 모른다. 그렇게 자아와 자기의 대화가 시작된다. 그는 이제는 사람을 피해야 한다는 구분화되지 않은 강박적인 본능에 사로잡히지 않는다. 어떻게 대처해야 하는지 약간 감이 잡혔다. 책이나 치료사가 알려준 방법이 아니다. (하지만 꿈의 메시지를 해독하는 방법을 익히려면 처음에는 도움을 받아야 할 수도 있다.) 하지만 꿈과 메시지, 지혜는 항상 그의 안에서 나온다.

답이 내부에서 나온다는 사실은 매번 사회적 상황이 두려워 피해야 했던 조시의 욕구에 영향을 끼치기 시작했다. 그는 자신이 정말로 얄팍하고 재미없는 사람이 맞는지 의문을 제기하기까지 했다. 정말로 외로운지도 의아했다. 결혼은 하지 않았지만 정말로 그의 삶이 무력하고 무의미할까?

자기-친밀한 삶의 측면에서 조시는 처음에 전혀 알지 못했다. 상처에 대한 본능적인 두려움에 완전히 사로잡혀 있었기 때문이다. 하지만 자기는 꿈을 통해 마치 그가 괴물이나 거미줄에 붙잡힌 듯이 행동하고 있음을 보여주었다. 너무 꽉 잡혀 있고 그런 상황과 완전히 자신을 동일시했기에 행동으로 옮긴 것이었다. 그는 괴물에 잡힌 인간

나와 친밀해지기

이고 거미줄에 걸린 벌레였다. 어쩌면 머지않아 갈증을 해소해준 최초의 여성과 사랑에 빠진 남자가 될지도 몰랐다. 하지만 그는 내면의 형상을 상징으로 의식할수록 상징에 담긴 메시지를 이용해 무의식적이고 본능적인 반응을 초월하고 또 대처했다. 더는 괴물과 거미에 붙잡힌 무력한 존재도 아니고 물을 가져다준 사람에게 고마워만 하고 있지도 않았다. 무섭고 매혹적인 이미지들이 다른 차원으로 올라가 의미를 주었다. 그의 다듬어지지 않은 본능이 문명화된 것이다.

문명화는 선택하는, 의식적인 자아가 하는 일이다. 이 자아는 모든 상징에 담긴 결과를 고려한다. 그렇게 문명화되고 상징적인 영향력은 민감한 이들의 전문이다.

두려움이나 부끄러움까지 포함해 모든 마음의 상태를 자아와 자기의 신비한 만남으로 바라볼 수 있다면 영적인 삶의 목표를 대부분 달성했다고 볼 수 있다. 그러면 가장 큰 두려움과 상실, 심지어 죽음과 마주할 때도 그것을 신비한 만남으로 바라볼 수 있게 된다. 조시의 경우처럼 부끄러움을 출발점으로 삼아도 좋다.

_____ **두 삶이 만나다**

거의 모든 종교와 영적 전통은 성스러운 의식과 관습을 사람들 앞에서 실행한다. 사랑하는 사람들과 나란히 실시하는 의식과 관행은 관계를 풍요롭게 해주고 치유해주는 남다른 효과가 있다. 현재 파트너와 함께 하는 의식이나 명상, 기도, 종교 예배가 없다면 한번 시도해봐야 할 중요한 단계일 수도 있다.

물론 영성이 관계의 모든 문제를 알아서 해결해주지는 않는다. 하지만 소통 그리고 콤플렉스와 그림자, 본능, 상징적 표현 같은 인간의 심리를 이해하는 데 도움을 주기도 한다. 서로에게 기대거나 뒷걸음 치지 않고 나란히 똑바로 선 채로 함께 문제를 해결하는 두 사람의 모습은 불이 밝혀진 두 개의 탑이다. 멀리서 바라보면 빛의 도시처럼 보일 것이다. 자아의 가장 대표적인 상징이 바로 신성한 도시이다. 나는 뼛속까지 시골 소녀지만 그 도시가 내 집이라는 꿈을 꾼다. 하늘 높이 우뚝 솟은 빛의 탑으로 향하는 상상을 한다.

◆

사랑이란 무엇인가

이제 우리는 사랑을 근본적으로 새로운 방식으로 이해할 수 있게 되었다. 앞서 사랑을 '타인과의 친밀한 관계를 시작하고 지속하려는 욕구'로 건조하게 정의했지만 이제는 상대방에 자기를 투영하게 하는 특징이 있음을 이해할 수 있다. 따라서 어떻게 보면 모든 사랑은 자기를 향한 것이다. 도시로 들어가 하나의 하늘 아래 서 있는 두 개의 탑처럼 사랑하는 사람과 나란히 서는 것이다. 사랑의 대상이 차나 애완견일 때도, 어머니와 친구, 연인일 때도 자기로 들어가 자기를 사랑하려고 하는 것이다.

하지만 사랑은 그보다 더 많은 역할을 한다. 우선 자기가 아니기에 연인에게 실망할 때마다 우리는 원하는 것을 찾을 때까지 내면으로 심오한 탐색을 한다. 그래서 인간의 사랑은 자기로 가는 길처럼 보이기도 한다. 수피들이 말하는 파나와 바카, 사랑하는 대상에서 신을 발견하는 것부터 사랑하는 사람을 신의 일부로 보는 것 말이다. 이러한 변화가 일어나고 모든 비바람을 이겨낼 정도로 안정되려면 당신에게도 사랑에게도 시간이 필요하다.

◆

오래가는 사랑을 하는 민감한 사람들에게

민감한 사람들은 장기적인 관계를 원하는 경우가 많다. 숙고를 통해 사랑의 심오한 잠재력을 알아차리기 때문이다. 아니면 안정적인 관계를 원하는 이유가 좀 더 평범할 수도 있다. 변화와 거절을 싫어하고, 이별은 고통스러우며, 다음 사랑이 더 나으리라는 법도 없다는 이유에서 말이다.

이유가 어쨌건 종류를 막론하고 장기적인 관계는 자기-친밀함을 강화하기 위해서 꼭 필요하다. 자기-친밀감이 장기적인 사랑을 깊어지게 하는 데 필요하듯이 말이다. 융은 개인의 두 가지 성장이 관계에 꼭 필요하다고 보았다.

관계를 맺지 않는 인간에게는 온전함이 없다. 온전함은 오로지 영혼을 통해 얻어지는데 영혼은 '너(You)'로부터 찾을 수 있는 측면 없이는 존재할 수 없기 때문이다. 온전함은 나와 너의 혼합이다. 이것은 오로지 상징적으로만 본질을 이해할 수 있는 초월적 통합의 일부분으로서 모습을 드러낸다.[7]

부분적으로 융은 우리가 연인과의 관계에서 그림자와 콤플렉스를 마주하고 투영을 철수하고 성격과 기질이 초래하는 한계를 받아들일 수 있으며 거기에 더해 자신에게 부족한 것을 처리함으로써 한계를 초월해 온전해질 기회가 생긴다고 말하는 것이다. 하지만 그뿐만이 아니다. 관계가 자기의 일부이며 자기에게서 다시 자기에게로 향하는 신성한 상징이라는 말이기도 하다.

어쩌면 자기에서 나와 자기에게로 돌아가는 강한 느낌이 모든 관계에서 나타나지는 않을지도 모른다. 하지만 그런 느낌이 있는 관계라면 나는 운명이라고 생각한다. 내가 좋아하는 사례는 시인 로빈슨 제퍼스(Robinson Jeffers)[8]와 우나 콜 커스터(Una Call Kuster)의 사랑이다. 민감한 사람임이 분명했을 로빈슨은 로스앤젤레스에서 대학원 독일어 상급반 수업을 듣다가 우나를 만나 깊은 사랑에 빠졌다. 그녀는 보기 드물게 그의 깊이를 이해할 수 있는, 역동적이고 열정 넘치고 교육도 많이 받은 여성이었다. 하지만 안타깝게도 그녀는 이미 결혼한 몸이었다. 남편은 매력적이지만 깊이가 없는 사업가로, 로스앤젤레스의 부유한 집안 출신이라는 것 외에 그녀와의 공통점은 없었다.

그들은 관계를 끊으려고 몇 번이나 노력했다. 1년 동안 헤어져 지

나와 친밀해지기

내던 중, 로빈슨은 시애틀에서 로스앤젤레스로 갔다가 그곳에 도착한 지 30분도 안 되어 우나와 마주쳤다. 융의 관점으로 보았을 때 상징이었고 무시할 수 없는 우연이었다. 그들은 힘겨운 투쟁과 공개적인 추문을 더 견뎌낸 후에 마침내 결혼했고 그녀가 세상을 떠날 때까지 44년 동안 함께 살았다. 그는 그녀를 위해 해변이 내려다보이는 바위투성이의 땅에 직접 돌집과 탑을 지었다. 탑을 짓는 동안 그는 최고의 시들을 써냈다. 탑과 시가 그의 사랑을 위해 존재한 것이다.

이성의 사랑만이 자기의 인도를 받는 운명적이고 성스러운 사랑이라고 할 수는 없다. 우정도 그럴 수 있다. 한 번에 하나 이상의 그런 관계를 맺을 수도 있다. 역사상 가장 운명적이고 성스럽고 고통스러운 삼각관계인 아서왕과 기니비어, 랜슬롯의 관계에서는 두 커플의 관계뿐만 아니라 세 사람을 모두 합쳤을 때도 그런 특징이 나타났다.

운명적인 관계는 어떤 형태이건 중요한 꿈과 마찬가지로 자아가 보내는 메시지이고 영적인 스승이 주는 가르침이다. 그것은 당신에게 헌신과 복종, 겸허한 봉사를 요구하고 그 대가로 때로 환희에 젖게 해준다. 하지만 그것이 두 사람에게 싸움을 요구하면 싸워야만 한다. 하울레가 『신성한 광기』에서 사용한 용어처럼 '가치 있는 적'이기 때문이다. 용서를 요구하면 용서해야 한다. 죄를 고백하라고 하면 고백해야 한다. 서로의 물리적 존재를 포기하라고 요구할 수도 있지만 사랑을 위함이다. 두 사람의 개인적인 욕망이 자기를 위해 희생을 했으므로 사랑은 여전히 신성하고 그 어느 때보다 강해진 모습으로 남는다.

자기의 뜻을 어떻게 알 수 있을까? 늘 그렇듯이 꿈과 증상, 일상의

'우연'이나 신호 혹은 평범해 보이는 세계의 저변을 이루는 불가사의하고 신비로운 세상을 가리키는 표시를 통해 알 수 있다. 우리 민감한 사람은 특히 자기의 뜻을 해독하고 특별한 주의를 기울이고 그 요청을 최대한 따르고 그렇게 함으로써 개인과 자아, 자기, 연인, 사랑의 전체성을 이루고 가장 온전한 삶과 성장을 이루도록 만들어진 사람들이다.

기니비어와 랜슬롯의 사랑이 왜 신에게(혹은 화자에게) 벌을 받지 않았는지 궁금한 사람도 있을 테다. 아서를 배신한 것도 모자라 카멜롯을 파괴한 불륜 관계였는데 말이다. 하지만 『신성한 광기』에서 지적하듯 사람들이 쉽게 잊어버리는 사실이 있다. 아서와 그의 왕좌, 멀린, 원탁, 랜슬롯, 기니비어, 카멜롯 등 모든 것의 목표가 바로 강력한 자기의 상징인 성배였다는 사실이다. 모든 영적 전통에서는 자기를 찾는 과정에서 기이한 요구와 힘든 시간이 펼쳐진다. 새로운 것이 태어나려면 오래된 것은 죽어야만 한다.

사람들은 랜슬롯과 기니비어가 각자 수도원과 수녀원으로 가서 따로 살게 된 것을 속죄로 여긴다. 하지만 그것은 그들의 사랑을 위한 다음 무대, 4장에서 말한 바카에 더 가까웠다. 서로의 육체가 함께 있어야 할 필요성이 약해졌고 자기 안에서 더욱 만족스러운 통합을 즐길 수 있게 된 것이었다.

나와 친밀해지기

◆

이제 헤어질 시간

이제는 말에서 벗어나 좀 더 미묘하고 지속적인 관계를 즐겨야 한다. 마지막 문단을 쓰려니 무척 힘들고 상실감이 느껴진다. 그동안 가까워진 나와 당신이기 때문이다. 이름조차 모르지만 나는 줄곧 당신의 존재를 느꼈다. 당신의 욕구와 질문, 고민을 예측하려고 노력했다. 내가 가진 민감함 때문일 뿐, 당신이라도 마찬가지였을 것이다.

바로 그 민감함 때문에 이런 작별이 싫다. 하지만 내 안의 연인, 지혜로운 남자가 모든 시작에는 끝이 필요하다는 조언으로 이 변화를 이겨내도록 도와주고 있다. 그렇기에 나는 당신이 안에 있건 바깥에 있건, 남성이건 여성이건 누군가와 얼마든지 새로운 시작을 할 수 있으리라 생각하며 위안을 얻으려고 한다. 우리는 앞으로 계속 꿈을 꾸어야 한다. 굿나이트.

이 책에 실린 핵심적인 내용은 모두 다음 출처에 인용된 연구 결과로 뒷받침된다.

- E. N. 아론, 『타인보다 더 민감한 사람』(1997).
- E. N. 아론, 「감각처리 민감성과 내향성, 감정성과의 관계」,《성격과 사회심리학 저널 (Journal of Personality and Social Psychology)》, 73 (1997): 345-68.
- E. N. 아론, 「민감함은 두려움과 부끄러움 많은 성격의 원인: 예비 연구와 임상적 결과」,『극단적 두려움과 내성적임, 사회 공포증: 기원과 생물기제, 임상적 결과(Extreme Fear, Shyness, and Social Phobia: Origins, Biological Mechanisms, and Clinical Outcomes)』, eds. L. A. Schmidt, J. Schulkin (New York: Oxford University Press, 1999), 251 - 72.
- E. N. 아론, 「매우 민감한 사람의 상담」,《상담과 인간 발달 28(Counseling and Human Development 28》(1996): 1-7.

아래의 주는 대부분 위의 출처에서 발견되지 않은 관계 연구나 HSP에 관한 연구 결과다. 내 연구는 대부분 위의 출처에 포함되지만 관계와 성에 관한 자료는 제외다. 이들은 최신 연구 결과로서, 이 책에서 처음 발표된다.

서론 ——

1 맷 맥규(Matt McGue), 데이비드 리켄(David Lykken): M. 맥규, D. T. 리켄, 「성격과 이혼: 유전적 분석」,《Journal of Personality and Social Psychology 71》(1996): 288-99.

1장 ——

1 연구에 따르면…… 경향이 약간 있다: D. M. 부스(D. M. Buss), 「인간의 짝짓기 선택」,《미국의 과학자(American Scientist)》47 (1985): 47-51.

2 둘의 성격이 비슷한 커플일수록 행복도가 높은……: R. J. H. 러셀(R. J. H. Russell), P. 웰스(P. Wells),「성격 유사점과 결혼의 특징」,《성격과 개인 차이(Personality and Individual Differences)》12 (1991): 407-12.

3 성격이 비슷하건 아니건 상관없다: R. B. 코섹(R. B. Kosek),「완벽한 배우자를 찾으려는 퀘스트: 배우자 등급과 결혼생활 만족도」,《심리학 보고서(Psychological Reports)》79 (1996): 731-35.

4 존 가트맨: J. M. 가트맨, N. 실버,《행복한 결혼을 위한 7원칙》

5 카를 융의 내향성 정의: C. G. 융,《심리 유형(Psychological Types), vol. 6,『C. G. 융의 연구 모음(The Collected Works of C. G. Jung)』, ed. W. 맥과이어(McGuire) (Princeton, N.J.: Princeton University Press, 1971).

6 카를 융은 연구 초기 단계에서 민감함을 언급했다: C. G. 융,『프로이트와 정신분석 (Freud and Psychoanalysis)』, vol. 4,『C. G. 융의 연구 모음』(1961).

7 앨버트 머레이비언(Albert Mehrabian): A. 머레이비언, E. 오라일리(O¸'Reilly),「기질의 기본 측면을 이용한 성격 분석(Analysis of Personality Measures in Terms of Basic Dimensions of Temperament」,《성격과 사회심리학 저널(Journal of Personality and Social Psychology)》38 (1980): 492-503.

8 알렉산더 토머스(Alexander Thomas)와 스텔라 체스(Stella Chess): A. 토머스(Thomas), S. 체스(Chess),「기질과 인식: 기질과 정신 테스트 점수 관계(Temperament and Cognition: Relations between Temperament and Mental Test Scores」,『아동기의 기질(Temperament in Childhood)』, eds. G. A. 콘스탐(Kohnstamm), J. E. 베이츠(Bates), M. K. 로스바트(Rothbart) (Washington, D.C.: American Psychological Association, 1994), 377-87.

9 재닛 폴란드(Janet Poland): J. 폴란드,『민감한 아이(The Sensitive Child』 (New York: St. Martins, 1996).

10 '대담한' 물고기: D. S. 윌슨(Wilson), K. 콜먼(Coleman), A. B. 클라크(Clark), L. 비더만(Biederman),「펌프킨시드 선피시의 부끄러움 많은-대담한」 연속체: 심리적 특성의 환경 연구(Shy-Bold Continuum in Pumpkinseed Sunfish (Lepomis Gibbosus)): An Ecological Study of a Psychological Trait」,《비교심리학 저널(Journal of Comparative Psychology)》107 (1993): 250.

11 초등학교 어린이 비교 연구: X. 첸(Chen), K. 루빈(Rubin), Y. 선(Sun),「중국 어린이와 캐나다 어린이의 사회적 평판과 또래 관계: 교차-문화 연구(Social Reputation and Peer Relationships in Chinese and Canadian Children: A Cross-Cultural Study)」,《아동 발달(Child Development》63 (1992): 1336-43.

12 '다양하고 새롭고 복잡하고……': M. 저커먼(Zuckerman),『감각 추구의 행동 표현과 생물사회적 토대(Behavioral Expressions and Biosocial Bases of Sensation Seeking)』(New York:

Cambridge University Press, 1994), 27.

13 '……가벼운 쾌락주의': M. 저커먼, 「충동적 비사회화 감각 추구: 성격의 기본적 측면의 생물학적 토대(Impulsive Unsocialized Sensation Seeking: The Biological Foundations of a Basic Dimension of Personality」, 『기질: 생물학과 행동의 접점에서의 개인적 차이(Temperament: Individual Differences at the Interface of Biology and Behavior)』, eds. J. E. 베이츠(Bates), T. D. 와치스(Wachs) (Washington, D.C.: American Psychological Association, 1994), 224.

2장 ——

1 '생경한 성'……그들은 천사이자……: P. 영-아이젠드래스(Young-Eisendrath), 『당신은 내가 생각했던 것과 달라: 로맨스가 끝난 후의 사랑(You're Not What I Expected: Love After the Romance Has Ended)』(New York: Fromm International Publishing Corporation, 1997), 24.

2 영향력을 행사하기를 어려워하며: L. L. 칼리(Carli), 「성별, 대인관계적 힘, 그리고 사회적 영향력(Gender, Interpersonal Power, and Social Influence」, 《사회 문제 저널(Journal of Social Issues)》 55 (1999): 81-99.

3 자신의 능력을 과소평가: R. C. 바넷(Barnett), G. K. 바루치(Baruch), 『유능한 여성: 발달에 대한 관점(The Competent Woman: Perspectives on Development』(New York: Irvington Publishers, 1978).

4 남성보다 낮은 보수를 받는 데다가: S. 팔루디(Faludi), 『백래시: 미국 여성들에 대한 미선포 전쟁(Backlash: The Undeclared War Against American Women)』(New York: Crown, 1991).

5 '나머지 모두에게……': W. 폴락(Pollack), 『진정한 소년들: 우리 아들들을 소년기의 잘못된 고정관념에서 구하기(Real Boys: Rescuing Our Sons from the Myths of Boyhood)』(New York: Henry Holt and Company, 1998), 6.

6 '남자아이들은 매우 어린 나이부터 '성별 신병훈련소'에 입소해……': S. 코프먼(Koffman), 「민감한 남자-그들의 사회적 과제(Sensitive Men-Their Special Task」, 《컴퍼트 존: HSP 뉴스레터(Comfort Zone: The HSP Newsletter)》 1 (1) (1996): 14.

7 브라이언 길마틴: B. G. 길마틴, 『부끄러움 많은 성격과 사랑: 이유, 결과, 치료(Shyness and Love: Causes, Consequences, and Treatment)』 (Lanham, Md.: University Press of America, 1987).

8 남자아이들에게 끼치는 부정적인 영향: 보기, R. 블라이(Bly), 『철의 존: 남자에 관한 책(Iron John: A Book About Men』 (Reading, Mass.: Addison-Wesley, 1990).

9 '……극도로 부정적인 영향을 끼칠 수 있다': 길마틴, 『부끄러움 많은 성격과 사랑: 이

유, 결과, 치료』, 400.

10 한 연구에서는……일관적으로 높다는 결과가 나타난다: L. K. 람케(Lamke), D. L. 솔리(Sollie), R. G. 더빈(Durbin), J. A. 피츠패트릭(Fitzpatrick), 「남성성, 여성성, 그리고 관계 만족도: 대인관계 역량의 중재적 역할(Masculinity, Femininity and Relationship Satisfaction: The Mediating Role of Interpersonal Competence」, 《사회적, 개인적 관계 저널 (Journal of Social and Personal Relationships)》 11 (1994): 535-54.

11 최근에 신혼부부들을 대상으로 이루어진……전혀 다르지 않다는 결과가 나왔다: L. A. 패스크(Pasch), T. N. 브래드버리(Bradbury), J. 달리바(Davila), 「성별, 부정적 영향, 부부 상호작용에서 관찰된 사회적 지지 행동(Gender, Negative Affectivity, and Observed Social Support Behavior in Marital Interactions)」, 《개인적 관계(Personal Relationships)》 4 (1997): 361-78.

12 연구에 따르면……평균적으로 결혼 생활 만족도가 가장 낮으며: W. 이키즈(Ickes), 「전통적 남녀 역할: 관계를 만들고 깨뜨리는가? (Traditional Gender Roles: Do They Make, and Then Break Our Relationships?)」, 《사회 문제 저널(Journal of Social Issues)》 49 (1993): 71-85.

13 부부 상담치료를 받은 뒤에도 반응이 가장 저조하다: N. S. 제이콥슨(Jacobson), W. C. 폴레트(Follette), M. 페이젤(Pagel), 「부부행동치료의 효과 여부 예측(Predicting Who Will Benefit from Behavioral Marital Therapy」, 《상담 및 임상 심리학 저널(Journal of Consulting and Clinical Psychology)》 54 (1986):518 - 22.

14 ……강력한 증거가 있다: R. B. 스튜어트(Stuart), 『부부의 변화 도와주기: 부부 치료에 대한 사회적 학습 접근법(Helping Couples Change: A Social Learning Approach to Marital Therapy)』 (New York:The Guilford Press, 1980), 264.

15 실제로……남성이 철회하는 경우가 대부분이다: L. J. 로버츠(Roberts), L. J. 크로코프(Krokoff), 「만족스러운 결혼과 불만족스러운 결혼의 철수와 적의, 불쾌감에 대한 연속 분석(A Time-Series Analysis of Withdrawal, Hostility, and Displeasure in Satisfied and Dissatisfied Marriages)」, 《결혼과 가족 저널(Journal of Marriage and the Family)》 52 (1990): 95 - 105.

16 크리스토퍼 히비: C. L. 하바, C. 레인(Layne), A. 크리스텐슨(Christensen), 「부부 상호작용의 젠더와 갈등 구조: 응답과 확대(Gender and Conflict Structure in Marital Interaction: A Replication and Extension)」, 《상담과 임상 심리학 저널(Journal of Consulting and Clinical Psychology)》 61 (1993): 16-27.

17 로버트 존슨: R. 존슨, 『내면 작업』(San Francisco: Harper San Francisco, 1989).

18 최근의 한 연구에서는 타인에 대한 첫 반응이……: P. G. 데빈(Devine), 「정형화와 선입견: 자동적이고 통제된 구성요소(Stereotypes and Prejudice: Their Automatic and controlled components)」,《성격과 사회심리학 저널(Journal of Personality and Social Psychology)》 56 (1989): 680‒90.

3장 ─

1 연구에 따르면 친밀함과 애정이 있는 커플 관계에 놓인 사람일수록……: M. D. 셔먼(Sherman), M. H. 텔렌(Thelen), 「친밀감 두려움 척도: 유효화와 청소년으로의 확대(Fear of Intimacy Scale: Validation and Extension with Adolescents)」,《사회적, 개인적 관계 저널(Journal of Social and Personal Relationships)》 13 (1996):507‒21.

2 일레인 햇필드: E. 햇필드, 「친밀함의 위험(The Dangers of Intimacy)」,『소통, 친밀함, 친밀한 관계(Communications, Intimacy, and Close Relationships)』, ed. V. J. 덜레가(Derlega) (New York: Academic Press, 1984), 377‒87.

3 '작동 모델': J. 볼비(Bowlby),『안전한 베이스: 애착 유형의 임상적 적용(A Secure Base: Clinical Applications of Attachment Theory)』(London: Routledge, 1988).

4 '거짓 자아': D. W. 위니콧(Winnicott),『성숙 과정과 촉진 환경(Maturational Processes and the Facili‒tating Environment』(London: Hogarth Press and the Institute of Psychoanalysis, 1965).

5 다음의 네 가지 설명(이 출처에서 각색): K. 바르톨로뮤(Bartholomew), L. M. 호로비츠(Horowitz), 「성인 초반의 애착유형: 4 범주 모델 테스트(Attachment styles among young adults: A test of a four-category model)」,《성격 저널(Journal of Personality)》 61 (1991): 226‒44.

6 전체의 약 50퍼센트(나머지 세 가지 유형의 백분율도 마찬가지): M. 딜(Diehl), A. B. 엘닉(Elnick), L. S. 보르도(Bourbeau), G. 라부비-비프(Labouvie-Vief), 「성인의 애착 유형: 가족 환경과 성격과의 연관성(Adult Attachment Styles: Their Relations to Family Context and Personality)」,《성격과 사회심리학 저널(Journal of Personality and Social Psychology)》 74 (1998): 1656-69.

7 부모가 당신의 정서적 욕구에 ……반응하지 않았을지도 모른다: D. J. 시겔(Siegel),『발달 마인드: 대인관계 경험의 신경생물학(The Developing Mind: Toward a Neurobiology of Interpersonal Experience)』(New York: Guilford Press, 1999).

8 예상 가능한 일이지만……분리 증상을 보인다: 상게서.

9 생후 18개월 유아 연구: M. 군나르(Gunnar), 「초기 아동기의 기질과 스트레스에 관한 정신내분비학 연구」 현재 모델의 확장(Psychoendocrine Studies of Temperament and Stress in Early Childhood: Expanding Current Models)」,『기질: 개인적 차이(Temperament: Individual Differences)』, eds. 베이츠, 와치스(Washington, D.C.: American Psychological Association, 1994), 175-98.

10   안정형은 전반적으로 안녕감이 높다. 자신감도 더 높고: K. A. 브레넌(Brennan), P. R. 셰이버(Shaver), 「성인 애착, 애정 규제, 이성적 사랑 기능의 측면(Dimensions of Adult Attachment, Affect Regulation, and Romantic Functioning)」, 《성격과 사회심리학 회보(Personality and Social Psychology Bulletin)》 21 (1995): 267-83.

11   자신에 대한 기대가 현실적이며 균형을 이룬다: M. 미컬린서(Mikulincer), 「애착 유형과 자아의 정신적 상징(Attachment Style and the Mental Representation of the Self)」, 《성격과 사회심리학 저널(Journal of Personality and Social Psychology)》 69 (1995): 1203-15.

12   과제에 집중한다: Y. 루시어(Lussier), S. 사부어린(Sabourin), C. 터건(Turgeon), 「애착과 부부 조정과의 관계에서 조정자로서의 대처 전략(Coping Strategies as Moderators of the Relationships Between Attachment and Marital Adjustment)」, 《사회적, 개인적 관계 저널(Journal of Social and Personal Relationships)》 14 (1997): 777-91.

13   알코올에 의존하거나⋯⋯섭식 장애⋯⋯가능성이 낮다: 브레넌, 셰이버, 「성인 애착, 애정 규제, 이성적 사랑 기능의 측면」

14   안정적인 파트너를 선호한다: H. 래티-만(Latty-Mann), K. E. 데이비스(Davis), 「애착 이론과 파트너 선택: 선호와 현실(Attachment Theory and Partner Choice: Preference and Actuality)」, 《사회적, 개인적 관계 저널(Journal of Social and Personal Relationships)》 13 (1996): 5-23.

15   관계에서 느끼는 행복도가 높으며: R. R. 코박(Kobak), C. 하잔(Hazan), 「부부의 애착: 안정의 효과와 작동 모델의 정확성(Attachment in Marriage: Effects of Security and Accuracy of Working Models)」, 《성격과 사회심리학 저널(Journal of Personality and Social Psychology)》 60 (1991): 861-69.

16   냉담하거나 방어적인 모습이 적게 나타나고 ⋯⋯괴로움을 느끼지 않는다: E. C. 클로넨(Klohnen), S. 베라(Bera), 「성인기 여성 회피적 애착 유형과 안정 애착 유형의 행동과 경험 패턴:31년의 종단 연구(Behavioral and Experiential Patterns of Avoidantly and Securely Attached Women Across Adulthood: A 31-Year Longitudinal Perspective」, 《성격과 사회심리학 저널(Journal of Personality and Social Psychology)》 74 (1998): 211-23.

17   좌절감을 느끼거나⋯⋯질투와 집착, 버려짐에 대한 두려움도 적다: 브레넌, 셰이버, 「성인 애착, 애정 규제, 이성적 사랑 기능의 측면」

18   분노를 적게 느끼지만⋯⋯긍정적인 결과를 기대한다: M. 미컬린서(Mikulincer), 「성인 애착 유형과 기능의 개인 차이 vs 분노의 역기능 경험(Adult Attachment Style and Individual Differences in Functional versus Dysfunctional Experiences of Anger)」, 《성격과 사회심리학 저널(Journal of Personality and Social Psychology) 74 (1998): 513-24.

19   믿을 수 있는 친구로 바라보고 결점을 수용한다: 브레넌, 셰이버, 「성인 애착, 애정 규제, 이성적 사랑 기능의 측면」

20 파트너에게 지지와 도움을 구하려 하고…… 제공한다: J. A. 심슨(Simpson), W. S. 롤레스(Rholes), J. S. 넬리건(Nelligan), 「불안 상황에서 부부의 지지 추구 및 지지 제공: 애착 유형의 역할(Support Seeking and Support Giving within Couples in an Anxiety-Provoking Situation: The Role of Attachment Styles)」,《성격과 사회심리학 저널(Journal of Personality and Social Psychology)》62 (1992): 434-46.

21 긍정적인 감정을……관계 만족도와 밀접한 연관이 있다: J. A. 피니(Feeney), 「성인 애착, 감정적 통제, 부부 만족도(Adult Attachment, Emotional Control, and Marital Satisfaction)」,《개인적 관계(Personal Relationships)》6 (1999): 169 – 85.

22 파트너와 떨어져 있을 때: B. C. 피니(Feeney), L. A. 커크패트릭(Kirkpatrick), 「성인 애착과 이성 파트너가 스트레스의 생리적 반응에 끼치는 영향(Effects of Adult Attachment and Presence of Romantic Partners on Physiological Responses to Stress)」,《성격과 사회심리학 저널(Journal of Personality and Social Psychology)》70 (1996): 255 – 70.

23 사랑의 감정을 느끼지 않는 파트너와 성관계를……: 브레넌, 셰이버, 「성인 애착, 애정 규제, 이성적 사랑 기능의 측면」

24 안정형인지 어떻게 알 수 있을까?: M. 메인(Main), 「애착 조직에 대한 교차-문화 연구: 최근 연구, 변화하는 방법론, 조건적 전략의 개념(Cross-Cultural Studies of Attachment Organization: Recent Studies, Changing Methodologies, and the Concept of Conditional Strategies)」,《인간 발달(Human Development)》33 (1990): 48-61.

25 '후천적 안정형': 시겔,『발달하는 마음』, 91.

26 유아기에 형성된 '본능적인 두려움'은……무시할 수 있다: 시겔,『발달하는 마음』.

27 피터 크레이머: P. D. 크레이머,『떠나야 할까? 친밀함과 자율성에 대한 정신분석학자의 관점, 그리고 조언(Should You Leave? A Psychiatrist Explores Intimacy and Autonomy-and the Nature of Advice)』(New York:Scribner, 1997).

4장

1 '사랑은……일련의 태도와 감정, 행동이다.': A. 아론, E. N. 아론, 「사랑과 성(Love and Sexuality)」,『친밀한 관계의 성(Sexuality in Close Relationships)』, eds. K. 맥키니(McKinney), S. 스프레처(Sprecher) (Hillsdale, N.J.: Lawrence Erlbaum, 1991), 25.

2 사랑에 대한 박사 논문: A. 아론, 「인간의 이성애적 끌림의 관계 변수(Relationship Variables in Human Heterosexual Attraction)」(박사 논문, 토론토 대학교, 1970).

3 사랑에 빠지는 이유를 다루는 전문 서적을 저술하고: A. 아론, E. N. 아론,『자기팽창으로서의 사랑: 매력의 이해와 만족(Love as the Expansion of Self: Understanding Attraction and Satisfaction)』(New York: Hemisphere, 1986).

4 학회지 논문: A. 아론, E. N. 아론, 「친밀한 관계의 동기와 인식 자아팽창 모델(The Self-Expansion Model of Motivation and Cognition in Close Relationships)」, 『개인적 관계 안 내서(Handbook of Personal Relationships)』, 2판, ed., eds. S. 덕(Duck), W. 이키즈(Ickes) (Chichester, U.K.: Wiley, 1997), 251 – 70.

5 연구의 일부분으로……이야기를 들려달라고 했다: A. 아론(Aron), D. G. 더튼(Dutton), E. N. 아론(Aron), A. 아이버슨(Iverson), 「사랑에 빠지는 경험(Experiences of Falling in Love)」, 《사회적, 개인적 관계 저널(Journal of Social and Personal Relationships)》 6 (1989): 243 – 57.

6 선호하는 파트너에게……집중하도록: H. E. 피셔(Fisher), 「포유류의 생식에서 나타나 는 욕망과 끌림, 애착(Lust, Attraction, and Attachment in Mammalian Reproduction)」, 《인간 본성(Human Nature)》 9 (1998): 23.

7 생물학자들은……페로몬을 제시했다: M. 코디스(Kodis), D. 모란(Moran), D. 후이 (Houy), 『사랑의 향기: 페로몬이 관계, 기분, 사랑 대상에 끼치는 영향(Love Scents: How Your Natural Pheromones Influence Your Relationships, Your Moods, and Who You Love)』 (New York: Dutton, 1998).

8 그 대상에 대한 감정도 강렬해진다: A. 테서(Tesser), 「자기생성적 태도 변화(Self-Generated Attitude Change)」, 《실험 사회심리학의 진보(Advances in Experimental Social Psychology)》, vol. 11, ed. L. 버코위츠(Berkowitz) (New York: Academic Press, 1978), 289-338.

9 유명한 '흔들다리 효과': D. G. 더튼(Dutton), A. 아론(Aron), 「높은 불안감 상태에 서 성적 매력이 두드러진다는 증거(Some Evidence for Heightened Sexual Attraction under Conditions of High Anxiety)」, 《성격과 사회심리학 저널(Journal of Personality and Social Psychology)》 30 (1974): 510 – 17.

10 이후의 여러 연구들로……: C. A. 포스터(Foster), B. S. 윌처(Witcher), W. K. 캠벨 (Campbell), J. D. 그린(Green), 「각성과 끌림: 자동적, 통제적 과정의 증거(Arousal and Attraction: Evidence for Automatic and Controlled Processes)」, 《성격과 사회심리학 저널 (Journal of Personality and Social Psychology)》 74 (1998): 86-101.

11 '사랑은 탄생을 기다리는……': E. S. 퍼슨(Person), 『사랑과 운명적 만남에 관한 꿈: 남 녀간 사랑의 힘(Dreams of Love and Fateful Encounters: The Power of Romantic Passion)』, (New York: Penguin Books, 1989), 264.

12 ……희망이 보장되는 동시에……: 상게서.

13 다른 여러 상황에서도 실험을 했다: A. 아론(Aron), 관계 변수.

14 존 데스테이언: J. A. 데스테이언, 『합쳐지다-떨어지다: 사랑 관계에서의 정반대 결 합(Coming Together——Coming Apart: The Union of Opposites in Love Relationships)』(Boston:

SIGO Press, 1989).

15   존 하울레(John Haule): J. R. 하울레, 『신성한 광기: 남녀 간의 사랑의 전형(Divine Madness: Archetypes of Romantic Love)』(Boston: Shambhala, 1990).

16   특히 두려움형과 거부 회피형의 애착 유형을……: A. 아론(Aron), E. N. 아론(Aron), J. 앨런(Allen), 「화답되지 않은 사랑의 동인(Motivations for Unreciprocated Love)」,《성격과 사회심리학 회보(Personality and Social Psychology Bulletin)》24 (1998): 787 - 96.

17   '최선의 능력을 발휘하지 않으면 안되도록……': C. G. 융, 『비전 세미나(Visions Seminars)』(Zurich: Spring Publications, 1976), 110.

18   따라서 그는 벽에 부딪혔을 때……기다리라고 할 것이다: V. 함스(Harms), 『내적 연인 (The Inner Lover)』(Boston: Shambhala, 1992).

19   ……심리학 분야에서 널리 알려진 사실이다. : L. D. 로스(Ross), T. M. 아마바일 (Amabile), J. L. 스타인메츠(Steinmetz), 「사회적 인식 과정의 사회적 역할, 사회적 통제, 선입견(Social Roles, Social Control and Biases in Social-Perception Processes)」,《성격과 사회심리학 저널(Journal of Personality and Social Psychology)》35 (1977): 485 - 94.

20   전체의 약 11퍼센트에 불과하다: A. M. 파인스(Pines), 『사랑에 빠지다: 연인을 선택하는 숨은 이유에 대하여(Falling in Love: How We Choose the Lovers We Choose)』(New York: Routledge, 1999).

5장 ——

1   연구에 따르면 서로 다른 커플은……: A. 캐스피(Caspi), E. S. 허베너(Herbener), 「일관성과 변화: 동류 교배와 성인기 성격의 일관성(Continuity and Change: Assortative Marriage and the Consistency of Personality in Adulthood),《성격과 사회심리학 저널(Journal of Personality and Social Psychology)》58, (1990): 250-58.

2   '……무시하려고 의식적으로 노력해야 한다': 크레이머, 『떠나야 할까?(Should You Leave?)』, 198.

3   파트너를 선택할 때는 파트너의 문제도 함께…… (다른 말로 바꿔서 표현): D. 와일 (Wile), 『신혼여행 후에: 갈등이 부부관계를 개선해준다(After the Honeymoon: How Conflict Can Improve Your Relationship)』(New York: Wiley, 1988).

4   '사랑에 빠지는 상상의 작업이……': 퍼슨, 『사랑과 운명적 만남에 대한 꿈: 남녀간 사랑의 힘』, 264.

6장 ──

1 한쪽 파트너가 불안정감과 부정적 감정, 「신경증」(불안과 우울증)을 보일수록……: B. R. 카니(Karney), T. N. 브래드버리(Bradbury), 「신경증, 부부 상호작용, 결혼 만족도의 궤도(Neuroticism, Marital Interaction, and the Trajectory of Marital Satisfaction)」, 《성격과 사회 심리학 저널(Journal of Personality and Social Psychology)》 72 (1997): 1075-92.

2 융에 따르면 의식에는 네 가지 기능이 있다: 융, 심리유형(Psychological Types), vol. 6, 『카를 융의 연구 모음(The Collected Works)』.

7장 ──

1 매주 자신을 묘사하게 했다: A. 아론(Aron), M. 패리스(Paris), E. N. 아론(Aron), 「사랑에 빠지는 것과 자기-개념 변화에 대한 관점 연구(Prospective Studies of Falling in Love and Self-Concept Change)」, 《성격과 사회심리학 저널(Journal of Personality and Social Psychology)》 69 (1995): 1102 - 12.

2 ……만족도가 꾸준히 떨어지는 모습을 보인다: 카니, 브래드버리, 「신경증, 부부 상호작용, 결혼 만족도의 궤도(Neuroticism, Marital Interaction, and the Trajectory of Marital Satisfaction)」

3 초기 설문 조사에서……: A. 아론(Aron), C. C. 노먼(Norman), E. N. 아론(Aron), 「새롭고 흥분되는 활동을 함께 하는 부부와 관계의 특징(Couples Shared Participation in Novel and Arousing Activities and Experienced Relationship Quality)」, 《성격과 사회심리학 저널 (Journal of Personality and Social Psychology)》 (2000).

4 샬럿 라이스먼(Charlotte Reissman): C. 라이스먼(Reissman), A. 아론(Aron), M. R. 버겐 (Bergen), 「공유 활동과 결혼 만족도: 원인 방향과 자기팽창 vs 지루함(Shared Activities and Marital Satisfaction: Causal Direction and Self-Expansion versus Boredom)」, 《사회적, 개인적 관계 저널(Journal of Social and Personal Relationships)》 10 (1993): 243 - 54.

5 또 다른 실험에서는……: 아론, 노먼, 아론, 「새롭고 흥분되는 활동을 함께 하는 부부와 관계의 특징(Couples Shared Participation in Novel and Arousing Activities and Experienced Relationship Quality)」

6 이런 현상은 여성들에게서 처음으로 관찰되었지만: J. 가트맨(Gottman), N. 실버 (Silver), 『행복한 결혼을 위한 7원칙』(New York: Crown, 1999).

7 ……대화에 필요한 반쪽이다.: 영-아이젠드래스(Young-Eisendrath), 『당신은 내가 생각했던 것과 달라: 로맨스가 끝난 후의 사랑』

8 부부 관계 전문가들: 가트맨, 실버, 『행복한 결혼을 위한 7원칙』

9 다음과 같은 방법이 있다: 6가지는 상게서의 내용을 HSP를 위해 수정한 것

10 결혼의 80퍼센트: 상게서.

11 불개입의 신호: 상게서.

12 문제의 신호: 상게서.

13 이루어지지 못한 평생의 희망: 상게서.

14 일에서 의미를 찾고자: B. 예거(Jaeger), 「매우 민감한 자영업자(The Highly Sensitive Self-Employed)」, 《컴퍼트 존: HSP 뉴스레터(Comfort Zone: The HSP Newsletter)》 4 (2) (1999): 13.

15 '……의식하는 사람은 희생을 선택할 수 있고': 데스테이언, 『합쳐지다-떨어지다 (Coming Together-Coming Apart)』, 37.

16 존 가트맨: 가트맨, 실버, 『행복한 결혼을 위한 7원칙』.

17 '일반적이지만 학문적인……하지만 실수는 ……': C. G. 융, 심리치료의 실행(The Practice of Psychotherapy), vol. 16, 《연구 모음(The Collected Works)》(1985), 294-95.

18 연구에 따르면……하나의 기억 파일에 저장한다: C. J. 샤워스(Showers), 「긍정적인 자기지식과 부정적인 자기지식의 구획화: 썩은 사과 골라내기(Compartmentalization of Positive and Negative Self-Knowledge: Keeping the Bad Apples Out of the Bunch)」, 《성격과 사회심리학 저널(Journal of Personality and Social Psychology)62 (1992): 1036-49.

19 또 다른 연구에서는……파트너에 대한 인식에도 적용된다는 사실이 밝혀졌다: C. J. 샤워스(Showers), S. B. 케블린(Kevlyn), 「파트너에 대한 지식의 형성: 선호와 사랑에 대한 영향(Organization of Knowledge about a Relationship Partner: Implications for Liking and Loving)」, 《성격과 사회심리학 저널(Journal of Personality and Social Psychology)》 76 (1999): 958-71.

20 1퍼센트만이: 가트맨, 실버, 『행복한 결혼을 위한 7원칙』.

21 부부 상담을 이용해본 사람들을 대상으로 실시한 설문조사에서……: 「심리치료 (Psychotherapy)」, 《11월 소비자 보고서(Consumer Reports November)》 (1995): 734 - 39.

8장 ———

1 연구에 따르면……: J. J. 그리핀(Griffin), 「성 판타지, 혼외정사, 부부 헌신(Sexual Fantasy, Extramarital Affairs, and Marriage Commitment)」 (박사 논문, 캘리포니아가족심리학대학원, 1990).

2 '……결혼은 결혼이 아니다': D. H. 로렌스(Lawrence), 「결혼과 살아있는 우주(Marriage and the Living Cosmos)」, 『마음의 난제: 변화하는 시간 속의 사랑과 섹스, 친밀함 (Challenge of the Heart: Love, Sex, and Intimacy in Changing Times)』, ed. J. Wellwood (Boston, Shambhala, 1985), 166.

3 '인류는 필연적으로……': 상게서, 169.

4 '세상의 가장 위대한 부활은……': R. M. 릴케(Rilke), 「젊은 연인을 위한 조언(Advice for a Young Lover)」, 『헤어지지 않는 기술: 사랑과 친밀함, 정신의 수용(The Art of Staying Together: Embracing Love, Intimacy, and Spirit in Relationships)』, ed. M. R. 왈드먼(Waldman) (New York: Jeremy P. Tarcher/Putnam, 1998), 171.

5 '밤에 만나……': 상게서.

6 '이 비밀은 세상의 아주 작은 부분까지도 가득하다……': 상게서, 170.

7 '실수하고 맹목적으로 수용하지만……': R. M. 릴케(Rilke), 「사랑하는 법을 배우기 (Learning to Love)」, 『마음의 난제』, 264.

8 '표면이 심도를 지배한다……하지만 열정의 세계에서는……』: B. 예거(Jager), 「열정과 변화(Passion and Transformation)」, 『마음의 난제』, 218.

9 '모든 것이 비밀리에 이어져 있던……': 상게서, 218-19.

10 '훌륭한 키잡이는……': 상게서, 220.

11 '성기는 안으로 향하는……': 상게서, 221.

9장

1 케네스 켄들러: K. S. 켄들러(Kendler), C. O. 가드너(Gardener), C. A. 프리스캇(Prescott), 「종교, 정신병리학, 약물 사용과 남용: 다중측정 유전-전염병학 연구(Religion, Psychopathology, and Substance Use and Abuse: A Multimeasure Genetic-Epidemiologic Study)」, 《미국 정신의학 저널(American Journal of Psychiatry) (1997): 322 – 29.

2 에드워드 에딩거(Edward Edinger): E. F. 에딩거, 『자아와 전형: 개별화, 정신의 종교적 기능(Ego and Archetype: Individuation and the Religious Function of the Psyche)』 (New York: Penguin Books, 1972).

3 개인이 생각하는 신의 이미지가……: P. 벤슨(Benson), B. 스필카(Spilka), 「자존감의 기능과 통제 장소로서 신의 이미지(God Image as a Function of Self-Esteem and Locus of Control)」, 《과학적 종교 연구 저널(Journal for the Scientific Study of Religion)》 12 (1973): 297 – 310.

4 리 커크패트릭(Lee Kirkpatrick): L. A. 커크패트릭, P. R. 셰이버(Shaver), 「남녀 간의 사랑과 종교적 믿음에 대한 애착-신학적 접근(An Attachment- Theoretical Approach to Romantic Love and Religious Belief)」, 《성격과 사회심리학 회보(Personality and Social Psychology Bulletin)》 18 (1992): 266-75.

5 '신과 동일화되는 자기팽창'이 이루어지므로……되돌릴 수 없는 것」: 에딩거, 『자아와 전형』, 39-40.

6 에딩거의 비유: 에딩거, 『자아와 전형』, 117.

7 '관계를 맺지 않는 인간에게는……': 융, 『심리치료의 실행(The Practice of Psychotherapy)』, 244 - 45.

8 로빈슨 제퍼스(Robinson Jeffers): J. 카먼(Karman), 『로빈슨 제퍼스: 캘리포니아의 시인 (Robinson Jeffers: Poet of California)』(Brownsville, Ore.: Story Line Press, 1996

매우 민감한 사람들에 관한 새로운 정보를 받아보기를 원한다면
P.O. Box 460564, San Francisco, CA, 94146-0564로
《컴퍼트 존: HSP 뉴스레터》를 신청하거나
웹사이트 www.hsperson.com에 방문하라.

옮긴이
정지현

스무 살 때 남동생의 부탁으로 두툼한 신시사이저 사용설명서를 번역해준 것을 계기로 번역의 매력과 재미에 빠졌다. 현재 미국에 거주하며 출판번역 에이전시 베네트랜스 전속 번역가로 활동 중이다. 옮긴 책으로는 『마흔이 되기 전에』, 『지금 하지 않으면 언제 하겠는가』, 『타이탄의 도구들』, 『5년 후 나에게』, 『그해, 여름 손님』, 『하루 5분 아침 일기』, 『나는 왜 너를 사랑하는가』, 『헤드 스트롱』, 『단어 탐정』, 『나를 알아가는 중입니다』, 『차별화의 천재들』 등이 있다.

타인보다 민감한 사람의 사랑

초판 1쇄 발행 2019년 5월 27일
초판 6쇄 발행 2023년 7월 3일

지은이 일레인 N. 아론 **옮긴이** 정지현

발행인 이재진 **단행본사업본부장** 김정현 **편집주간** 신동해
편집장 조한나 **디자인** [★]규 **교정** 신혜진
마케팅 최혜진 **홍보** 반여진 허지호 정지연 **제작** 정석훈

브랜드 웅진지식하우스
주소 경기도 파주시 회동길 20
문의전화 031-956-7355(편집) 031-956-7087(마케팅)

홈페이지 www.wjbooks.co.kr
인스타그램 www.instagram.com/woongjin_readers
페이스북 https://www.facebook.com/woongjinreaders
블로그 blog.naver.com/wj_booking

발행처 ㈜웅진씽크빅
출판신고 1980년 3월 29일 제406-2007-000046호

한국어판 출판권 ㈜웅진씽크빅, 2019
ISBN 978-89-01-23147-1 03180